高等院校立体化创新经管教材系列

U0368703

国际贸易单证实务

(第4版)

孙继红　米家龙　孙　玲　主　编

清华大学出版社

北京

内 容 简 介

本书以国际贸易单证的流转程序为主线,以培养学生适应市场对国际商务单证员的岗位业务能力的需要和掌握全套业务单证的制作和审核职业能力为核心,以体现科学性、系统性、新颖性和实用性为宗旨,以《跟单信用证统一惯例》(UCP600)等国际惯例及有关法规为准则,并运用"教、学、做"合一的教学法,系统地阐述了国际贸易单证业务的有关知识和操作技能。本书坚持理论联系实际,综合了大量的单证业务技能实训项目,以强化学生掌握单证业务操作的技能,为学生正式上岗作业打下坚实的基础。

本书共八章,从国际贸易单证业务的基本要求出发,重点介绍了整个单证业务的流转程序,进出口合同的拟定,信用证的开立,审证与改证,以及到履行合同全程的出口备货单证,出口货运单证与保险单证,官方的各种单证文件,结汇单证和单证业务的操作等内容。每章的开头都有学习指导和导入案例,引导学生带着问题来学习新知识。每章的后面都有专业技能实训,包括制单或审单的技能操作,案例分析和同步测试题等,让学生及时检测学习效果。

本书既可作为普通高校和职业教育国际经济与贸易等专业课程的教材,也可作为广大外贸从业人员和自学者的参考用书。

图书在版编目(CIP)数据

国际贸易单证实务 / 孙继红,米家龙,孙玲主编. -- 4 版. -- 北京 : 清华大学出版社,2025. 1.
(高等院校立体化创新经管教材系列). -- ISBN 978-7-302-68135-9

Ⅰ. F740.44

中国国家版本馆 CIP 数据核字第 2025CZ7505 号

责任编辑:陈冬梅
封面设计:刘孝琼
责任校对:么丽娟
责任印制:沈 露

出版发行:清华大学出版社
   网 址:https://www.tup.com.cn, https://www.wqxuetang.com
   地 址:北京清华大学学研大厦 A 座   邮 编:100084
   社 总 机:010-83470000   邮 购:010-62786544
   投稿与读者服务:010-62776969,c-service@tup.tsinghua.edu.cn
   质量反馈:010-62772015,zhiliang@tup.tsinghua.edu.cn
   课件下载:https://www.tup.com.cn, 010-62791865
印 装 者:小森印刷霸州有限公司
经 销:全国新华书店
开 本:185mm×260mm 印 张:16.25   字 数:395 千字
版 次:2009 年 8 月第 1 版 2025 年 2 月第 4 版 印 次:2025 年 2 月第 1 次印刷
定 价:49.80 元

产品编号:102648-01

前　言

自 2019 年《国际贸易单证实务》第 3 版出版之后，仍然得到广大师生和读者的认可和好评。为了满足新时代国际商务单证业务发展的需求，我们在第 3 版的基础上对教材内容做了进一步的修订和完善，既保障了教学内容的系统性和准确性，又与当今国际商务发展变化相适应，及时更新了教材内容，使国际贸易单证实务的教学与时俱进。

本次修订由孙继红老师提出具体的修订意见，并对修订稿进行总纂和定稿。湖南涉外经济学院米家龙老师负责对本书各章节内容进行较详尽的修订，更新和补充了许多更适合教学内容的案例，并对相关单证业务的新规则及实际操作技能的具体要求做了明确的阐述，以保证达到学以致用的教学效果。孙玲老师参与有关资料的收集及对修订稿的编辑整理工作。

本书主要有以下几个特色。

一是理论知识求精。各章节的理论阐述力求简明准确，条理清晰，重点突出，注重指导学生在实际单证业务操作中能准确运用。

二是内容体例求新。全书在教学内容上侧重满足当前国际商务单证业务的实际要求，加强对学生单证业务操作动手能力的培养。教学过程中充分运用案例分析和强化单证制作技能实训。每章都附有同步测试题，以增强学生独立完成单证制作的能力。

三是采用"教、学、做"合一的教学方法。在教学的过程中，坚持精讲多练，以保证学生都能做好单证业务。

四是明确岗位定向。本书与商务部的国际商务单证员资格证书考试的要求相对接，教学目标与国际商务单证员资质相适应，为学生顺利上岗作业提供坚实保障。

为了配合教师更好地组织教学实践活动，也便于学生课后自主进行单证业务实训，编者增加了与本书配套的教学视频、教学课件、教学大纲、习题与答案等。

国际商务单证业务的理论和实践的发展日新月异，加之编者的专业知识有限，本书虽经几次修订，但难免还有疏漏和不妥之处，我们恳请广大师生和读者批评指正，以便再版时修改、完善。

编　者

目　　录

第一章　国际贸易单证概述 1

　第一节　国际贸易单证工作的意义 1
　第二节　国际贸易单证工作的基本要求 3
　　一、国际贸易单证从业人员的基本
　　　　要求 3
　　二、单证制作的基本要求 4
　第三节　国际贸易单证的分类与流转程序 6
　　一、国际贸易单证的分类 6
　　二、国际贸易单证的流转程序 7
　第四节　国际贸易单证业务的发展 9
　同步测试 10

第二章　进出口合同 12

　第一节　进出口合同的商定 14
　　一、合同商定的一般程序 14
　　二、进出口合同的订立 14
　　三、合同生效的条件 16
　第二节　进出口合同的形式与内容 16
　　一、书面合同的形式 16
　　二、书面合同的内容 17
　第三节　技能实训 20
　　实训模块一：阅读理解合同 20
　　实训模块二：拟定销售合同条款 22
　同步测试 22

第三章　开证、审证与改证 25

　第一节　进口人申请开立信用证 25
　　一、进口人申请开证 25
　　二、开证行开立信用证 30
　第二节　信用证的审核与修改 38
　　一、审核信用证的必要性 38
　　二、信用证审核的范围 38
　　三、信用证的修改 45
　第三节　技能实训 52
　　实训模块一：填制开证申请书 52

　　实训模块二：信用证审核及修改 52
　　实训模块三：案例分析 55
　同步测试 56

第四章　出口备货单证 61

　第一节　商业发票 62
　　一、商业发票概述 62
　　二、商业发票的缮制 63
　　三、缮制商业发票应注意的事项 67
　第二节　其他形式的发票 68
　　一、海关发票 68
　　二、厂商发票 70
　　三、领事发票 70
　　四、形式发票 70
　第三节　包装单据与出口货物明细单 71
　　一、包装单据概述 71
　　二、信用证中包装单据条款的具体
　　　　示例 71
　　三、装箱单的缮制 71
　　四、装箱单缮制注意事项 74
　　五、出口货物明细单 75
　第四节　技能实训 76
　　实训模块一：商业发票的缮制 76
　　实训模块二：出口货物明细单的
　　　　缮制 78
　　实训模块三：单证改错 79
　同步测试 81

第五章　出口货运单证与保险单证 87

　第一节　货运单证 88
　　一、托运概述 88
　　二、出口托运流程 88
　　三、托运单的填制 89
　　四、海洋运输中与实际业务相关的
　　　　其他货运单证 91

第二节 提单 92
一、提单概述 92
二、信用证中的提单条款 95
三、提单的缮制 96
四、提单缮制应注意的问题 101
五、其他海运单据 102
第三节 航空运单及其他货运单证 103
一、航空运单 103
二、铁路运单 110
第四节 保险单证 112
一、海运货物保险概述 112
二、投保单 115
三、信用证中有关保险条款举例 116
四、保险单的缮制 117
第五节 技能实训 121
实训模块一：提单缮制 121
实训模块二：保险单缮制 123
实训模块三：单据改错 125
实训模块四：案例分析 126
同步测试 127

第六章 官方单证 134
第一节 进出口许可证 134
一、出口许可证 134
二、进口许可证 141
第二节 核销单 144
一、出口收汇核销单 144
二、进口付汇核销单 147
第三节 商检单证与产地证书 151
一、出境商检单证 151
二、入境商检单证 157
三、原产地证明书 163
第四节 报关单证 171
一、出口货物报关概述 172
二、出口报关时应提交的单据 172
三、出口货物报关单 172
四、进口货物报关概述 181
五、进口货物报关单 181
第五节 技能实训 182

实训模块一：进口许可证申请表的
填制 182
实训模块二：出境货物报检单的
填制 183
实训模块三：出口货物报关单的
填制 184
同步测试 185

第七章 结汇单证 189
第一节 结汇单证概述 189
一、结汇单证综述 189
二、结汇单证的缮制 190
三、结汇的工作程序 191
四、进口单据的审核及付汇赎单 192
第二节 国际贸易结算票据 194
一、汇票 194
二、本票 203
三、支票 203
第三节 商业信用结算方式——汇付
与托收 205
一、汇付 205
二、托收 207
第四节 银行信用结算方式——
信用证 212
一、信用证的含义 212
二、信用证的当事人 213
三、信用证支付的业务程序 213
四、信用证的特点 216
五、信用证的种类 217
六、信用证的国际惯例 221
第五节 其他结算方式 221
一、银行保函 221
二、国际保理业务 223
三、包买票据 225
第六节 不同结算方式的选择 227
一、汇付、托收和信用证三种结算
方式的比较 227
二、不同结算方式的选择 227
第七节 技能实训 229

实训模块一：汇票缮制......229
实训模块二：根据信用证条款更正
汇票内容......232
实训模块三：案例分析......235
同步测试......237

第八章 国际贸易单证的操作 242

第一节 单证的制作......242
一、单证制作的依据......242
二、单证制作的程序......243
第二节 单证的审核......244

一、单证审核的基本要求......244
二、单证审核的基本方法......244
三、单证审核的重点和要点......245
四、单证审核中比较常见的问题......247
第三节 单证的交付......247
一、交单应注意的问题......247
二、交单的两种情况......248
三、交单的两种方式......249
同步测试......249

参考文献......252

第一章　国际贸易单证概述

【学习指导】

国际贸易指商品和资金在国际的双向交流，买方需要得到货物，而卖方需要收到货款。通常情况下，买、卖双方由于相隔较远，因此，货物的交易不可能完全在双方的直接监控下完成，此时就需要一套能代替货物交易的具有法律效力的单据文件，用这些单据文件，即所谓的单证来实现货物与货款

第一章学习
指导.mp4

的交流。因此，从贸易合同签订之日起，直到货物装运，再到进口提货的整个过程，每个环节都需要具备相应的单证，且所有的单证又都涉及单证的缮制、审核、确认、处理、交接和传递，以此满足企业、银行、保险、运输、商检、海关及相关政府机构的多种需要。可以说，国际贸易单证业务是所有国际贸易交易活动的核心环节。通过本章的学习，要求掌握国际贸易单证的概念及国际贸易单证工作的基本要求，并了解国际贸易单证的分类与流转程序，为以后的深入学习和做好单证业务打下坚实的基础。

【导入案例】

某外贸公司与澳大利亚客商签订了一份销售合同，目的港为悉尼。单证员一时疏忽，制单时将目的港误填为"墨尔本"，以致出口货物到达墨尔本港口。而进口公司则要求该外贸公司负责将货物完好无损地运抵悉尼后，才予以结算货款，并要求该外贸公司赔偿因货物迟交的经济损失数十万元人民币。我们从中应吸取什么教训？

第一节　国际贸易单证工作的意义

国际贸易中的单证(Document)，是指进出口业务中使用的各种单据、文件和证书，买、卖双方凭借这些单证来处理货物的交付、运输、保险、商检和结汇等。狭义的单证，是指单据和信用证；广义的单证，则是指各种单据、文件和凭证。单证工作主要有审证、制单、审单、交单和归档五个方面，它贯穿于进出口合同履行的全过程，具有工作量大、涉及面广、时间性强和要求高等特点。

国际贸易单证
的含义.mp4

1. 单证是国际贸易结算的基本工具，单证质量的好坏是结汇能否顺利完成的前提

国际贸易法专家施米托夫曾讲过，"从商业观点来看，可以说，CIF合同的目的不是货物本身的买卖，而是与货物有关单据的买卖"。以上说的虽是CIF合同，实际上外贸实务中其他贸易条件如FOB、CFR等也是以单证为桥梁实现货、款交割的，其性质同样是单证买卖。国际贸易的最终完成，往往以单证交易的形式实现，卖方凭单交货，买方凭单付款。

卖方向买方交单，意味着已将货物交付，而买方付款，称为赎单，则说明已经收到了货物。

一整套正确、齐全的单证是买、卖双方及时取得物权凭证和收汇的前提，在进出口业务中，单证工作上的任何一点失误都会给企业造成不同的经济损失，甚至影响国家的信誉。因此，从某种意义上讲，单证就是外汇。

2. 单证是履行合同的必要手段和证明

买卖合同的履行是通过商品和货币的交换实现的，但在国际贸易中，买、卖双方处于不同的国家或地区，绝大多数情况下，商品和货币不能进行直接的交换，而要以单证实现交换。

在业务活动中，提交相应单据既是当事人履行合同的手段，也是当事人完成合同义务的证明。合同订立后，履行阶段可概括为"货、证、船、款"，四个主要环节，无论哪个环节，进出口商及与合同有关的相应各方只有履行了约定义务，才能取得相关单据，没有提交应交付的单据就意味着没有按规定履约。

每个单据都在国际贸易活动的各个环节起到了必要的作用，它们的签发、处理、流转、交接和应用既反映了买卖合同履行的整个过程，同时也反映了买卖双方权责的发生、转移和终止。因此可以说，国际贸易在世界范围内健康发展，是与单证的有效使用和流通密不可分的。

3. 单证工作是企业经营管理的重要环节，直接影响国家、企业和个人的形象和利益

做好国际贸易单证工作对整个国家、每个企业和每个从业人员的形象和利益都有重要的影响。单证工作贯穿进出口业务的各个环节，从合同的磋商与签订，信用证的申请、审核、修改和使用，交货时间的衔接，商品质量的检验及运输、保险、报关的安排，到最后结汇或付款及核销等，很多经营管理中的问题都会在单证工作业务中反映出来。

企业对整个贸易工作都应进行有效的监管，单证管理是最后一个环节，即使洽谈、签订合同、备货、报检、报关、保险和装运等环节没有任何问题，若在制单、交单环节出了问题，也要前功尽弃。

因此，企业的单证业务是否符合信用证和买卖合同的要求，制作的所有单证是否及时、准确、完整，都是衡量进出口企业经营管理水平的重要标志。

4. 单证体现企业业务和文化素质，显示企业的品位和形象

单证不仅是商务文件，还是企业的对外宣传资料。一套格式规范、优美、行列整齐、文字清晰的单证，可以展现企业的高品位，为企业塑造良好的形象，有利于促进整个业务的开展；相反，单证印制粗劣，行距、字距排列杂乱，数据胡乱涂改，甚至出现语句、语法错误，必然会给企业带来负面影响。

5. 单证是避免和解决贸易争端的依据

国际贸易的实质是单证交易，因此在合同签订和履行过程中都要对相关单证严格把关，不然可能因单据的不规范、不准确、不及时引发麻烦，或在有关争议后无法出示合格、有效的单证来保护自己，也就更谈不上对对方的不合理要求予以拒绝。

6. 单证受国际法规和惯例的制约，具有法律效力

国际贸易中有很多为国际社会所认同的法规和惯例，不同贸易国家又有各自的特殊法规，这些法规和惯例涉及国际货物买卖合同、国际金融、国际结算、国际运输和保险等领域。单证作为国际通用的商业应用文件，必然受有关国际公约、国际惯例及贸易国家的国内法的制约。例如，目前《跟单信用证统一惯例》(国际商会第 600 号出版物，以下简称《UCP600》)已经成为世界各地银行和进出口企业处理信用证项下单证的共同准则，如果我们不能正确予以理解和运用，就会使工作出现失误，影响外汇资金的结算，甚至使公司蒙受重大的经济损失。即使在正常的贸易中，由于市场变化，境外商人在到货无利可图的情况下也会在单证中寻找瑕疵，制造借口，以拒绝在信用证项下支付货款。因此，企业的经营者和从业人员必须熟悉单证的有关法律，合理、审慎地处理日常业务中的各类单证，保证不出任何差错，如此才能有效地保护企业的合法权益。

第二节 国际贸易单证工作的基本要求

一、国际贸易单证从业人员的基本要求

国际贸易单证员，作为各外贸企业开展业务的基础人才，在对外贸易结算的业务中，凭借其在进出口业务中应用的单据、证书来处理货物的交付、运输、保险、商检、结汇等工作，其主要工作有审证、制单、审单、交单与归档等一系列业务活动。单证从业人员的要求也因各个企业的经营规模、经营品种、经营方式等有所不同，要求也有所差异，但都有以下基本要求。

国际贸易单证从业人员的基本要求.mp4

1. 单证员要爱岗敬业，具备为国家、为企业奉献的精神

单证员代表的是一个企业，甚至是一个国家的贸易形象。单证工作的特殊性要求单证员应具有很高的政治素质、职业素质、道德素质及爱岗敬业、无私奉献的精神，对待本职工作要一丝不苟、精益求精。

2. 单证员应具有扎实的国际贸易专业知识和很强的单证操作能力，以及较强的英语交流和应用能力

单证工作涉及的业务杂、环节多，例如，从生产企业到仓库、港口，从银行到检验检疫部门，从保险公司到海关、运输公司等。在整个贸易过程中，以及在与各部门、各单位联系的工作中，难免会遇到各种困难和麻烦，单证员必须能够很好地应对。在对外签订、履行合同的过程中，如果不熟悉相关的理论和法律知识，就很容易出错，上当受骗。因此，从业人员必须掌握贸易政策和贸易惯例、有关法律并能实际运用；掌握国际贸易实务理论及专业技能；熟悉贸易合同、信用证、单据及运输、保险、报检、报关等各环节的相关知识和业务手续；了解中国人民财产保险股份有限公司及伦敦保险协会的保险险别和相关条款。单证员的外语能力至少应达到能阅读、理解和制作所有单证的要求，能够以合同、信用证、单据为主线进行熟练有序的审证、制单、审单和交单结汇等操作。

3. 单证员应具备多种相关技能和技巧

1) 使用计算机处理业务的能力

目前，许多单据都是通过计算机制作完成的，单证员必须具备操作计算机和有关应用软件的能力，同时还要掌握电子报关、电子报检、网上备案核销、退税、网上申领许可证等利用网络进行电子商务活动的知识和技能。

2) 独立制作、协调和管理各种单据的能力

不管一笔合同的金额是多少，应提交的单据都必须在规定的时间内按时如数提供。有些单据是出口企业制作，有些则由其他部门配合提供。不同的合同或信用证要求的单据会有不同，企业在一定的时间内可能同时有几笔合同要履行，这就要求单证员在制作单据时应该职责分明、沟通顺畅、先后有序、总揽全局、井井有条。

3) 业务核算能力

单证员能正确运用所学知识进行价格、运费、保险费和汇率等业务内容的精确运算。

4. 单证员应参加从业人员的培训并获得职业资格认证

单证员必须定期地或不定期地参加相关专业知识和技能的培训，并取得相关的从业资格证书，持证上岗作业，并不断地提升自己的专业技能。

二、单证制作的基本要求

在国际贸易中，单证工作主要有审证、制单、审单、交单和归档五个方面。对于各种进出口单证，原则上应做到正确、完整、及时、简洁、清晰。

国际贸易单证制作
的基本要求.mp4

(一)正确

正确是单证工作的前提，因为单证不正确就不能合法、有效地履行合同和安全结汇。在信用证结算中，银行处理的是单据，而不是与单据有关的货物、服务或履约行为，只要提交的单据相符，银行就必须付款；反之，如果单据不符，银行就有权拒绝支付货款。而在托收业务中，虽然对单据正确性的要求不如信用证业务严格，但如果不符合贸易合同的规定，也会被进口商找到借口而延迟付款或提出降价等要求，甚至拒绝支付货款。

正确原则包括以下两方面的内容。

(1) 各种单据必须做到"四相符"，即单据与信用证相符(单证相符)，单据与单据相符(单单相符)，单据与贸易合同相符(单同相符)，单据与实际货物相符(单货相符)。

单证相符、单单相符、单同相符、单货相符是信用证业务的要求。依据 《UCP600》的规定，银行审核单据的标准是"表面上是否与信用证条款相符……单据之间表面互不一致，即视为表面与信用证条款不符"，这就是所谓的"严格相符"原则(the Doctrine of Strict Compliance)。2007 年 7 月 1 日实施的《UCP600》中关于银行审核单据的标准与(1999 年 1 月 1 日实施的《跟单信用证统一惯例》国际商会第 500 号出版物，以下简称《UCP500》) 相比，相对宽松。《UCP600》第十四条单据审核标准规定，"按指定行事的指定银行、保

兑行(如果有的话)及开证行须审核交单，并仅基于单据本身确定其是否在表面上构成相符交单"。(相符交单，是指与信用证条款、本惯例的相关适用条款以及国际标准银行实务一致的交单。见《UCP600》第二条)。"单据中的数据，在与信用证、单据本身以及国际标准银行实务参照解读时，无须与该单据本身中的数据、其他要求的单据或信用证中的数据等同一致、但不得矛盾"。《UCP600》虽未明确强调"严格相符"原则，但由于《UCP600》的实施正处于过渡阶段，为确保安全收汇，单证制作应尽量严谨。

虽然在信用证的方式下，只要单证相符、单单相符("相符交单")就能得到付款，但是，只有同时单同相符、单货相符，才能在安全收汇的同时保障出口合同的顺利履行。

在托收的方式下，单同相符、单单相符、单货相符也是安全收汇和顺利履行合同的保障。

(2) 各种单据必须符合有关国际法规、惯例及进出口国的有关法令法规。

所有国际贸易要求的单据都有相应的法律、惯例和规则约束，较常见的法规有《联合国国际货物销售合同公约》《民法典》《票据法》《对外贸易法》《保险法》和《海商法》等，以及在国际贸易领域影响巨大的《UCP600》《ISBP》(《关于审核跟单信用证项下单据的国际标准银行实务》)、《URC522》(《托收统一规则》国际商会第 522 号出版物)、《URR525》(《国际商会跟单信用证项下银行间偿付统一规则》)、INCOTERMS2020(《国际贸易术语解释通则》2020 年版)等国际惯例，所有这些规定都对制单工作具有非常强的约束性。除此之外，有些国家对出口单据和进口单据有特殊的规定，因此制单时必须充分注意。

(二)完整

单证完整，首先是指单证群体种类的完整性。单证在通过银行议付或托收时，一般都是成套、齐全而不是单一的；其次是要求每一种单据本身的内容必须完备齐全，此外，还要求出口商所提供的各种单据的正本或副本要如数交齐，不能短缺。

(三)及时

1. 出单及时

各种单据的出单日期必须合理、可行，也就是说，每一种单据的出单日期不能超过信用证规定的有效期限或按商业习惯的合理日期。例如，保险单日期应早于或等于提单的签发日期；提单日期不得迟于规定的最迟装运期；装运通知书必须在货物装运后立即发出；向银行交单的日期不能超过信用证上规定的交单有效期；等等。

2. 交单及时

向银行交单议付不能超过信用证规定的交单期。《UCP600》规定，信用证必须规定一个交单的截止日；受益人或其代表必须在不迟于本惯例所指的发运日之后的 21 个日历日内交单，但无论如何，都不得迟于信用证上规定的截止日。

(四)简洁

单证的内容应力求简洁，以避免麻烦。单证简洁不仅可以减少工作量和提高工作效率，而且有利于提高单证的质量和减少单证的差错。

(五)清晰

单证的外观质量一定程度上反映一个国家、一个企业的业务水平和技术水平。如果正确和完整是单证的内在质量,那么清晰就是单证的外观质量。

清晰主要是指,单证的设计规范,表面清洁、美观、大方;各项内容清楚、易认;各项内容的记载简洁、明了。

第三节 国际贸易单证的分类与流转程序

一、国际贸易单证的分类

国际贸易单证根据不同的分类标准分为不同的类别。

国际贸易单证的分类.mp4

1. 根据单证所涉及的贸易双方划分

根据贸易双方身份的不同,国际贸易单证分为出口单证和进口单证。

出口单证,是指出口地的企业及有关部门涉及的单证,包括贸易合同、商业发票、出口许可证、出口报关单、出口货运单据、包装单据、保险单、汇票、产地证和检验检疫证书等。

进口单证,是指进口地的企业及有关部门涉及的单证,包括贸易合同、进口许可证、信用证、保险单和进口报关单等。

2. 根据单证的性质划分

根据《URC522》的分类方式,国际贸易单证按性质不同分为金融单证和商业单证。

金融单证,即汇票、支票、本票或其他类似的用于取得款项的凭证。

商业单证,即发票、装箱单、运输单据或其他类似单据及各种证明文件。

3. 根据单证在贸易工作中的用途划分

根据单证在国际贸易工作中的用途,可将单证划分为资金单据、货运单据、商业单据、保险单据、官方单据和随附单据六类。

(1) 资金单据——汇票、支票、本票等信用工具,或其他类似用以取得款项的凭证。

(2) 货运单据——托运单、海运提单、不可转让海运单、租船合约提单、空运单、公路运输单据、铁路运输单据、内河运输单据、专递和邮政收据等,是由托运人或承运人出具的单证。

(3) 商业单据——商业发票、形式发票、装箱单和重量单等,是由出口商签发的单据。

(4) 保险单据——投保单、保险单、预保单和保险证明等国际货物运输保险单据,是由承保人签发的单据和证明。

(5) 官方单据——海关发票、领事发票、产地证、检验检疫证、进出口货物报关单、出口收汇核销单、进口付汇核销单等,是由涉及的有关政府职能部门或外国驻中国使馆签发的单据。

(6) 随附单据——受益人证明、寄单证明、寄样证明、装运通知和船舱证明等。

4．根据结汇时所需要的单据类型划分

根据单证结汇时是否需要使用，可将单据划分为结汇单证和非结汇单证。

(1) 结汇单证，是指国际贸易结算时所要使用的各种单据、票据及证明，如发票、装箱单、保险单、产地证、汇票和各类运输单据等。

(2) 非结汇单证，是指在国际贸易流程中，为了使货物能够顺利出口，在办理相关出口手续时所要使用的各种单据、票据及证明，如出口许可证、出口报关单、出口收汇核销单、托运单和货物运输保险投保单等。

二、国际贸易单证的流转程序

国际贸易单证的流转程序，由买、卖双方所签订的合同决定。在 CIF 术语条件成交、以信用证方式结算的国际贸易合同下，国际贸易单证的业务流程大体分为以下几个阶段。

1．签订买卖合同

买、卖双方交易磋商后，一般以合同书(Contract)或确认书(Confirmation)的形式订立合同，合同正本通常一式两份，经买卖双方签章后各执一份，作为履行合同的法律依据。

2．买方开立信用证

买方应根据买卖合同的规定，及时填写开证申请书向开证行办理开证申请手续，并请开证行按期将信用证开往卖方，以便其及时备货及制单。

3．卖方组织货源

卖方依照买卖合同和信用证的规定，按时、保质、保量做好货源组织工作，备妥货物后，制作商业发票、装箱单等商业单证，为之后办理报检、托运等手续做准备。

4．报检

出口企业应根据国家有关规定或依照买卖合同的要求，及时填写报检单并向商检机构办理出口货物的报检手续。货物检验合格后，商检机构出具商检合格证书，为出口货物的顺利通关和顺利结汇打好基础。

5．托运和投保

在 CIF 术语的合同中，卖方要负责办理货物的托运和保险手续。卖方应在合同和信用证规定的装运期前及时填制托运单或订舱委托书并向船公司或委托货运代理办理出口货物的运输手续，取得装货单等货运单证。办理托运手续之后，应填制投保单向保险公司办理投保手续，取得保险单据。

6．出口报关

出口企业在办妥托运手续取得船公司签发的装货单后，就可以填制出口货物报关单，

并向海关办理货物的出口报关手续，报关时应按海关的规定同时提交装货单、出口收汇核销单、商业发票和装箱单等单证，单据和货物经海关审核查验通过后，才予以放行。

7. 装船及装船通知

海关放行后，发货人可以通知船公司将出口货物装船。件杂货装船后，大副签发收货单(大副收据)；集装箱货物则由集装箱堆场、集装箱货运站在收到整箱货或拼箱货后签发场站收据。发货人凭大副收据或场站收据向船公司换取正本提单。按照国际惯例和相关法规的规定，货物装船后，出口方必须将装运情况及时通知进口方，以便其做好接货、付款等准备工作，在 FOB、CFR、FCA、CPT 等术语条件下，必须及时发出装船通知，便于进口商及时投保。

8. 制单结汇

出口企业完成货物的装运并取得提单后，应集齐信用证规定的全套单证(通常还须填制汇票)，经审核达到单证一致、单单一致后，在信用证规定的交单期内向指定银行交单结汇。

9. 出口收汇核销及退税

出口企业应在国家规定的时间内持经海关签章的出口收汇核销单、结汇水单或收账通知、出口报关单(出口退税专用联)到外汇管理局办理核销，即期支付的应在出口报关之日起100天内办理，远期支付的应在合同规定的收付日起10天内办理。

核销完毕后，出口企业凭核销单(经外汇管理局盖章确认的出口退税专用联)、出口报关单(出口退税专用联)、增值税发票、商业发票等在规定的期限内向税务机关申请办理退税手续。

10. 买方审单及付款赎单

在信用证项下，保兑行(如有的话)或开证行或指定付款行审核全套结汇单证无误后，一般再经进口方审核无误后才付款赎单。在托收项下，托收行和代收行都不负审单之责，由进口方审单无误后对外承兑及付款。

11. 进口复验及报关提货

一方面，进口企业在货物到达目的地后，若发现货物有残损、短缺或质量不符等情况，应办理货物的复验手续，以便及时对外索赔；另一方面，依照进口国家的法律规定，进口货物通常须先报检后报关。进口货物报关时，应提交进口货物报关单、提单、发票和装箱单，以及检验合格证等单证，经海关查验单证和货物相符，征收关税和其他相关税费并放行后，进口方才可凭正本提单向承运人或其代理人提取货物。

12. 进口付汇核销

按照我国的法律法规，进口单位应在有关货物报关后一个月内到外汇管理局办理进口核销报审手续。

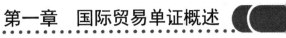

第四节　国际贸易单证业务的发展

近年来，随着科学技术的不断进步，我国的对外贸易量也逐年递增，国际贸易中使用的各种单证极为复杂，不仅单证的种类繁多，而且不同的单证又有不同的格式。因此，在实际业务操作过程中，单证工作经常发生错误，导致延迟收款甚至根本收不到货款，给企业和国家均造成严重的损失。传统的单证及其制作方法已经不能适应对外贸易的发展，甚至成为影响国际贸易发展的障碍。为此，各国际性贸易组织开始不断地对传统的单证业务进行改革，力求简化单证工作的手续，取消不必要的环节，统一单证格式，规范单证内容。

1. 单证内容和格式趋向标准化

20 世纪 50 年代，瑞典便开始着手进行单据简化工作，1957 年创造了"套合一致"的单据形式。我们知道，各种单据尽管用途不一，但约有 80% 的内容相同，如货物名称和数量、收货人和发货人、起运地和发货人等。"套合一致"这种单据形式将各种单据中相同的内容进行集中，并放在同一位置，用打字机打在一张总单据上，同时还统一了单据的大小，这样不仅减少了单据制作的费用，还极大降低了单据工作的差错率。

1978 年，《联合国贸易单据设计样式》(*Un-Layout Key for Trade Documents*)由联合国正式出版发行，这是一种为实现国际贸易单证标准化和采用"一次制单法"设计的单证格式，这种单证格式极大减少了各种单证相同内容的重复填写和重复审核。

为了适应这种"套合一致"的标准单据的制单方法，1993 年，国际商会修订了《跟单信用证统一惯例》，专门指出接受复印、影印技术和自动处理方法制作的单据，并对这种单据的正本格式作出规定。此后，各国都不同程度地采用了"套合一致"的标准单据，使国际贸易单证工作得到了很大程度的简化，促进了单证业务的发展。

2. 推广使用国际标准或代码

由于各国文化背景不同和贸易习惯差异，很多国家在数字、文字、货币使用及贸易手法等方面也都存在极大的差异。为了真正实现国际贸易单证工作的简单化、标准化、规范化和国际化，减少国际贸易往来中单证工作上的争端，提高工作效率，国际商会和联合国有关国际贸易的国际组织一直不断努力，致力于进出口单证的标准化、规范化和国际化。联合国推荐使用的国际标准和代码如下。

(1) 运输标志代码，也称唛头，由收货人简称、合同号、目的地和件号四部分组成，且不能使用符号或图形。

(2) 国家和地区代码，由两个英文字母组成，如中国为 CN、英国为 GB、美国为 US、日本为 JP 等。

(3) 货币代码，由三个英文字母组成，前两个字母代表国名，后一个字母代表货币币种，如人民币为 CNY、英镑为 GBP、美元为 USD。

(4) 地名代码，由五个英文字母组成，前两个字母代表国名，后三个字母代表地名，如上海为 CNSHG、伦敦为 GBLON、纽约为 USNYC。

(5) 用数字表示日期代码，如2023年1月1日表示为2023-1-1。

3. 单证工作的制单环节电子化

传统的国际贸易单证都是手工制作，一笔业务通常会有十几种单据，致使单证工作十分烦琐，且容易出差错。随着科学技术的发展，计算机、打字机、复印机、传真机、E-mail等电子设备和技术被逐渐运用到单证工作中。如今，电子数据交换(EDI)也被运用到国际贸易工作中。电子数据交换，是指利用网络和计算机软件技术，将单证工作的各类资料变成计算机程序，用于局域网内部数据的交换和处理。如此一来，数据只要核对无误后，输入计算机一次，便可自动生成多种单据，真正做到了单证工作的简单化，而且不易出错。EDI的产生及其在国际贸易工作中的运用使买卖双方的各项数据可以简单地通过计算机进行传递和处理，实现了国际贸易的电子化，即"无纸贸易"。

同 步 测 试

一、填空题

1. 在国际贸易实务中，国际贸易的最终完成往往以_____交流的形式实现。

2. 狭义的单证，是指_____和_____；广义的单证，是指各种_____和_____。

3. 根据国际规则，按照CIF贸易条件成交的合同，实行单据和付款对流的原则，即卖方_____交货，买方_____付款。

4. 国际贸易单证的制作原则是正确、完整、及时、简洁、清晰，其中_____最为重要。

5. 单证以性质划分，可分为_____单证和_____单证。

6. 联合国设计使用的国家和地区代码由_____组成。

7. 联合国设计推荐使用的货币代码由_____组成，前_____代表国名，后_____代表货币。

二、判断题

1. 国际贸易的单据化，是指商品买卖可以通过单证买卖来实现。　　　　(　　)

2. 在任何情况下，银行审核单证总是以UCP为依据。　　　　(　　)

3. 信用证项下单证不符，开证行可以拒绝支付货款；托收项下单证不符，买方可以拒绝支付货款。　　　　(　　)

4. 信用证业务中，单证相符以单单相符为前提。　　　　(　　)

5. 联合国设计推荐使用的运输标志代码由收货人简称、合同号、目的地和件号四部分组成。　　　　(　　)

6. 装船通知是货物装船后向对方发出的通知，因此只可能由出口商发出。　　　　(　　)

三、多项选择题

1. 根据《UCP600》，银行审核单据的标准是(　　)。

A. 单据与信用证相符　　　　　　　　　B. 单据与贸易合同相符

　　C. 单据与单据相符　　　　　　　　　　D. 单据与实际货物相符

2. 企业审核单据的标准是(　　　)。

　　A. 单据与信用证相符　　　　　　　　　B. 单据与贸易合同相符

　　C. 单据与单据相符　　　　　　　　　　D. 单据与实际货物相符

3. 以下关于信用证项下及时出单，表述正确的是(　　　)。

　　A. 收到信用证后应立即制作全套单据

　　B. 单据的制作日期应符合商业习惯的合理日期

　　C. 单据的出单日期不能超过信用证规定的效期

　　D. 向银行交单的日期不能超过信用证规定的交单期限

4. 以下关于单证清晰要求，表述正确的是(　　　)。

　　A. 单证表面清洁、美观、大方　　　　　B. 内容记载清楚、简洁、明了

　　C. 单证格式力求标准化和规范化　　　　D. 更改处加盖校对章或简签

5. 每种单据尽管用途不一，但约有80%的内容相同。这些相同的内容项目有(　　　)。

　　A. 货物名称和数量　　　　　　　　　　B. 收货人和发货人

　　C. 起运地和发货人　　　　　　　　　　D. 单据签发人

6. 在信用证业务中，各有关方面当事人处理的是(　　　)。

　　A. 单据　　　　　　B. 货物　　　　　　　　C. 服务　　　　　　　　D. 其他行为

7. 采用信用证支付方式，受益人向客户收取货款的凭据是(　　　)。

　　A. 已装运的实际货物

　　B. 寄单银行要求开证银行付款的书面通知

　　C. 与信用证条款完全相符的全套单据

　　D. 与买卖合同内容一致的全套单据

四、简答题

1. 什么是单证？

2. 国际商务单证员(或国际贸易单证从业人员)的基本要求是什么？

3. 国际贸易单证工作的基本要求是什么？这项工作对企业和国家的经济发展有何意义？

4. 简述国际贸易单证的流转程序。

5. 介绍现代化的单证工作模式。

第二章　进出口合同

【学习指导】

本章介绍进出口合同(Import and Export Contract)的签订，书面合同的意义、形式、内容和基本条款等，要求掌握签订书面合同的要点和草拟合同条款的技能。

第二章学习
指导.mp4

【导入案例】

阅读样单 2.1 的内容，并翻译成中文。

样单 2.1　销售合同

SALES CONTRACT

S/C No.: JY-HSNSC05

Date: April 1st, 2015

The Seller: SHANGHAI JIEYI INDUSTRIAL
TRADING COMPANY
Address: 906 PUBEI ROAD
SHANGHAI, CHINA

The Buyer: HASSAN ALKAMAR FOR
GENERAL TRADING
Address: P.O.BOX 20242 TAIZ STREET
SANAA - REPUBLIC OF YEMEN

Item No.	Commodity &Specifications	Unit	Quantity	Unit Price(USD)	AMOUNT(USD)
	TENDER BRAND BABY BLANKET			CIFC5 HODEIDAH	
1	ART. SY001	PIECE	3000	6.59	19,770.00
2	ART. BS007	PIECE	3000	6.83	20,490.00
3	ART. WP101	PIECE	2660	7.45	19,817.00
4	ART. AF022	PIECE	2380	8.19	19,492.20
				TOTAL	79,569.20

TOTAL CONTRACT VALUE:	SAY US DOLLARS SEVENTY NINE THOUSAND FIVE HUNDRED SIXTY NINE AND CENTS TWENTY ONLY
PACKING:	TO BE PACKED IN PLASTIC BAGS WITH ZIP OF ONE PC EACH, 20 PCS TO A CARTON, TOTAL 552 CARTONS ONLY.

样单 2.1(续)

SHIPMENT: TO BE EFFECTED BY THE SELLER FROM SHANGHAI TO HODEIDAH. NOT LATER THAN MAY 31ST, 2015 ON CONDITION THAT UPON RECEIPT OF THE RELEVANT L/C WITH PARTIAL SHIPMENT AND TRANSSHIPMENT NOT ALLOWED.

PAYMENT: THE BUYER SHALL OPEN THROUGH A BANK ACCEPTABLE TO THE SELLER AN IRREVOCABLE LETTER OF CREDIT AT 30 DAYS FROM B/L DATE TO REACH THE SELLER BEFORE APRIL 25TH, 2015 AND VALID FOR NEGOTIATION IN CHINA UNTIL THE 15TH DAY AFTER THE DATE OF SHIPMENT.

INSURANCE: THE SELLER SHALL COVER THE INSURANCE FOR 110% OF TOTAL INVOICE VALUE AGAINST ALL RISKS AND WAR RISK AS PER AND SUBJECT TO THE RELEVANT OCEAN MARINE CARGO CLAUSES OF PEOPLE'S INSURANCE COMPANY OF CHINA DATED 1/1/1981.

Confirmed by:

THE SELLER

SHANGHAI JIEYI INDUSTRIAL TRADING COMPANY

×××

THE BUYER

HASSAN AL KAMAR FOR GENERAL TRADING

LAMIA KHASHOGGI

REMARKS:

1. The Buyer shall have the covering letter of credit which should reach the Seller 30 days before shipment, failing which the Seller reserves the right to rescind without further notice, or to regard as still valid whole or any part of this contract not fulfilled by the Buyer, or to lodge a claim for losses thus sustained, if any.

2. In case of any discrepancy in quality, claim should be filed by the Buyer within 30 days after the arrival of the goods at port of destination; while for quantity discrepancy, claim should be filed by the Buyer within 15 days after the arrival of the goods at port of destination.

3. For transactions concluded on C.I.F., basis, it is understood that the insurance amount will be for 110% of the invoice value against the risks specified in the Sales Contract. If additional insurance amount or coverage required, the Buyer must have the consent of the Seller before Shipment, and the additional premium is to be borne by the Buyer.

4. The Seller shall not hold liable for non-delivery or delay in delivery of the entire lot or a portion of the goods hereunder by reason of natural disasters, war or other causes of Force Majeure. However, the Seller shall notify the Buyer as soon as possible and furnish the Buyer within 15 days by registered airmail with a certificate issued by the China Council for the Promotion of International Trade attesting such event(s).

5. All deputies arising out of the performance of, or relating to this contract, shall be settled through negotiation. In case no settlement can be reached through negotiation, the case shall then be submitted to the China International Economic and Trade Arbitration Commission for arbitration in accordance with its arbitral rules. The arbitration shall take place in Shanghai. The arbitral award is final and binding upon both parties.

6. The Buyer is requested to sign and return one copy of this contract immediately after receipt of the same. Objection, if any, should be raised by the Buyer within it is understood that the Buyer has accepted the terms and conditions of this contract.

7. Special conditions:(These shall prevail over all printed terms in case of any conflict.)

第一节　进出口合同的商定

一、合同商定的一般程序

1．进出口交易前的准备

在进行进出口交易之前，进出口双方都要充分做好相关的准备工作，一般包括以下几个环节。

(1) 进行国际市场调研，掌握市场行情。进出口商应通过各种途径掌握商品的供求状况、国际价格水平和价格变化趋势。

(2) 确定交易对象。进出口商应充分了解对方的资信状况、经济实力、经营作风、经营方式和范围等信息，并建立起相互信任的关系。

(3) 双方各自进行成本核算，制定报价策略，把握成交价格、成交量等交易条件。

(4) 进出口双方各自制定切实可行的进口或出口经营方案，为进入正式交易磋商做好充分准备。

2．交易磋商

进出口商进行交易的磋商活动，通常是相互试探、摸底，再进行发盘、还盘和再还盘的反复循环的过程，最终以一方对磋商的结果表示接受而达成交易。交易磋商的程序一般包括询盘、发盘、还盘和接受四个环节，其中，发盘和接受是必不可少的环节，发盘一经接受，合同就宣告成立。

二、进出口合同的订立

进出口合同的订立，即合同的成立，是进出口双方当事人意思表示一致的结果。它包括两个法律步骤：一是要约，即订约建议；二是承诺，又称接受，即双方意思一致——合意(Meeting of Minds)。我国《民法典》第四百七十一条规定："当事人订立合同，可以采取要约、承诺方式或者其他方式。"

进出口合同
的订立.mp4

(一)签订书面合同的意义

在交易磋商的过程中，一方发盘另一方接受后，交易即告成立，买、卖双方就构成了合同关系。有的国家法律还承认口头合同(Oral Contract)，《联合国国际货物销售合同公约》规定："销售合同无须以书面订立或书面证明，在形式方面也不受任何其他条件的限制。销售合同可以用包括人证在内的任何方法证明。"但是在国际贸易实践中，当事人双方往往在交易达成后签订具有一定格式的书面合同以充分保障各方利益。因此，签订书面合同具有重要的意义。

1．签订书面合同是合同成立的证明

根据法律要求，凡是合同必须要得到证明，提供证据，包括人证和物证。因此，我国

外贸企业与国外客户订立买卖合同时，应尽量采用正式的书面合同，如果是口头达成交易的，买、卖双方再签署正式的书面合同是十分必要的。我国《民法典》第四百六十九条规定："当事人订立合同，可以采用书面形式、口头形式或者其他形式。书面形式是合同书、信件、电报、电传、传真等可以有形地表现所载内容的形式。以电子数据交换、电子邮件等方式能够有形地表现所载内容，并可以随时调取查用的数据电文，视为书面形式。"

2. 签订书面合同是合同正式生效的条件

书面合同虽然不拘泥于某种特定的名称和格式，但在买、卖双方磋商交易时，若一方提出以签订书面合同为准，即使双方就各项交易条件全部达成一致，书面合同未签署之前均不成立。按照我国法律的规定，当事人采用合同书包括确认书形式订立合同的，自双方当事人签字或者盖章时合同成立。此外，按规定须经一方或双方所在国政府审核批准的合同，也必须具备一定的书面格式，并经批准后生效。

3. 签订书面合同是合同履行的依据

在外贸业务中，履行买卖合同涉及企业内外众多部门和单位，而且履行的期限也较长，若只是口头达成合同，而无书面合同明确责任，合同实际上几乎无法执行。即使通过来往的信函、电文达成的交易，虽然属书面形式，但作为合同成立的证据，如果不将分散的交易条件集合到有一定规范格式的书面合同中来，买、卖双方也难以准确履行合同的各项义务。因此，交易双方不管以何种方式达成交易，最终都有必要签订规范的书面合同，明确、具体地将双方的权利和义务记载下来并签章确认，以利于合同的严格履行。

(二)合同成立的时间

合同成立的时间关系到对当事双方有关权利和义务的认定。双方当事人经过要约与承诺，合同即告成立，各国对此问题的看法都是一致的。但由于要约与承诺生效的原则不同，因此，合同成立的时间也有不同。在英美法系国家，合同成立分为两种情况：凡是口头或用电话订立合同的，以要约人收到承诺的时间为合同成立和生效时间；凡是用信件、电报订立合同的，以承诺的信件、电报投交邮局的时间为合同成立的时间。大陆法系国家在民法范围内对此问题没作出明确规定，但基本上以接受承诺的时间即承诺通知到达时为合同成立时间。

《联合国国际货物销售合同公约》采纳了大陆法系国家的做法。该公约第二十三条规定："合同于按照本公约规定对发价的接受生效时成立。"第十八条第二款规定："接受发价于表示同意的通知送达发价人时生效。"

我国实践中对合同成立的时间一般采取以下原则：如口头订立的合同，口头表示承诺即生效；如用行为承诺，行为作出时合同即告成立；如用信件、电报订立合同的，以收到承诺的时间为合同成立的时间。在实际业务中，如买、卖双方对合同成立时间另有约定，以约定的时间为准。例如，在合同或确认书签署时合同成立；合同须获得批准的，于获得批准时成立。

三、合同生效的条件

合同生效的条件.mp4

合同成立了，并不一定有效，只有有效的合同才会受法律保护。依多数国家合同法的规定，合同必须具备以下要件方能生效。

(1) 合同当事人必须具有签约的能力。如未成年人、醉酒者或精神病患者就无订立合同的能力或受到一定的限制。

(2) 合同必须具有对价或约因。"对价"是英美法系的说法，"约因"是法国法律的说法，是指合同当事人为得到某种利益而要损失某种利益。卖方的交货和买方的付款就是买卖合同的对价。

(3) 合同的内容必须合法。如合同的标的为毒品等就绝对不可以，因为其内容是各个国家都禁止贸易的。

(4) 合同必须符合法律规定的形式。我国规定国际买卖合同必须采用书面形式，方为有效。

(5) 合同当事人的意思表示必须真实。如采取胁迫或欺诈等方式签订的合同就不是当事人真实意思的表示，这样的合同是无效的。

书面合同的
形式.mp4

第二节　进出口合同的形式与内容

一、书面合同的形式

进出口贸易书面合同的形式没有特定的限制。买、卖双方可以协商采用合同书(Contract)、确认书(Confirmation)、协议书(Agreement)及备忘录(Memo)等形式，除此之外，还可采用订单(Order)、委托订单(Indent)等形式。

1. 合同书和确认书

在外贸实际业务中，我国外贸企业主要采用合同书和确认书的合同形式。如系卖方制作，可称为销售合同(Sales Contract)或销售确认书(Sales Confirmation)，买方制作的则可称为采购合同(Purchase Contract)或购买确认书(Purchase Confirmation)。合同通常一式两份，双方各执一份经签章的正本，作为合同订立和履行的依据。合同书或确认书在格式、条款及措

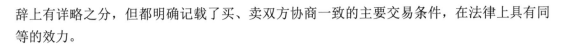

辞上有详略之分，但都明确记载了买、卖双方协商一致的主要交易条件，在法律上具有同等的效力。

2．协议书

"协议书"在法律上是合同的同义词。书面合同如果采用协议书的名称，只要其条款内容对买、卖双方的权利和义务作了明确、具体的规定，对买、卖双方就具有法律上的约束力。

3．备忘录

备忘录也可作为书面合同的形式之一，在我国的外贸实践中使用较少。如果买、卖双方在备忘录中对各项主要交易条件作出明确，具体的规定并经双方签字确认，则这种备忘录的性质与合同一样。若买卖双方磋商后，只是对某些事项达成一定的理解或谅解而以备忘录的形式记录下来，作为双方今后交易或合作的依据，或作为初步协议，供进一步磋商参考，这种通常被称为谅解备忘录(Memorandum of Understanding)的文件在法律上就不具有约束力。

4．订单和委托订单

订单，是指由进口商或实际的购货商拟制的货物订购单。委托订单是由代理商或佣金商拟制的代其客户购买货物的订购单。有时国外进口商将其拟制的订单或委托订单寄来一份，以便我方据以履行交货和交单等合同义务；有的寄来正本一式两份，并要求我方签署后退回一份。这种经磋商成交后寄来的订单或委托订单，实际就是购货合同或购货确认书。如果国外客户径自寄来订单或委托订单，我方须按其具体内容确认其为发盘还是邀请发盘，经认真研究后，再决定是否与之成交，并及时答复对方。若收到对方的订单，则应经双方签字确认，以便合同顺利履行。

二、书面合同的内容

进出口贸易的书面合同一般包括约首、本文和约尾三部分，参见样单2.1。

书面合同的
内容.mp4

(一)约首

约首，即合同的首部，主要包括该合同的名称、编号、日期及合同当事人相应的信息等。

约首的表述应与合同名称一致。若采用合同书形式，约首应使用第三人称语气，例如，"本合同由×××与×××订立"(This contract is made and entered into by and between … and …)或类似的词句；若采用确认书形式，则约首措辞应使用第一人称语气，例如"兹确认你方的订单……"(We confirm the order from you …)或类似语句。

合同的成立、履行及解释依据哪一国的法律对双方当事人来说十分重要。包括我国在内的多数国家的法律规定，当事人可以选择处理合同争议所适用的法律，并在合同中加以规定，例如，"本合同的订立、履行及解释适用中国法律"(The formation, performance and construction of this contract shall be governed by the laws of China)。

(二)本文

本文包括商品名称、品质规格、数量、包装、运输、保险、贸易术语及价格、支付、检验、违约与索赔、不可抗力及仲裁等条款。

1. 货物的名称和质量

合同中的货物名称(Name of Commodity)要使用国际市场上习惯的通用名称,货物名称要明确、具体,并适合该货物的特点,注意不要与其他相似货物混淆。货物的质量(quality)条款是合同中非常重要的条款。为预防卖方因交货品质不符合要求,买方对合同中的货物规格、标准、品牌、型号等要作出明确、具体的规定。凭样品买卖的合同,由于各国法律的规定不尽相同,买方如果要求卖方交货品质与样品尽可能一致,合同中必须订明交货品质与样品严格相符(Quality to be exactly same as the sample submitted by seller on …)。

2. 数量条款

我国《计量法》规定,进口货物的计量单位,必须符合我国法定的计量单位和标准。数量(Quantity)条款主要包括计量单位、数量(重量)的计量方法,若采用溢短装条款,就要规定溢短装机动幅度,并尽可能规定溢短装由买方决定,例如,"10,000 M/T,3% more or less at buyer's option"。

3. 价格条款

在进出口贸易中,价格(Price)条款是合同的核心条款之一,主要包含单价和总值两部分内容。单价由计价货币、单价金额、计量单位和贸易术语四部分组成,有时价格中还包含佣金或折扣。买、卖双方在磋商交易时,如果采用灵活作价方法或价格调整条款,在合同中就要作具体、明确规定。

4. 装运条款

进出口贸易买卖合同中的装运(Shipment)条款也是合同的基本条款之一。合同应订明卖方装运货物的期限、地点、目的地、是否允许分批装运、如何分批装运、是否允许转运及装船通知等内容。以 CIF 术语条件下订立的合同为例,合同中的装运条款如:"卖方负责将本合同所列货物由装运港装直达班轮至目的港,中途不得转船。货物不得用悬挂买方不能接受的国家的旗帜的船舶装运。"(The seller shall undertake to ship the contracted goods from the port of loading to the port of destination on a direct liner, with no transshipment allowed. The contracted goods shall not be carried by a vessel flying the flag of the countries which the buyer can not accept.)

在 FOB 术语条件下,卖方在货物装船后,应给予买方关于货物已装上船的充分通知,而且卖方还应在买方的要求下提供办理保险所需的资料,合同也应对此作出明确规定。例如:"在合同货物装船完毕后,卖方应立即以电传、传真或电子邮件的方式通知买方下列内容:合同号、货名、数量、毛重、发票金额、运载船只及起航日期。"(The seller, immediately upon the completion of the loading of the contracted goods, shall notify by telex, fax or E-mail the buyer of the contracted number, name of commodity, quantity, gross weight, invoice value, name of carrying vessel and date of sailing.)

5. 支付条款

进出口合同采用的支付(Payment)方式主要有汇付、托收、信用证等。一些小金额的合同，有时采用交货后汇付或托收的方式；有时也采用汇付与信用证相结合，信用证与托收相结合，汇付、托收、信用证三者相结合的方式；多数采用信用证方式。不管采用什么支付方式，合同都应作出明确、具体的规定。例如，信用证支付条款："买方在收到卖方按本合同第××款的规定发出的装货通知后，在装运期××天前通过××银行开立以卖方为受益人的不可撤销信用证，其金额相当于装运的总值。该信用证须凭向开证行提交的汇票及本合同第××款所规定的单据向银行收款。信用证有效期至装运后第 15 天为止。"(The buyer shall, upon receipt from the seller of the shipping advice specified in clause … hereof, open an irrevocable letter of credit with … bank … days prior to the date of shipment in favour of the seller, for an amount equivalent to the total value of the shipment. The credit shall be payable against the presentation of the draft and the documents stipulated in clause … hereof in the opening bank. The L/C shall be valid until the 15th day after the shipment.)

6. 一般交易条款

一般交易条款，又称格式条款，是当事人为了重复使用而预先拟定，并在订立合同时可不与对方协商的条款。格式条款是适用于所有合同的共性条款。合同条款中凡属共性的部分，都可以列入格式条款，例如，品质条款中品质机动幅度的规定，数量条款中关于溢短装的规定，商品检验、违约与索赔、仲裁、不可抗力等条款都可列入格式条款中。我国《民法典》第四百九十六条规定："格式条款是当事人为了重复使用而预先拟定，并在订立合同时未与对方协商的条款。采用格式条款订立合同的，提供格式条款的一方应当遵循公平原则确定当事人之间的权利和义务，并采取合理的方式提示对方注意免除或者减轻其责任等与对方有重大利害关系的条款，按照对方的要求，对该条款予以说明。提供格式条款的一方未履行提示或者说明义务，致使对方没有注意或者理解与其有重大利害关系的条款的，对方可以主张该条款不成为合同的内容。"

(三)约尾

约尾，即合同的尾部，通常包括合同的份数、使用的文字及效力、附件及其效力、签约地点和双方当事人签字等。

书面合同的内容必须符合国家的政策，要内容完整，条款明确，文字严密，前后一致。书面合同一经签订，就成为约束双方当事人的法律文件。外贸业务人员在缮制和签订合同的过程中，必须十分严肃、认真、谨防错漏。

第三节 技能实训

实训模块一：阅读理解合同

1. 背景材料：销售合同书如样单 2.2 所示

样单 2.2　销售合同书

SALES CONTRACT

S/C No.: SHCH-NOMSC09

Date:　April 1st, 2013

The Seller: Twins city group int'l trade corp.　　　**The Buyer:** N.V. NOM

Address: Suite 508, conch building　　　　　　　　**Address:** Postbus 20101

1271 Zhongshan rd(w)　　　　　　　　　　2800 Ecs-Rotterdam

Shanghai, 200051, China　　　　　　　　　The Netherlands

Item No.	Commodity & Specifications	Unit	Quantity	Unit Price (USD)	AMOUNT (USD)
	FORTUNE BRAND ALUMINUM GARDEN FURNITURE			CIFC5 ROTTERDAM	
1	ALUM SET OF 3PC ART. NO. DS-1-A	SET	727	59.60	43,329.20
2	4PC ALUM GARDEN SETTING ART. NO. DS-2	SET	374	106.50	39,831.00
3	ALUM STAND MAIL BOX ART. NO. AS-2	PIECE	177	30.70	5,433.90
4	ALUM FLOWER BASKET 13" ART. NO. AS-1	PIECE	2220	3.90	8,658.00
				TOTAL	97,252.10

TOTAL CONTRACT VALUE:	SAY US DOLLARS NINETY SEVEN THOUSAND TWO HUNDRED AND FIFTY TWO AND 10/100 ONLY

PACKING: DS-1-A/DS-2 EACH PC IS PACKED IN A POLY BAG AND ONE SET TO A CARTON.

AS-2 EACH PC IS PACKED IN A POLY BAG AND ONE PC TO A CARTON.

AS-1 4 PCS TO A CARTON.

TOTAL 1833 CARTONS.

EACH SET IS LABELED IN ENGLISH, FRENCH AND GERMAN.

PORT OF LOADING & DESTINATION: FROM SHANGHAI CHINA TO ROTTERDAM, THE NETHERLANDS.

样单 2.2(续)

SHIPMENT:	TO BE EFFECTED BEFORE THE END OF MAY WITH PARTIAL SHIPMENTS NOT ALLOWED
PAYMENT:	THE BUYER SHALL OPEN THROUGH A BANK ACCEPTABLE TO THE SELLER AN IRREVOCABLE LETTER OF CREDIT AT 45 DAYS' SIGHT TO REACH THE SELLER NOT LATER THAN 25 APRIL 2013. AND REMAIN VALID FOR NEGOTIATION IN CHINA UNTIL 15TH DAY AFTER THE DATE OF SHIPMENT.
INSURANCE:	THE SELLER SHALL COVER INSURANCE AGAINST ALL RISKS FOR 110% OF THE TOTAL INVOICE VALUE AS PER THE RELEVANT OCEAN MARINE CARGO CLAUSES OF THE PEOPLE'S INSURANCE COMPANY OF CHINA DATED 1/1/1981.

Confirmed by:

THE SELLER
TWINS CITY GROUP INT'L TRADE CORP
MANAGER
×　×　×

THE BUYER
N.V. NOM
MANAGER
ROEY VAN SANTIBERG

REMARKS:

1. The Buyer shall have the covering letter of credit which should reach the Seller 30 days before shipment, failing which the Seller reserves the right to rescind without further notice, or to regard as still valid whole or any part of this contract not fulfilled by the Buyer, or to lodge a claim for losses thus sustained, if any.

2. In case of any discrepancy in quality, claim should be filed by the Buyer within 30 days after the arrival of the goods at port of destination; while for quantity discrepancy, claim should be filed by the Buyer within 15 days after the arrival of the goods at port of destination.

3. For transactions concluded on C.I.F. basis, it is understood that the insurance amount will be for 110% of the invoice value against the risks specified in the Sales Confirmation. If additional insurance amount or coverage required, the Buyer must have the consent of the Seller before Shipment, and the additional premium is to be borne by the Buyer.

4. The Seller shall not hold liable for non-delivery or delay in delivery of the entire lot or a portion of the goods hereunder by reason of natural disasters, war or other causes of Force Majeure, However, the Seller shall notify the Buyer as soon as possible and furnish the Buyer within 15 days by registered airmail with a certificate issued by the China Council for the Promotion of International Trade attesting such event(s).

5. All deputies arising out of the performance of, or relating to this contract, shall be settled through negotiation. In case no settlement can be reached through negotiation, the case shall then be submitted to the China International Economic and Trade Arbitration Commission for arbitration in accordance with its arbitral rules. The arbitration shall take place in Shanghai. The arbitral award is final and binding upon both parties.

6. The Buyer is requested to sign and return one copy of this contract immediately after receipt of the same. Objection, if any, should be raised by the Buyer within it is understood that the Buyer has accepted the terms and conditions of this contract.

7. Special conditions:(These shall prevail over all printed terms in case of any conflict.)

2．实训要求

将合同翻译成中文，并理解合同的形式、内容和各项条款的表述。

实训模块二：拟定销售合同条款

1．背景材料

上海某出口公司 ABC TRADE CO.向日本大阪(OSAKA)XYZ TRADE CO.磋商出口饲料蚕豆，双方达成的主要交易条件如下。

品名及规格：饲料蚕豆(FEEDING BROAD BEANS)，FAQ。

数量：6000 公吨。

包装：单层麻袋装，每袋装 30 千克。

价格：每吨 200 美元 CIF 班轮条件大阪含 2%佣金。

装运：2015 年 10 月和 11 月分两批平均装运。

保险：由卖方向中国人民保险公司投保中国保险条款的一切险和战争险。

支付：即期信用证方式支付，信用证有效期在装运后 15 天。

2．实训要求

根据上述条件用英文草拟一份销售确认书，背景材料中不足的内容可适当补充完整。

同 步 测 试

一、填空题

1．交易的磋商一般经历＿＿＿＿＿＿、＿＿＿＿＿＿、＿＿＿＿＿＿和＿＿＿＿＿＿四个环节，其中＿＿＿＿＿＿和＿＿＿＿＿＿为不可缺少的法律步骤。

2．书面合同的形式主要有＿＿＿＿＿＿、＿＿＿＿＿＿和＿＿＿＿＿＿、＿＿＿＿＿＿等。

3．书面合同的内容主要包括＿＿＿＿＿＿、＿＿＿＿＿＿、＿＿＿＿＿＿三部分。

4．合同文本的基本条款主要有＿＿＿＿＿＿、＿＿＿＿＿＿、＿＿＿＿＿＿、＿＿＿＿＿＿、＿＿＿＿＿＿、＿＿＿＿＿＿等。

5．在合同中列为格式条款的主要有＿＿＿＿＿＿、＿＿＿＿＿＿、＿＿＿＿＿＿等。

二、多项选择题

1．邀请发盘属于(　　)。

　　A．发盘　　　　　　B．询盘　　　　　　C．还盘　　　　　　D．接受

2．根据《联合国国际货物销售合同公约》的规定，发盘内容必须十分确定。十分确定是指在发盘中，应包括(　　)等要素。

　　A．标明货物的名称、质量、数量和价格

B. 明示或默示地规定货物包装

C. 明示或默示地规定货物的到货地点

D. 标明货物的交货时间和地点

E. 标明支付的方法

3. 根据《联合国国际货物销售合同公约》的规定，受盘人对(　　)提出添加或更改，均可作为实质性变更发盘条件。

A. 价格　　　　　　　　　　　　B. 付款

C. 品质　　　　　　　　　　　　D. 数量

E. 交货时间与地点

4. 某货物品质条款如下：Feeding horse-bean, moisture(max)15%, admixture(max)2%，其表示品质的方法为(　　)。

A. sale by standard　　　　　　　B. F.A.Q.

C. sale by sample　　　　　　　　D. sale by specification

5. 以毛重作为计量和计价的基础，此计重方法为(　　)。

A. net weight　　　　　　　　　　B. gross weight

C. conditioned weight　　　　　　D. net net weight

6. 对溢短装部分货物的价格，如合同无其他规定，一般按(　　)计算价格。

A. 装运时的国际市场价格　　　　B. 合同价格

C. 按买方国家市场价格　　　　　D. 买卖双方另行议价

7. 合同中关于装运期的正确规定方式是(　　)。

A. 即期装运　　　　　　　　　　B. 限某年某月某日装运

C. 某月装运　　　　　　　　　　D. 收到买方开来的信用证后立即装运

8. 根据我国保险条款的规定，不能单独投保的险别是(　　)。

A. F.P.A.　　　　　　　　　　　B. W.P.A.

C. ALL RISKS　　　　　　　　　D. WAR RISK

9. 某合同价格条款规定为"USD100 PER M/T CIF LONDON"，这种价格是(　　)。

A. 净价　　　　　　　　　　　　B. 含佣价

C. 折扣价　　　　　　　　　　　D. 离岸价

10. 属于顺汇方式的支付方式是(　　)。

A. REMITTANCE　　　　　　　　B. L/C

C. COLLECTION　　　　　　　　D. L/G

11. 属于银行信用的国际贸易支付方式为(　　)。

A. 票汇　　　　　　　　　　　　B. 托收

C. 信用证　　　　　　　　　　　D. 电汇

12. "SHIPPING QUALITY，SHIPPING WEIGHT"这一术语用于表示国际货物买卖的(　　)条款。

A. 仲裁　　　　　　　　　　　　B. 索赔

C. 不可抗力　　　　　　　　　　D. 检验

三、简答题

1. 进出口企业在与外商进行交易磋商之前应做好哪些准备工作?

2. 在国际贸易中,买卖双方经口头或书面磋商达成交易后,为什么还须签订一份具有一定格式的书面合同?在我国进出口业务中,通常采用的书面合同有哪些形式?其基本内容是什么?

四、操作题

根据下列背景材料,用英文草拟一份销售确认书。

背景材料:我国上海机械进出口公司与新加坡 OVERSEAS COMPANY SINGAPORE 磋商一批货物的出口,就以下主要条件达成交易。

货名及规格: "GOLDEN STAR" BRAND COLOUR TELEVISION SET MODEL S0374。

数量: 4800 SETS

包装: 每台装入一个出口纸箱,每 800 个纸箱装入一个 40 英尺集装箱内装运。收到信用证后 80 天内装运,允许在香港转运。装运港为上海,目的港为新加坡。

价格: 单价为 USD150.00 PER SET CIF SINGAPORE

总值: USD720 000.00

保险: 由卖方按照中国保险条款投保一切险和战争险,投保金额为发票金额的 110%。

支付: 买方须于 2018 年 5 月 15 日前将不可撤销的即期信用证开到卖方,信用证金额为发票额的 100%,该信用证在装运后 20 天内在中国议付有效。

五、案例分析

1. 我国某出口企业于 6 月 1 日用电传向英国商人发盘销售某商品,限 6 月 7 日复到有效。6 月 2 日收到英国商人发来电传称"如价格减 5% 可接受"。我方出口企业尚未对其作出答复,因该商品国际市场价格上涨,英国商人于 6 月 3 日发来电传表示"无条件接受你方 6 月 1 日发盘,请电告合同号码"。试问在此情况下,我方应如何处理?为什么?

2. 我国某公司于 3 月 1 日向美商用电传发盘供应某农产品 1000 公吨,并列明"牢固麻袋装"(PACKED IN SOUND GUNNY BAGS)。美商收到我方电传后立即复电表示"接受,新麻袋装运"(ACCEPTED, SHIPPED IN NEW GUNNY BAGS)。我方收到对方复电后,即着手备货,准备于双方约定的 6 月装运。数周后,该农产品国际市场价格猛跌,针对我方的催证电传,美商于 3 月 26 日来电称"由于你方对新麻袋包装的要求未予确认,双方之间无合同"(NO CONTRACT)。而我方公司则坚持合同已有效成立,于是双方发生争议。试问,此案应如何处理?并说明理由。

第三章　开证、审证与改证

【学习指导】

本章以信用证的含义、性质、特征和条款内容等专业知识为主要内容，要求掌握信用证结算方式下的开证、审证与改证的业务程序，开证申请书的填制及相关结汇单据缮制的业务技能。

第三章学习
指导.mp4

【导入案例】

某年 4 月 20 日，某省进出口公司到 A 银行申请开出以美国出口商为受益人的信用证。信用证规定最迟装船期为当年 4 月 30 日。4 月 27 日该公司收到美国客户的通知，指责其迟开信用证并违约，要求撤销合同。因为买卖双方在合同中规定："信用证必须在装运月前即在 4 月以前开到卖方，信用证的有效期为装船期后 15 天在上述装运口岸到期，否则卖方有权取消本合同并保留因此发生的一切损失的索赔权。"经过双方协商，出口商坚持以进口商迟开信用证为由拒绝出货，并要求撤销信用证，鉴于此时市场行情看涨，进口公司担心因进口货物落空撤销国内售货合同，到时损失更大，不得不用更高的价格买进这批货物。请问：进口公司有何失误？从中应吸取哪些经验、教训？

第一节　进口人申请开立信用证

一、进口人申请开证

(一)缮制开证申请书

开证申请书.mp4

买卖双方在签订了以信用证方式支付货款的合同后，进口人履行合同的第一步就是向银行申请开证，并填写开证申请书(Application for Letter of Credit)。开证申请书是申请人与开证行之间的书面契约，也是申请人对银行的委托书。开证申请书的填制主要以合同条款为依据，填制完毕后，最好将合同副本一并提交以供开证行参考及核对。开证行根据申请书的内容开出信用证。

开证申请人根据银行规定的格式填写开证申请书，一般是一式三份，第一份留业务部门，第二份留财务部门，第三份交银行。填写开证申请书时，必须按合同条款的具体规定，写明对信用证的各项要求，内容要明确、完整，无词意不清的记载。

开证申请书既是银行开立信用证的依据，也是进口人审查收到的单据并向开证行付款赎单的依据。开证申请书包括以下两部分内容。

1. 开证申请书正面的内容

开证申请书正面的内容(见样单 3.1)如下所述。

(1) 申请开证的日期:在申请书右上角。

(2) 传递方式:有四种,即信开(航空邮寄)、电开(电报)、快递和简电后随寄电报证实书,采用哪一种方式,在前面的括号中打"×"。如选用信开本航空邮寄,则在"Issue by Airmail"前面的括号中打"×"。

(3) 信用证性质:如要增加保兑或可转让等内容,应作相关内容的明确的表述。信用证号码由开证行填写,信用证有效期及到期地点由申请人填写。

(4) 申请人:必须填写全称及详细地址,要注明联系电话、传真等号码,便于有关当事人之间联系。

(5) 受益人:必须填写全称及详细地址,要注明联系电话、传真等号码,便于联系。

(6) 通知行:通常由开证行填写。

(7) 信用证金额:必须用数字和文字两种形式表示,并且要写明币种。信用证金额是开证行付款责任的最高限额,必须根据合同的规定表示清楚,如果有一定比例的上下浮动幅度,也应写清楚。

(8) 分批与转运:应根据合同的规定明确表示"允许"或"不允许",在选择项目前的括号中打"×"。

(9) 装运条款:应根据合同规定填写装运地(港)及目的地(港),最晚装运日期,如有转运地(港)也应写清楚。

(10) 贸易术语:有 FOB、CFR、CIF 及"其他条件"四个备选项目,根据合同成交的贸易术语在该项目前的括号中打"×",如是"其他条件",则在该项目后面写明。

(11) 兑付方式:信用证有效兑付方式有四种选择,即即期支付、承兑支付、延期支付和议付,应根据合同规定,在所选方式前的括号中打"×"。

(12) 汇票要求:应根据合同的规定,填写信用证项下应支付发票金额的百分数。如合同规定所有货款都用信用证支付,则应填写信用证项下汇票金额是发票金额的 100%;如合同规定该笔货款有信用证和托收两种方式支付,各支付 50%,则应填写信用证项下汇票金额是全部发票金额的 50%,以此类推。另外,还应填写汇票的支付期限,如即期或远期。如是远期汇票,必须填写具体的天数,如 30 天、60 天、90 天等。最后是填写付款人,根据《UCP600》的规定,信用证项下汇票的付款人必须是开证行或指定付款行。

(13) 单据条款:印制好的单据(详见样单 3.1)要求共 11 条,它们针对具体的单据,第 12 条是"其他单据",即以上 11 种单据以外的单据要求,可填在第 12 条中。有几条就按顺序添加几条。填制单据条款时应注意以下几点。

① 在所需单据前的括号中打"×"。

② 在该单据条款后填上具体的要求,如一式几份、应包括什么内容等,印制好的要求不完整的,可在该单据条款后面补充填写清楚。

③ 必须注意的是,申请人必须根据合同规定填写单据条款,既不可随意提出超出合同规定的要求,也不能降低或减少合同规定的要求。

(14) 合同项下的货物：包括货物的名称、规格、数量、包装、单价条款、唛头等。所有内容必须与合同规定一样，尤其是单价条款、数量条款不得有误。包装条款如有特殊要求，如对包装规格、包装物等有要求的，应具体、明确表示清楚。

(15) 附加条款：印制好的有六条，它们是具体的条款要求，如需要可在前面的括号中打"×"，内容不完整的，可根据合同规定和买方的需要填写清楚。第七条是"其他条款"，即除以上六条以外附加的条款，可填在该条款中，有几条就按顺序添加几条。

(16) 申请书下面是有关申请人的开户银行(填银行名称)、账户号码、执行人、联系电话、申请人(法人代表)签字等内容。

2. 信用证申请书背面的内容

信用证申请书背面是申请人对开证行声明，用以明确双方责任，主要有以下几项内容。

(1) 声明申请人同意按照有关国际惯例(《UCP600》)办理该信用证项下的一切事宜，并承担由此产生的一切责任。

(2) 声明委托银行开立信用证，并保证向银行按时支付货款、手续费、利息等一切费用。

(3) 在收到单据后，明确申请人在×个工作日内复审单据，并在规定期限内通知银行接收与否。

(4) 声明该信用证及其项下业务往来函电及单据，如因邮、电或其他方式传递过程中发生遗失、延误、错漏等银行概不负责。

(5) 声明若信用证需要修改，应由申请人及时通知银行，并及时核对信用证副本或修改书副本是否与原申请书相符。

(6) 声明因申请书字迹不清或词意含混不清导致的后果由申请人负责。

《UCP500 标准跟单信用证格式》(国际商会第 516 号出版物)为开证申请人和开证银行制定了申请书标准格式，并已开始推广使用。但迄今为止，各银行尚未完全采用该标准格式。

(二)进口人申请开证时应注意的问题

进口人申请开证时应注意以下问题。

(1) 开证时间：如合同规定了开证日期，就必须在规定限期内开立信用证；如合同有装运期的起止日期，那么最迟必须让卖方在装运期开始前的最后一天收到信用证；如合同只规定最后装运期，那么买方应在合理的时间内开证，一般在合同规定的交货期前的半个月或一个月将信用证开到卖方。总之，一定要让卖方在收到信用证以后能在合同规定的装运期内装运货物。

(2) 申请开证前，要落实进口批准手续及外汇来源。

(3) 开证时要注意证与合同一致，必须以对外签订的买卖合同(包括修改后的买卖合同)为依据，合同中规定要在信用证上明确的条款都必须列明，一般不能使用"参阅第××号合同"或"第××号合同项下货物"等条款。也不能将有关合同作为信用证附件附在信用证后，因为信用证是一个独立的文件，不依附于贸易合同。

(4) 如合同规定远期付款，就要明确汇票期限，价格条款必须与相应的单据要求及费用负担、表示方法等相吻合。如在 CIF 价格条件下，开证申请书应表明要求卖方提交"运费已付"的提单，要求卖方提交保险单据，表明保险内容、保险范围及投保金额。

(5) 银行是凭单付款,不管货物质量如何,也不受买卖合同的约束,因此为使货物质量符合合同规定,买方可在合同及相应的信用证中要求卖方提供商品检验机构出具的装船前检验证明,并明确规定货物的规格质量,指定检验机构。这样一来,交单时如发现检验结果与信用证内规定不一致,可拒绝支付货款。

(6) 信用证内容必须准确无误,应明确规定各类单据的出单人(商业发票、保险单和运输单据除外)和各单据应表述的内容。

(7) 在信用证支付方式下,只要单据表面与信用证条款相符合,开证行就必须按规定付款,而 2007 年实施的《UCP600》对单据审核标准的规定则更趋宽松。因此,进口人对卖方的要求为,在申请开证时,应按合同有关规定转化成有关单据,并在信用证中作具体规定。如开证申请书中含有某条件而未列明应提交与之相应的单据,银行将认为未列此条件,对此将不予理会。

(8) 一般信用证都应明确表示可撤销或不可撤销。如无此表示,根据《UCP500》的规定,应视作不可撤销的信用证,我国基本上都使用不可撤销信用证;而《UCP600》明确规定信用证是不可撤销的,即使未如此表明。

(9) 国外通知行由开证行指定,进口人不能指定。但如果出口人在订立合同时坚持指定通知行,进口人可在开证申请书上注明,供开证行在选择通知行时参考。

(10) 不准分批装运、不准中途转运、不接受第三者装运单据,均应在信用证中明确规定。否则,将被视为允许分批、允许转运、接受第三者装运单据。

(11) 对我(进口人)方开出的信用证,如对方(出口人)要求其他银行保兑或由通知行保兑,我方原则上不能同意(订立买卖合同时,应说服国外出口人免除保兑要求,以免开证时处于被动地位)。

(12) 我国银行一般不开可转让信用证(因为对第二受益人资信难以了解,特别是对于跨地区和国家的转让更难掌握)。但在特殊情况下,如大额合同项下要求多家出口商交货,照顾实际需要可与银行协商开出可转让信用证。另外,我国银行一般也不开具有电报索偿条款(T/T Reimbursement Clause)的信用证。

样单 3.1 为开证申请书示例。

样单 3.1 开证申请书(Application for L/C)

TO: NEW YORK BANK, OSAKA

Beneficiary(full name and address) JIAHE INTER.TRADING CO., 60,NONGJU RD, NANTONG, JIANGSU, CHINA		L/C NO.: ×××××××××××× Ex-Card No.: Contract No.: GDS90882 Date and place of expiry of the credit MAR. 30, 2016 AT BENEFICIARY'S COUNTRY
Partial shipments ( ) allowed ( ) not allowed	Transshipment ( ) allowed ( ) not allowed	( ) Issue by airmail ( ) With brief advice by teletransmission ( ) Issue by express delivery ( ) Issue by teletransmission(which shall be the operative instrument)

样单 3.1(续)

Loading on board/dispatch/taking in charge at/from	Amount(both in figures and words)
SHANGHAI PORT	USD26,520.00
Not later than MAR.10, 2016	SAY US DOLLARS TWENTY SIX THOUSAND
for transportation to OSAKA, JAPAN	FIVE HUNDRED AND TWENTY
Description of goods:	Credit available with
100PCT RAYON DISH CLOTH	( ) by sight payment
30SX30S/56X54/45X45CM	( ) by acceptance
2PLY	( ) by negotiation
CIF BUSAN	( ) by deferred payment at
CHINA ORIGIN	against the documents detailed herein
	( ) and beneficiary's draft for 100 % of the invoice value at sight
	on NEW YORK BANK,OSAKA
	( ) FOB ( ) CFR ( ) CIF ( ) or other terms

Documents required:(marked with ×)

(×) Signed Commercial Invoice in 5 copies indicating invoice No., contract No..

(×) Full set of clean on board ocean Bills of Lading made out to order and blank endorsed, marked "freight[ ] to collect /[ ] prepaid[ ] showing freight amount" notifying ACCOUNT.

( ) Air Waybills showing "freight[ ] to collect /[ ] prepaid[ ] indicating freight amount" and consigned to _____.

( ) Memorandum issued by _____ consigned to _____.

(×) Insurance Policy/Certificate in 3 copies for 110 % of the invoice value showing claims payable in China in currency of the draft, blank endorsed, covering([ ] Ocean Marine Transportation /[ ] Air Transportation /[ ] Over Land Transportation) All Risks, War Risks/[ ].

(×) Packing List/Weight Memo in 3 copies indicating quantity/gross and net weights of each package and packing conditions as called for by the L/C.

( ) Certificate of Quantity/Weight in 2 copies issued by an independent surveyor at the loading port, indicating the actual surveyed quantity/weight of shipped goods as well as the packing condition.

(×) Certificate of Quality in 3 copies issued by[ ] manufacturer /[×] public recognized surveyor /[ ]

(×) Beneficiary's certified copy of FAX dispatched to the accountees with 3 days after shipment advising[×] name of vessel /[×] date, quantity, weight and value of shipment.

( ) Beneficiary's Certificate certifying that extra copies of the documents have been dispatched according to the contract terms.

( ) Shipping Co's Certificate attesting that the carrying vessel is chartered or booked by accountee or their shipping agents:

(×) Other documents, if any:

a) Certificate of Origin in 3 copies issued by authorized institution.

b) Certificate of Health in 3 copies issued by authorized institution.

Additional instructions:

(×) All banking charges outside the opening bank are for beneficiary's account.

(×) Documents must be presented with 15 days after the date of issuance of the transport documents but within the validity of this credit.

( ) Third party as shipper is not acceptable. Short Form/Blank Back B/L is not acceptable.

(×) Both quantity and amount 10 % more or less are allowed.

( ) Prepaid freight drawn in excess of L/C amount is acceptable against presentation of original charges voucher issued by Shipping Co./Air line/or it's agent.

( ) All documents to be forwarded in one cover, unless otherwise stated above.

(×) Other terms, if any:

Advising bank: BANK OF CHINA, NANTONG BRANCH

Account No.:

Transacted by:

    (Applicant: name, signature of authorized person)

二、开证行开立信用证

开证行根据开证申请书要求开立信用证，并收取开证手续费和保证金/抵押/担保，正本寄交至通知行，转交信用证的受益人，副本交至进口企业。

(一)信用证的开立方式

信用证的开立方式有信开和电开两种。目前，实际业务中经常采用的是电开信用证中的国际资金清算系统(Society for Worldwide Interbank Financial Telecommunications，SWIFT)。

信用证的
开立方式.mp4

1. 信开信用证

信开信用证的文本，称为信开本，其英文为 Letter of Credit，体现了信用证初创时是采用信函(Letter)方式开立的。一般信开本都有印刷好的信用证格式，开证行根据申请人的指示，在格式中填制各种条款、条件和其他有关内容。信用证开立后以航空挂号或快递邮寄给通知行。

2. 电开信用证

电开信用证，是指通过电报(Cable)、传真(Telex)或 SWIFT 开立的信用证，其又分为简电本和全电本两种。

(1) 简电本(Brief Cable)。简电本是进口商为了使出口商能早些备货，用仅有信用证金额、有效期等主要内容的简单电报预先通知出口商。简电本内容简单，不足以作交单议付的依据，因此，简电本中都说明"随寄证实书"(Mail Confirmation Follows)。开证行在发出电报以后，应立即将内容完整的信开本形式的"证实书"寄出。简电本只是作预先通知

(Pre-advice)之用，证实书才是信用证的有效文本。

(2) 全电本(Full Cable)。传真的广泛使用，使电信(Telecommunication)费用极大降低，又由于计算机的广泛使用，已不需要手工将信号输入，计算机可直接开证，极大节省了劳动力，因此全电本越来越多，甚至有些银行都不用信开本了。由于全电本本身就是一个内容完整的信用证，因此是交单议付的依据。有些银行在电文中注明"有效文本"(Operative instrument)以明确该全电本的性质。如在电文中注明"随寄证实书"，那么就以邮寄的证实书作为有效文本，交单议付以证实书为依据。由于目前电传的可靠性强，因此对全电本加寄证实书的情况越来越少。

(3) SWIFT 信用证。SWIFT 由环球同业银行金融电信协会管理，1973 年在比利时的布鲁塞尔成立，该组织设有自动化的国际金融电信网，该协会的成员银行可以通过该电信网办理信用证业务及外汇买卖、证券交易、托收等业务。目前，该组织已有 1000 多家成员银行，我国多家商业银行也是其成员。凡参加 SWIFT 组织的成员银行，均可使用 SWIFT 办理信用证业务。

凡按照国际商会所制定的电信信用证格式，利用 SWIFT 系统设计的特殊格式(format)，通过 SWIFT 系统传递的信用证的信息(message)，即通过 SWIFT 开立或通知的信用证都称为 SWIFT 信用证，也有称为"全银电协信用证"的。

采用 SWIFT 信用证，必须遵守 SWIFT 使用手册的规定，使用 SWIFT 手册规定的代号(Tag)，信用证必须按国际商会制定的《UCP600》的规定，在信用证中可以省去银行的承诺条款(Undertaking Clause)，但不能免去银行应承担的义务。目前开立 SWIFT 信用证的格式代号为 MT700 和 MT701，如对开出的 SWIFT 信用证进行修改，则采用 MT707 标准格式传递信息。

采用 SWIFT 信用证后，信用证具有了标准化、固定化和统一格式的特性，且传递速度快捷，成本也较低，现在已被欧洲、美洲和亚洲等国家与地区的银行广泛使用。我国银行在电开信用证或收到的信用证电开本中，SWIFT 信用证也占有很大比重。

SWIFT 电文表示方式：SWIFT 由项目组成，项目由两位数字的代号组成，或由两位数字代号加上一个英文大写字母组成。如"44C"作为项目代码的英文全称为 "LATEST DATE OF SHIPMENT"(最迟装运期)，在实际单证业务中，通过直接查 SWIFT 电文常用项目表，得知该项目的含义。SWIFT 电文的日期表示为 YYMMDD(年月日)，如 2023 年 5 月 23 日，表示为 230523。SWIFT 电文数字的表示方式，千位以上的数字不使用分隔号，小数点用逗号"，"来表示，如 8123286,45。

(二)信用证的内容

1. 信用证样例

样单 3.2 为一份潮州华利陶瓷洁具厂与塞浦路斯的客户所开立并顺利支付的信用证，括号里标明的是该词或该句的中文意思。

样单3.2　信用证

TO:BANK OF CYPRUS LTD

LETTERS OF CREDIT DEPARTMENT

NTCOSIA COMMERCIAL OPERATIONS CENTER

INTERNATIONAL DIVISION

TEL:******

FAX:******

TELEX: *****& ***** KYPRIA CY

SWIFT:BCYPCY2N

DATE:23 MARCH 2015

APPLICATION FOR THE ISSUANCE OF A LETTER OF CREDIT

SWIFT MT700 SENT TO(MT700转送至):

STANDARD CHARTERED BANK

UNIT 1-8 52/F XIN XING SQUARE DI WANG COMMERCIAL CENTRE, SHENNAN ROAD EAST, SHENZHEN 518000, CHINA

渣打银行深圳分行　深南东路5002号信兴广场地王商业大厦52楼1-8单元

电　　话：********

SEQUENCE OF TOTAL(序列号)*27:1/2(电文共2页，目前所处第1页)

FORM OF DOCUMENTARY CREDIT(跟单信用证性质)*40A: IRREVOCABLE(不可撤销L/C)

DOCUMENTARY CREDIT NUMBER(信用证号码)*20: 00143-01-0053557

DATE OF ISSUE(开证日)*31C:150523(年月日共6位)

DATE AND PLACE OF EXPIRY(信用证到期日和地点)*31: 150622 IN CHINA

APPLICANT(信用证开证申请人)*50: ******* NICOSIA

BENEFICIARY(受益人)*59:

        CHAOZHOU HUALI CERAMICS FACTORY(潮州华利陶瓷洁具厂)

        FENGYI INDUSTRIAL DISTRICT, GUXIANG TOWN, CHAOZHOU CITY,

        GUANGDONG PROVINCE, CHINA

CURRENCY CODE, AMOUNT(信用证项下的币别和金额)*32B: USD***7841.89

AVAILABLE WITH...BY...(信用证的使用范围及信用证的类型。WITH后指该证应在有效期内交到指定的银行，BY后接信用证的类型，如即期付款、延期付款、承兑和议付等)*41D: STANDARD CHARTERED BANK，CHINA AND/OR ANY BANK AS BELOW BY NEGOTIATION(渣打银行或以下的任何议付行)

DRAFTS AT(开汇票)*42C: SIGHT(即期)

DRAWEE (付款人)*42A: BCYPCY2NO10 BANK OF CYPRUS LTD 塞浦路斯的BCYPCY2NO10银行

PARTIAL SHIPMENTS(是否允许分批)*43: NOT ALLOWED(不允许)

TRANSSHIPMENT(转运)*43T: ALLOWED(允许)

LOADING ON BOARD/DISPATCH/TAKING IN CHARGE AT/FROM.(装船、发运或接受监管的地点)*44A: SHENZHEN PORT

FOR TRANSPORTATION TO(货物发运的最终目的地)*44B: LIMASSOL PORT

LATEST DATE OF SHIPMENT(最后装船期)*44C: 150601

DESCRIPTION OF GOODS AND/OR SERVICES(货物/服务描述)*045A:

SANITARY WARE(陶瓷洁具)FOB SHENZHEN, INCOTERMS 2000

DOCUMENTS REQUIRED(提交哪些单据及具体要求)*046A:

*COMMERCIAL INVOICE FOR USD11,202.70 IN 4 COPIES DULY SIGNED BY THE BENEFICIARY/IES, STATING THAT THE GOODS SHIPPED:

A)ARE OF CHINESE ORIGIN.

B)ARE IN ACCORDANCE WITH BENEFICIARIES PROFORMA INVOICE NO. HL050307 DATED 07/03/05.

*PACKING LIST IN 3 COPIES.

*FULL SET(AT LEAST THREE) ORIGINAL CLEAN SHIPPED ON BOARD BILLS OF LADING ISSUED TO THE ORDER OF BANK OF CYPRUS PUBLIC COMPANY LTD, CYPRUS, NOTIFY PARTIES APPLICANT AND OURSELVES, SHOWING FREIGHT PAYABLE AT DESTINATION AND BEARING THE NUMBER OF THIS CREDIT.

*CERTIFICATE ISSUED BY THE SHIPPING COMPANY/CARRIER OR THEIR AGENT STATING THE B/L NO(S) AND THE VESSEL(S) NAME CERTIFYING THAT THE CARRYING VESSEL(S) IS/ARE:

A) HOLDING A VALID SAFETY MANAGEMENT SYSTEM CERTIFICATE AS PER TERMS OF INTERNATIONAL SAFETY MANAGEMENT CODE AND

B) CLASSIFIED AS PER INSTITUTE CLASSIFICATION CLAUSE DATED 01/01/2001 BY AN APPROPRIATE CLASSIFICATION SOCIETY.

ADDITIONAL CONDITIONS(附加条件)*047A:

* THE NUMBER AND DATE OF THE CREDIT AND THE NAME OF OUR BANK MUST BE QUOTED ON ALL DRAFTS(IF REQUIRED).

*TRANSPORT DOCUMENTS TO BE CLAUSED: "VESSEL IS NOT SCHEDULED TO CALL ON ITS CURRENT VOYAGE AT FAMAGUSTA, KYRENTA OR KARAVOSTASSI, CYPRUS."

*INSURANCE WILL BE COVERED BY THE APPLICANTS.

*ALL DOCUMENTS TO BE ISSUED IN ENGLISH LANGUAGE.

*DISCREPANCY FEES USD80, FOR EACH SET OF DISCREPANT DOCUMENTS PRESENTED UNDER THIS CREDIT,WHETHER ACCEPTED OR NOT, PLUS OUR CHARGES FOR EACH MESSAGE CONCERNING REJECTION AND/OR ACCEPTANCE MUST BE BORNE BY BENEFICIARIES THEMSELVES AND DEDUCTED FROM THE AMOUNT PAYABLE TO THEM.

*TRANSPORT DOCUMENTS BEARING A DATE PRIOR TO THE L/C DATE ARE NOT ACCEPTABLE.

CHARGES*71B: BANK CHARGES OUTSIDE CYPRUS INCLUDING THOSE OF THE REIMBURSING BANK ARE FOR BEN. A/C.

PERIOD FOR PRESENTATION(单据提交期限)*48: DOCUMENTS MUST BE PRESENTED WITHIN

> 21 DAYS AFTER B/L DATE, BUT WITHIN THE VALIDITY OF THE CREDIT.
> CONFIRMATION INSTRUCTIONS(保兑指示)*49: WITHOUT(不保兑)
> REIMBURSING BANK(偿付行)*53A: BCYPGB2L BANK OF CYPRUS UK INTERNATIONAL DEPARTMENT, 87/93 CHASE SIDE, SOUTHGATE N14 5BU LONDON, UNITED KINGDOM.
> INSTRUCTIONS TO THE PAY/ACCEP/NEG BANK(议付行)*78: NEGO OF DOCS THRU BANK OF CHINA IS ALLOWED. PLEASE DEDUCT FROM YOUR PAYMENT TO BENEFICIARIES THE AMOUNT OF USD1500.
> SENDER TO RECEIVER INFORMATION(附言)*72: CREDIT IS SUBJECT TO U.C.P. 2007 I.C.C. PUBL. NO. 600.

注：信用证适用的最新版本为《UCP600》，2006 年修订，2007 年 7 月 1 日正式生效。

2. 信用证内容归纳

分析样单 3.2 的信用证可发现，信用证主要包括以下几部分内容。

(1) 信用证本身的说明。它包括信用证的类型、编号、开证日、到期日与地点。

(2) 信用证的关系人。它包括开证申请人、受益人、开证行、通知行、议付行、付款行和保兑行等。

(3) 信用证的金额。规定了信用证金额的大小写，有时还规定了金额的伸缩度。例如，Amount：USD…(金额：……美元)；Amount：USD…Pos./Neg.Tol.(%)(金额：……美元，正负……%)；For an amount not exceeding total of USD …/Up to an aggregate amount of USD…(总金额不超过……美元)。

(4) 汇票条款。它主要包括汇票的付款期限、付款人及受款人等。

(5) 货物说明。它通常包括货物的名称、品质规格、数量、贸易术语、单价、合同号码及包装要求等。

(6) 装运条款。它包括装运期、装运港、目的港及是否允许分批和转船。

(7) 单据条款。这是信用证的核心内容之一，银行付款与否主要由是否符合"相符交单"规定。信用证规定受益人提交的单据通常有商业发票(Commercial Invoice)、装箱单(Packing List)、提单(Bill of Lading)、保险单(Insurance Policy)、汇票(Draft)、原产地证(Certificate of Origin)、检验证书(Inspection Certificate)、受益人证明书(Beneficiary's Certificate)、装船通知(Shipping Advice)、船公司证明(Shipping Company's Certificate)等。

单据条款，一般都具体说明提交的份数，常见的词组有 in duplicate/triplicate/quadruplicate/quintuplicate/sextuplicate/septuplicate/octuplicate/nonuplicate/decuplicate(一式两份/三份/四份/五份/六份/七份/八份/九份/十份，一式几份也可直接表示为"in (数字)folds")。

单据制作的基本要求，详见第一章相关内容。

(8) 特别条款。它主要包括费用、议付与偿付、交单期、不符点费用等。

(三)银行"三查一保"

进口人申请开证时，银行为减小自身的风险，通常进行"三查一保"。"三查"是指审查开证申请书和开证人声明，审查开证申请人的资信情况，查验进口开证时必须提供的有效文件。"一保"是指开证申请人必须向开证行缴纳开证保证金。

1．审查开证申请书和开证人声明

开证申请书既是开证行开立信用证的根据，又是开证行与开证人之间法律性的书面契约。开证人声明是开证申请人申请开立信用证应承担的义务和责任的书面承诺。开证行收到申请人填制好的开证申请书以后，必须对上述两个内容进行审查。

审核重点是申请书正面的内容，具体包括以下几个方面。

(1) 申请书的内容有无违反国际惯例的条款。

(2) 申请人、受益人的名称和地址是否明确、齐全。

(3) 申请开证的金额大小写是否齐全、一致。

(4) 货物描述的单价与数量的乘积与总价是否一致，有无折扣、佣金。

(5) 货物的规格是否齐全，有无附件说明等。

(6) 申请书中的单据条款是否合理，有无前后矛盾之处。

(7) 申请书中的附加条款及其他说明是否合理，有无前后矛盾之处。

(8) 申请书下面的企业公章、法人代表签字(章)和财务专用章等是否齐全。

2．审查开证申请人的资信情况

开证申请人的资信直接关系开证行的利益，因此，开证行要严格审核申请人的资信情况，一般要掌握以下原则。

(1) 如果申请人是首次申请开证，开证行应严格审核申请人的注册情况、经营状况、财务状况及经济效益情况，以及申请人是否有进出口经营权。

(2) 如果申请人不是首次申请开证或与开证行有业务往来关系，则主要审查以往的业务往来中有无不良记录及目前的经营状况、财务状况和经济实力等。

3．查验进口开证时必须提供的有效文件

开证行在接受开证申请书时，应查验申请人同时提供的有效文件，如进口许可证、进口付汇核销单、有关部门的登记文件等。

4．收取开证保证金

信用证一经开出，开证行就要承担第一性的付款责任，所以开证行为了保障自身资金的安全和信誉，会对不同的开证申请人采取不同的办法，以收取不同比例的保证金或抵押品，或第三者出具的担保等，主要是为了防范申请人违约、破产或因为市场行情的变动导致申请人无力付款赎单的风险。

开证行向申请人收取保证金一般有以下几种办法。

(1) 申请人与开证行有业务往来，资信好，或办理了抵押、质押手续的，或有其他金融机构、有实力的公司为其出面担保的，开证银行免收保证金。

(2) 申请人与开证行有业务往来，但账户金额有限，或有过不良记录、信誉欠佳的，或首次申请开证又无担保和抵押品、质押品的，开证银行要收取全额保证金。

(3) 申请人在开证行的账户余额或抵押品或质押品小于开证金额，或担保人不愿全额担保时，开证银行要收取一定比例的保证金。

(四)电开信用证样例

电开(SWIFT)信用证样例如样单 3.3 所示。

样单 3.3　电开(SWIFT)信用证

Issue of a Documentary Credit		BKCHCNBJA08E SESSION: 000 ISN: 000000
		BANK OF CHINA
		LIAONING
		NO. 5 ZHONGSHAN SQUARE
		ZHONGSHAN DISTRICT
		DALIAN
		CHINA
Destination Bank		KOEXKRSEXXX MESSAGE TYPE: 700
		KOREA EXCHANGE BANK
		SEOUL
		178.2 KA, ULCHI RO, CHUNG-KO
Type of Documentary Credit	40A:	IRREVOCABLE
Letter of Credit Number	20:	LC84E0081/2008
Date of Issue	31G:	080816
Date and Place of Expiry	31D:	081015 KOREA
Applicant Bank	51D:	BANK OF CHINA LIAONING BRANCH
Applicant	50:	DALIAN WEIDA TRADING CO., LTD.
Beneficiary	59:	SANGYONG CORPORATION
		CPO BOX 110
		SEOUL
		KOREA
Currency Code, Amount	32B:	USD 1,146,725.04
Available with...by...	41D:	ANY BANK BY NEGOTIATION
Drafts at	42C:	45 DAYS AFTER SIGHT
Drawee	42D:	BANK OF CHINA LIAONING BRANCH
Partial Shipments	43P:	NOT ALLOWED

样单 3.3(续)

Transshipment	43T:	NOT ALLOWED
Shipping on Board/Dispatch/Packing in Charge at/ from	44A:	RUSSIAN SEA
Transportation to	44B:	DALIAN PORT, P.R. CHINA
Latest Date of Shipment	44C:	080913
Description of Goods or Services	45A:	

FROZEN YELLOWFIN SOLE WHOLE ROUND(WITH WHITE BELLY) USD770/MT CFR DALIAN

QUANTITY: 200MT

ALASKA PLAICE(WITH YELLOW BELLY) USD600/MT CFR DALIAN

QUANTITY: 300MT

Documents Required 46A:

1. SIGNED COMMERCIAL INVOICE IN 5 COPIES.

2. FULL SET OF CLEAN ON BOARD OCEAN BILLS OF LADING MADE OUT TO ORDER AND BLANK ENDORSED, MARKED "FREIGHT PREPAID" NOTIFYING LIAONING OCEAN FISHING CO., LTD. TEL:(86)411-3680288.

3. PACKING LIST/WEIGHT MEMO IN 4 COPIES INDICATING QUANTITY/GROSS AND NET WEIGHTS OF EACH PACKAGE AND PACKING CONDITIONS AS CALLED FOR BY THE L/C.

4. CERTIFICATE OF QUALITY IN 3 COPIES ISSUED BY PUBLIC RECOGNIZED SURVEYOR.

5. BENEFICIARY'S CERTIFIED COPY OF FAX DISPATCHED TO THE ACCOUNTEE WITH 3 DAYS AFTER SHIPMENT ADVISING NAME OF VESSEL, DATE, QUANTITY, WEIGHT, VALUE OF SHIPMENT, L/C NUMBER AND CONTRACT NUMBER.

6. CERTIFICATE OF ORIGIN IN 3 COPIES ISSUED BY AUTHORIZED INSTITUTION.

7. CERTIFICATE OF HEALTH IN 3 COPIES ISSUED BY AUTHORIZED INSTITUTION.

Additional Instructions 47A:

1. CHARTER PARTY B/L AND THIRD PARTY DOCUMENTS ARE ACCEPTABLE.

2. SHIPMENT PRIOR TO L/C ISSUING DATE IS ACCEPTABLE.

3. BOTH QUANTITY AND AMOUNT 10 PERCENT MORE OR LESS ARE ALLOWED.

Charges	71B:	ALL BANKING CHARGES OUTSIDE THE OPENNING BANK ARE FOR BENEFICIARY'S ACCOUNT.
Period for Presentation	48:	DOCUMENTS MUST BE PRESENTED WITHIN 15 DAYS AFTER THE DATE OF ISSUANCE OF THE TRANSPORT DOCUMENTS BUT WITHIN THE VALIDITY OF THE CREDIT.
Confirmation Instructions	49:	WITHOUT

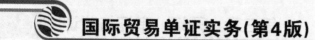
样单 3.3(续)

Instructions to the Paying/Accepting/Negotiating Bank 78:

1. ALL DOCUMENTS TO BE FORWARDED IN ONE COVER, UNLESS OTHERWISE STATED ABOVE.

2. DISCREPANT DOCUMENT FEE OF USD 50.00 OR EQUAL CURRENCY WILL BE DEDUCTED FROM DRAWING IF DOCUMENTS WITH DISCREPANCIES ARE ACCEPTED.

"Advising Through" Bank   57A: KOEXKRSEXXX MESSAGE TYPE: 700

                                           KOREA EXCHANGE BANK

                                           SEOUL

                                           178.2 KA, ULCHI RO, CHUNG-KO

*********other wordings between banks are omitted********

第二节　信用证的审核与修改

一、审核信用证的必要性

在国际贸易实务中，出口方及银行对信用证认真地进行审核非常有必要。受益人认真审核和处理信用证的情况，直接影响处理信用证项下单证的主动权情况，同时也是出口合同顺利履行和收汇安全的重要保障。如果信用证条款与合同规定不一致，或者开证人提出不合理的要求，而受益人又没有提出修改意见，就等于接受了信用证条款。因此，只有认真审核信用证，才能及早发现信用证存在的问题，并要求对方及时修改，避免造成损失。

审核信用证的
必要性.mp4

审核信用证是出口企业的责任，但国内通常由通知行和出口企业共同进行。

1. 出口企业审核

出口企业审核信用证从两方面进行：一是以货物买卖合同为依据，将信用证条款与合同条款逐项逐句进行对照，审核信用证内容与买卖合同条款是否一致；二是审核信用证中的条款是否有"软条款"，是否可行、可接受。

2. 银行审核

银行着重审核信用证的真实性，并对开证行的名称、地址和资信情况与银行年鉴进行比较、分析，若发现疑点，要立即向开证行或代理行查询，以保障来证的真实性、合法性和开证行的可靠性，它的审核与买卖合同无关。例如，我国的中国银行常常为通知行，它有责任谨慎地核验所通知信用证的表面真实性，往往要掌握开证银行的签字样本，运用"环球银行金融电信协会电信系统"(SWIFT)验证信用证的真伪。

二、信用证审核的范围

审核信用证时，主要依据合同、《UCP600》及其他相关的惯例和法规。审核的内容主要包括以下几方面。

(一)查询开证行的资质

渠道：一般通过通知银行调查。

如调查发现有疑义，可要求信誉好的银行加具保兑或确认偿付银行有偿付能力或要求加列 T/T 索偿条款或要求对方交押金等措施。

(二)信用证的类型

(1) 若合同已规定为保兑信用证，应检查信用证上是否注明"Confirmed"(已保兑)字样，并须有保兑行名称及保兑行明确的保兑条款或声明及签章。具体如下。

"Confirmed

Confirmed BANK：× × ×

We confirmed the credit and thereby undertake that all draft …"

以上三项如有缺失，应申请修改信用证。

(2) 若合同规定为可转让信用证，须注明以下内容。

① "Transferable"字样。

② 如为自由议付信用证，还要注明特别授权转让银行的名称。

(3) 若合同规定为循环信用证，须注明以下内容。

① "Revolving"字样。

② L/C 循环的恢复条件。

③ 相应的功能条款。

若上述内容不完整，受益人有权要求修改完善信用证。

(三)信用证当事人

若开证申请人或受益人公司名称或地址与合同不符，会给今后的收汇带来不便。当受益人注册地与实际办公场所不一致时，应以实际办公场所为受益人地址，以确保通知行通知及时送达和方便交单。

《UCP600》第十四条第 j 款规定，当受益人和申请人的地址显示在任何规定的单据中时，不必与信用证或其他规定单据中显示的地址相同，但必须与信用证中述及的各自地址处于同一国家。用于联系的资料(传真、电话、电子邮箱及类似方式)如作为受益人和申请人地址的组成部分将被不予置理。然而，当申请人的地址及联系信息作为按照 19 条、20 条、21 条、22 条、23 条、24 条或 25 条出具的运输单据中收货人或通知方详址的组成部分时，则必须按照信用证规定予以显示。

(四)信用证中时间的合理性

1. 审核信用证的付款时间是否与有关合同规定相一致

(1) 信用证规定有关款项须在向银行交单后若干天内或见票后若干天内付款等情况。

对此，应检查此类付款时间是否符合合同的规定。

(2) 是否将开证行或指定银行作为汇票的付款人，不应以开证申请人作为汇票付款人。

(3) 到期地点(Expiry Place)。到期地点，是指开证行或其指定银行向受益人付款、承兑或议付的地点，一般在受益人所在地。如果信用证在国外到期，有关单据则必须寄送国外，由于我们无法掌握单据到达国外银行所需的时间且容易延误或丢失，因此这有一定的风险，通常我们要求修改为在国内交单付款。在来不及修改的情况下，必须提前一个邮程(邮程的长短应根据地区远近而定)以最快的方式寄送。

2. 审核装运期的有关规定是否符合要求

(1) 确保在信用证规定的装期内备妥有关货物并按期出运。如装期太近，无法按期装运，应及时与客户联系，要求延期，同时注明信用证的有效期和交单期相应顺延。

(2) 出口方如考虑到仓储费用或商品保质期等原因，而信用证又规定不能提前装运时，也可要求改证，提前装期。

(3) 实际装运期与规定的交单期相距时间不能太短。

(4) 信用证若规定了分批出运的时间和数量，出口方若办不到，应修改；否则，任何一批未按期出运，以后各期均告失效。

(5) 如信用证无装运期，则理解成装运期和信用证的有效期是同一天，即通常所称的"双到期"。在实际业务操作中，应将实际装期提前一定的时间(一般在有效期前 10 天)，以便有合理的时间来制单结汇。如不能确保在该"双到期"日之前完成备货装运、制单、交单，则应要求改证，同时展延该两期和交单期。

3. 审核能否在信用证规定的交单期交单

信用证必须规定一个交单的截止日(Expiry Date for Presentation)。规定的承付或议付的截止日被视为交单的截止日。可在其处兑用信用证的银行所在地即为交单地点(Place for Presentation)。可在任一银行兑用的信用证，其交单地点为任一银行所在地。除规定的交单地点外，开证行所在地也是交单地点。

交单期通常按下列原则处理。

(1) 信用证有规定的，应按信用证规定的交单期向银行交单。

(2) 信用证没有规定的，向银行交单的日期不得迟于装运日期后 21 个公历日，但无论如何，都不得迟于信用证的有效期。

4. 信用证的有效期

通常信用证的有效期(Expiry Date)是信用证"三期"(装运期、交单期和有效期)最晚的日期；当与最迟装运期为同一天时，称为"双到期"；有时有效期也可以与最迟交单期为同一天。

未规定有效期的信用证无效。我国的出口业务，一般要求有效期至少在装运后 15 天。《UCP600》第三条部分规定如下。

除非确需在单据中使用，银行对诸如"迅速""立即""尽快"之类词语将不予置理。

"于或约于"或类似措辞将被理解为一项约定，按此约定，某项事件将在所述日期前后各 5 天内发生，起讫日均包括在内。

词语"至"(to)"直至"(until)、(till) "从……开始"(from)及"在……之间"(between)用于确定装运期限时，包括所述日期。词语"在……之前"(before)及"在……之后"(after)不包括所述日期。

词语"从……开始"(from)以及"在……之后"(after)用于确定到期日时不包括所述日期。

术语"上半月"和"下半月"应分别理解为自每月 1 日至 15 日和 16 日至月末最后一天，包括起讫日期。

术语"月初""月中"和"月末"应分别理解为每月 1 日至 10 日、11 日至 20 日和 21 日至月末最后一天，包括起讫日期。

《UCP600》第二十九条规定，截止日或最迟交单日的顺延，具体如下。

a. 如果信用证的截止日或最迟交单日适逢接受交单的银行非因第三十六条所述原因而(编者注："所述原因"指不可抗力)歇业，则截止日或最迟交单日，视何者适用，将顺延至其重新开业的第一个银行工作日。

b. 如果在顺延后的第一个银行工作日交单，指定银行必须在其致开证行或保兑行的面函中声明交单是在根据第二十九条 a 款顺延的期限内提交的。

c. 最迟发运日不因第二十九条 a 款的规定顺延。

(五)信用证的金额、币制是否符合合同规定

(1) 信用证金额与币制是否正确。

(2) 信用证中的单价与总值要准确，大小写内容要一致。

(3) 如数量上可以有一定幅度的伸缩，那么，信用证也应规定在支付金额时允许有一定幅度的伸缩。

(4) 如果金额前使用了"大约"一词，其意思就是允许金额有不超过10%的幅度伸缩。

(六)装运条款

(1) 分批支款或分批装运(Partial Drawings or Shipments)规定与合同规定是否相符。
除信用证另有规定外，货物是允许分批发运、分批支款的。

《UCP600》第三十一条规定如下。

a. 允许分批支款或分批装运。

b. 表明使用同一运输工具并经由同次航程运输的数套运输单据在同一次提交时，只要显示相同目的地，将不视为部分发运，即使运输单据上标明的发运日期不同或装卸港、接管地或发送地点不同。如果交单由数套运输单据构成，其中最晚的一个发运日将被视为发运日。

含有一套或数套运输单据的交单，如果表明在同一种运输方式下经由数件运输工具运输，即使运输工具在同一天出发运往同一目的地，仍将被视为部分发运。

(2) 分期支款或分期装运(Installment Drawings or Shipments)。

《UCP600》第三十二条规定，如信用证规定在指定的时间段内分期支款或分期发运，任何一期未按信用证规定期限支取或发运时，信用证对该期及以后各期均告失效。

(3) 转运规定与合同规定是否相符。

① 对禁止转运的信用证,银行将不接受转运提单,如出口方不能保障取得直达提单,应改证为"允许转运"。

② 来证如规定转船港口、转运船只等事项时,如造成受益人费用大量增加或其他麻烦,可要求对此规定进行更改。

《UCP600》第二十条规定如下。

c. i. 只要同一提单包括运输全程,则提单可以注明货物将被转运或可被转运。

ii. 银行可以接受注明将要发生或可能发生转运的提单。即使信用证禁止转运,只要提单上证实有关货物已由集装箱、拖车或子母船运输,银行仍可接受注明将要发生或可能发生转运的提单。

d. 对于提单中包含的声明承运人保留转运权利的条款,银行将不予置理。

(4) 装运港口和目的地港口与合同规定或成交条件是否相符。

① 起运港应与合同一致。这也可以是笼统的范围,如"Chinese Ports""Asian Ports"等(但不能是内陆城市),这时只需按合同或确定的港口装货即可,不必改证。

② 目的港应与合同一致。这也可以是笼统的范围,如"EMP"(European Main Port),这时只需按合同或买方通知的港口发货即可,不必改证。

(5) 装运期限与合同规定是否相符。

买卖合同中的装运期通常有某月份装运、跨月装运、某个日期之前装运等,也有采用收到信用证后若干天装运的。信用证的装运期一般规定为与合同规定相符合的最迟某月某日。来证若没有规定装运期,根据惯例,可理解为"双到期",即装运期与信用证有效期相同。

(七)货物相应的条款内容

(1) 信用证中援引的合同号码与日期与合同是否相符。

(2) 货物品名规格、数量、包装、单价、贸易术语与合同是否相符。

如果合同中有关于数量、金额有溢短装规定,则信用证应该列明相应规定。

另外,《UCP600》第三十条规定如下。

a. "约"或"大约"用于信用证金额或信用证规定的数量或单价时,应解释为允许有关金额或数量或单价有不超过10%的增减幅度。

b. 在信用证未以包装单位件数或货物自身件数的方式规定货物数量时,货物数量允许有5%的增减幅度,只要总支取金额不超过信用证金额。

c. 如果信用证规定了货物数量,而该数量已全部发运,及如果信用证规定了单价,而该单价又未降低,或当第三十条 b 款不适用时,则即使不允许部分装运,也允许支取的金额有5%的减幅。若信用证规定有特定的增减幅度或使用第三十条 a 款提到的用语限定数量,则该减幅不适用。

(八)单据条款

1. 审核所要求单据的本身是否存在问题

主要审核单据的种类、出单机构是否存在问题,例如,发票种类不当,要求提交的发票是形式发票或临时发票;商业发票要求领事签证;漏列必须提交的单据(CIF 成交条件下的保险单)；产地证明出具机构有误(国外机构或无授权机构)；保险单据种类不对；提交的检验证书种类与实际不符；等等。

《UCP600》规定：用诸如"第一流的""著名的""合格的""独立的""正式的""有资格的"或"本地的"等词语描述单据的出单人时，允许除受益人之外的任何人出具该单据。……如果信用证要求提交运输单据、保险单据或者商业发票之外的单据，却未规定出单人或其数据内容，则只要提交的单据内容看似满足所要求单据的功能，且其他方面符合第十四条 d 款，银行将接受该单据……提交的非信用证所要求的单据将不予理会，并可被退还给交单人……如果信用证含有一项条件，但未规定用以表明该条件得到满足的单据，银行将视为未作规定并不予理会。

2. 审核所要求单据的内容是否存在问题

主要审核所要求单据的内容与合同规定是否相符，与相关法规、惯例是否相符，前后是否矛盾等。例如，保险险别范围与合同规定不一致；投保金额未按合同规定；提单收货人一栏的填制要求不当；提单运费条款规定与成交条件矛盾，如 FOB 术语要求注明"FREIGHT PREPAID"，而 CFR、CIF 术语则要求注明"FREIGHT COLLECT"；提单抬头和背书要求有矛盾；保险单投保的险别与保险条款相矛盾，如由中国人民财产保险股份有限公司承保，依据的条款却是 ICC(A)；等等。

3. 审核所要求的单据在实际操作中可否执行

如在可转让信用证和背对背信用证中经常遇到一个条款，除发票外其他任何单据均不允许出现发票号码。当信用证要求提供普惠制产地证时就会遇到问题，因为根据相关惯例，普惠制产地证必须注明发票号码。

如果国外开来的信用证规定投保伦敦保险协会的 A 险和中国人民财产保险股份有限公司的战争险(War Risk)，虽然这两种险别可以同时投保，但根据中国人民财产保险股份有限公司的规定，不能同时投保中、外两个保险机构，只能投保其一。因此，中方出口商应及时联系客户，删除其中一个机构，然后再投保中国人民财产保险股份有限公司的一切险种。

如果信用证规定受益人提供"由商检局出具品质、数量和价格检验证明"，根据中国商品检验局的规定，商检局只能出具品质和数量等的检验证明，但不能出具价格的检验证明。因此，非卖方所能获得的证明文件应及时要求买方通过银行修改，并取消有关价格检验不合理的部分。

如果信用证规定提交"一份由商检部门出具的检验证书，并同时提交一份受益人证明以证明正本商检证已直接寄给开证申请人"。我国商检部门往往只出具一份正本商检证，这就使受益人很为难：因为若向银行提交正本商检证，则只能给申请人寄副本，这与信用证要求不符；若将正本寄给申请人，则无法在信用证项下提交正本，同样结不了汇；若寄商检证的副本，提交正本商检证和符合信用证要求的受益人证明对开证行和开证申请人形成欺诈。因此，碰到此类情形，必须联系进口方修改信用证。

4. 审核单据的份数

《UCP600》第十七条规定如下。

a. 信用证中规定的各种单据必须至少提供一份正本。

b. 除非单据本身表明其不是正本，银行将视任何单据表面上具有单据出具人正本签字、标志、图章或标签的单据为正本单据。

c. 除非单据本身另有显示，银行将接受单据作为正本单据。如果该单据：

i. 表面看来由单据出具人手工书写、打字、穿孔签字或盖章；或

ii. 表面看来使用单据出具人的正本信笺；

iii. 声明单据为正本，除非该项声明表面看来与所提交的单据不符。

d. 如果信用证要求提交副本单据，则提交正本单据或副本单据均可。

e. 如果信用证使用诸如"一式两份"(in duplicate)、"两张"(in two folds)、"两套"(in two copies)等术语要求提交多份单据，则可以提交至少一份正本，其余份数以副本来满足。但单据本身另有指示者除外。

(九)信用证的付款保证是否有效

有下列情况之一的，则不是一项有效的付款保证，或该项保证是有缺陷的。

(1) 信用证明确表明是可以撤销的。此信用证由于无须通知受益人或未经受益人同意可以随时撤销或变更，对受益人没有付款保障，故一般不予接受。而《UCP600》明确规定，信用证是"不可撤销的"，即使未如此标明。

(2) 应该保兑的信用证未按要求由有关银行进行保兑。

(3) 信用证未生效。

(4) 有条件的生效的信用证，如"待获得进口许可证后才能生效"。

(5) 信用证密押不符。

(6) 信用证简电或预先通知。

(7) 由开证人直接寄送的信用证。

(8) 由开证人提供的开立信用证申请书。

(十)信用证中有无"软条款"

软条款，又称"陷阱条款"，它是指信用证中加入一些特殊条款，使受益人无法控制其执行情况。它赋予开证行或申请人单方面的主动权，使信用证项下的付款责任可随时因开证行或申请人的单方面行为而解除，从而变相地成为可撤销信用证或银行付款责任不明确的信用证。具体如下。

(1) "1/3 正本提单直接寄送客人的条款"(1/3 original clean shipped on board marine bill of lading issued to order and endorsed in blank, marked "freight prepaid" and notify the applicant.)正本提单本身具有"物权凭证"性质，如果接受此条款，出口方将随时面临货、款两空的危险。

(2) "装运只有在收到本证修改书，指定运输船名和装运日期时，才能实施。"(Shipment can only be effected upon receipt of an amendment of this credit advising name of carrying vessel/and shipment date.)接受此条款，受益人正常处理信用证业务的主动权很大程度上掌握在对方手里，影响安全收汇。因此出口方通过审证一旦发现有"软条款"，应立即以最快的通信方式与买方协商，要求改证，不予接受"软条款"。

(十一)有关信用证是否受《UCP600》的约束

信用证中应该有"本证依据《UCP600》开立"(This credit is subject to UCP600)等类似

字样,有了该约束,我们对信用证的有关规定便有一个公认的解释和理解,避免产生争议。如果开立的是 SWIFT 信用证,则默认为受《UCP600》约束,可不必在证中注明该字样。

三、信用证的修改

信用证的
修改.mp4

信用证的修改(Amendment to Credit),是指对已开立的信用证中的某些条款进行修改的行为。修改信用证既可由开证申请人提出,也可由受益人提出。但修改申请只能由开证申请人提出。如果由开证申请人提出修改,经开证银行同意后,由开证银行发出修改通知书,通过原通知行转告受益人,经各方接受修改书后,修改方为有效;如果由受益人提出修改要求,则应先撰写改证函征得开证申请人同意,再由开证申请人按上述程序办理修改。

(一)修改流程

1. 申请修改

开证申请人以书面形式向开证行提出修证申请,如果涉及货物、单价、数量、金额、受益人等与合同条款有关的变更,还须提供变更后的合同的副本,此外,合同也须重新签署。

2. 履行修改

开证行审核并接受修改申请后,按修改申请作出相应修改并向原通知行发出修改通知。

3. 通知修改

原通知行验明修改通知书的表面真实性后,及时转交受益人。

信用证修改通知书如样单 3.4 所示。

样单 3.4 信用证修改通知书

信用证修改通知书

通知行编号_____

致_____公司

   (受益人)

   兹收到_____银行_____年___月___日

电文一件,内容如下:

   兹对_____银行_____号不可撤销跟单

信用证作如下修改:

   总金额增加 USD_____ (大写_____)

   最迟装船日期至_____年___月___日

   议付最迟日期至_____年___月___日

   其余条款维持不变

   此修改生效。

   请书面回复可否接受此修改。

通知行名称 _____

地址_____

签章_____

4. 修改生效

受益人如果未在合适的期限内表示异议，则表示接受。

(二)《UCP600》第十条的规定

第十条　修改

a. 除本惯例第三十八条另有规定外，凡未经开证行、保兑行(如有)以及受益人同意，信用证既不能修改，也不能撤销。

b. 自发出信用证修改书之时起，开证行就不可撤销地受其发出修改的约束。保兑行可将其保兑承诺扩展至修改内容，且自其通知该修改之时起，即不可撤销地受到该修改的约束。然而，保兑行可选择仅将修改通知受益人而不对其加具保兑，但必须不延误地将此情况通知开证行和受益人。

c. 在受益人向通知修改的银行表示接受该修改内容之前，原信用证(或包含先前已被接受修改的信用证)的条款和条件对受益人仍然有效。受益人应发出接受或拒绝接受修改的通知。如受益人未提供上述通知，当其提交至被指定银行或开证行的单据与信用证以及尚未表示接受的修改的要求一致时，则该事实即视为受益人已作出接受修改的通知，并从此时起，该信用证已被修改。

d. 通知修改的银行应当将任何接受或拒绝的通知转告发出修改的银行。

e. 不允许部分接受修改，部分接受修改将被视为拒绝接受修改的通知。

f. 修改书中作出的除非受益人在某一时间内拒绝接受修改，否则修改将开始生效的条款将被不予置理。

(三)改证函

(1) 确认收到信用证，同时指出其中不符合的内容。
(2) 详述不符合的内容并作出明确修改。
(3) 要求尽快修改。

改证函如：

Dear sirs,

Thank you for your L/C No. 1234. After checking the L/C, we have found the following discrepancies:

(1) "3000 sets" should be "300 sets".
(2) Delete/Add the clause "Partial shipments and transhipments prohibited".
(3) Delete the word "not" in the clause "Partial shipments are not allowed".

We look forward to your early L/C amendments.

Yours truly

×××

【案例分析】

根据合同样本(见样单 2.1)，审核样单 3.5 存在的问题，并向开证申请人草拟一份修改函。

样单 3.5　信用证通知

信用证通知

BANQUE INDOSUEZ

东 方 汇 理 银 行

SHANGHAI BRANCH P.R.C.　　　　　　　　DATE : 2015/04/20

BENEFICIARY　　　　　　　　　　　　　**L/C NO.**

SHANGHAI JIEYI INDUSTRIAL TRADING COMPANY　　HSN-JYLC05

906 PUBEI ROAD, SHANGHAI 200233, CHINA　　　**DATE OF ISSUANCE**

TEL: 64759723 FAX: 0086 21 64759800　　　　APRIL 14TH 2015

ISSUING BANK　　　　　　　　　　　　**AMOUNT**

CREDIT AGRICOLE INDOSUEZ SANA'A　　　　USD79, 569.20

　　　　　　　　　　　　　　　　　　　OUR REFERENCE

　　　　　　　　　　　　　　　　　　　NO.SHG2891622

Dear sirs,

At the request of the above issuing bank and without any responsibility on our part, we enclose herewith the following(marked(×)):

(×)an authenticated cable advice of the above credit.

( ) an authenticated cable advice of amendment No. _____ dated _____ to the above credit.

( ) an authenticated airmail advice of the above credit.

( ) an authenticated airmail advice of amendment No. _____ dated _____ to the above credit.

( ) This credit/ amendment bears our confirmation.

( ) Please let us have your consent to this amendment.

( ) This credit appears to have been authenticated by and transmitted to us from Bank of China, Shanghai. As we are unable to verify the authenticity of their pre-printed chop, we would like to draw your attention that we are not responsible for ultimate authenticity of this credit.

( ) Kindly note that this letter is solely an advice and does not constitute any engagements on our part unless this credit bears our confirmation. This letter and the attached must accompany the documents at time of presentation. In case the message has been advised by cable, we assume no responsibility for any error and/or omission in the transmission and/or translation of the cable and reserve the right to make any such corrections or amendments as may be necessary upon receipt of the relative cable confirmation. Please acknowledge receipt by signing and returning to us the attached copy of this letter.

(×) Upon presentation of your documents to us, we will deduct USD 39.78 being our advising/confirmation/amendment commission and related charges.

( ) We have debited your account for _____ being our advising/confirmation/amendment commission and related charges.

Yours faithfully, JANNEY W. GRENEALED

for BANQUE INDOSUEZ

ROOM 2003-2004, 2008-2010, 20TH FLOOR UNION BUILDING, 100 YAN AN DONG LU, 200002 SHANGHAI, P. R. C.

TEL: 86 21 63292228, 63293279 FAX: 86 21 63219002, 63292911 TELEX: 33130 INSU CN(INCORPORATED IN FRANCE WITH LIMITED LIABILITY, GOVERNED BY A BOARD OF MANAGEMENT AND A SUPERVISORY BOARD)

2110 18:55

63130 INSU CN

2413 INDOBK YE

ZCZCMSG 11/5501 L/C HSN-JYLC05

TO: CREDIT AGRICOLE INDOSUEZ SHANGHAI

FM: CREDIT AGRICOLE INDOSUEZ SANAA

TEST: DT: APRIL 14TH 2015

-WE OPEN OUR IRREVOCABLE LETTER OF CREDIT NUMBER HSN-JYLC05

-AMOUNT : USD 79,569.20 CIFC5 HODEIDAH PORT

(U.S. DOLLAR SEVENTY NINE THOUSAND FIVE HUNDRED SIX NINE AND CENTS TWENTY ONLY)

-BY ORDER OF : HASSAN AL KAMAR FOR GENERAL TRADING

        P.O. BOX 20242 TAIZ STREET SANA'A, REPUBLIC OF YEMEN

-IN FAVOUR OF : SHANGHAI JIEYI INDUSTRIAL TRADING COMPANY

        906 PUBEI ROAD SHANGHAI 200233, CHINA

        TEL: 64759723 FAX: 0086 21 64759800

-LATEST DATE OF SHIPMENT : MAY 31ST 2015

-LATEST DATE NEGOTIATION: JUNE 15TH 2015(AT OUR COUNTERS)

COVERING

TENDER BRAND BABY BLANKET

ART. SY001, ART. BS007, ART. WP101 & ART. AF022

AS PER APPLICANTS ORDER DATED MARCH 27TH 2015 AND S/C NO. HSN-JYSC05

-PARTIAL SHIPMENTS : NOT ALLOWED

-TRANSSHIPMENT : NOT ALLOWED

THIS DOCUMENTARY CREDIT IS AVAILABLE FOR ACCEPTANCE AGAINST PRESENTATION OF THE FOLLOWING DOCUMENTS AT LEAST IN DUPLICATE UNLESS OTHERWISE SPECIFIED:

1. DRAFT AT 30 DAYS FROM B/L DATE IN DUPLICATE DRAWN ON CREDIT AGRICOLE INDO SUEZ SANA'A Y.R. BEARING THE CLAUSE: DRAWN UNDER OUR L/C NO. HSN-JYLC05.

2. SIGNED COMMERCIAL INVOICE IN 5 COPIES ORIGINAL OF WHICH MUST BE CERTIFIED BY THE CCPIT.

3. CERTIFICATE OF ORGIN(ORIGINAL OF WHICH MUST BE CERTIFIED BY THE CCPIT) STATING THE NAME OF THE MANUFACTURERS/PRODUCERS AND SHIPPER CONFIRMING THAT THE GOODS RELEVANT TO THIS LC ARE SOLELY OF CHINESE ORIGIN.

4. FULL SET OF "CLEAN" SHIPPED ON BOARD MARINE BILL OF LADING STAMPED "LINER TERMS" ISSUED TO THE ORDER AND ENDORSED IN FAVOUR OF CREDIT AGRICOLE INDOSUEZ SANAA MARKED "FREIGHT PREPAID" AND NOTIFY OPENERS EVIDENCING SHIPMENT FROM ANY CHINESE PORT TO HODEIDAH PORT.

5. SHIPPING COMPANY'S CERTIFICATE IN TRIPLICATE ISSUED BY THE SHIPPING CO. OR THEIR AGENTS CERTIFYING THAT THE VESSEL IS A FULLY CLASSIFIED REGULAR LINER VESSEL UNDER 15 OPERATING YEARS OF AGE AND IS NOT OWNED BY ANY ISRAELI NATIONAL OR RESIDENT AND WILL NOT CALL AT OR PASS THROUGH ANY ISREALI PORT IN ROUTE TO YEMEN REPUBLIC.

6. PACKING LIST IN 3 COPIES .

7. INSURANCE POLICY/CERTIFICATE MADE OUT FOR INVOICE VALUE PLUS 110% AND COVERING ALL RISKS AND WAR RISK AS PER I.C.C. DATED 1/1/1980.

8. INSPECTION IS TO BE EFFECTED BEFORE SHIPMENT AND RELEVANT CERTIFICATES ARE REQUIRED FROM THE INSPECTING AGENCY OR INSPECTOR DESIGNATED BY THE OPENER.

SPECIAL CONDITIONS

1. ALL BANK CHARGES OUTSIDE YEMEN REPUBLIC ARE FOR THE ACCT OF BENEFICIARY INCLUDING REIMBURSING BANKS COMMISSION USD 40.00.

2. NEGOTIATION UNDER THIS LC IS RESTRICTED TO: YOURSELVES

3. DISCOUNT/INTEREST IF ANY PRIOR TO REIMBURSEMENT BY US FOR A/C OF BENEFICIARIES.

4. ALL DOCUMENTS MUST BE MADE OUT IN ENGLISH LANGUAGE AND MUST INDICATE OUR L/C NO. HSN-JYLC05.

5. BILL OF LADING MUST INDICATE NAME AND ADDRESS OF THE CARRYING VESSEL'S AGENT AT THE PORT OF HODEIDAH.

6. GOODS TO BE PACKED 20 PCS IN CARTON AND ONE PC IN PLASTIC COLORED BAG INVOICE TO SO EVIDENCE.

7. SHIPPING MARKS: H.S. AL KAMAR/ SANA'A/TEL 245757/C/NO 1-UP

GENERAL INSTRUCTIONS

- THE NEGOTIATING BANK MUST FORWARD THE DOCUMENTS TO US IN TWO SETS(ORIGINAL BY DHL COURIER SERVICE AND DUPLICATE BY REGISTERED AIRMAIL) CHARGES OF WHICH ARE FOR ACCT OF BENEFICIARY.

- IN RESPECT OF ANY NEGOTIATION THE NEGOTIATING BANK MUST CONFIRM BY TLX THAT THE DOCUMENTS COMPLY WITH THE LC TERMS AND CONDITIONS AND INDICATE VALUE AND DATE DOCUMENTS DISPATCHED.

- IN CASE OF ANY DISCREPANCY THE NEGOTIATING BANK MUST INFORM US BY A TESTED TELEX AND FORWARD THE DOCUMENTS TO US ONLY ON COLLECTION BASIS.
- IN REIMBURSEMENT PROVIDED DOCUMENTS PRESENTED FULLY COMPLY WITH L/C TERMS YOU MAY CLAIM FROM B.T.C. NEW YORK AT MATURITY.
- WE HEREBY ENGAGE WITH DRAWERS AND/OR THE BONAFIDE HOLDERS THAT DRAFT(S) DRAWN AND NEGOTIATIED IN CONFORMITY WITH THE TERMS OF THIS CREDIT WILL BE DULY HONOURED ON MATURITY.
- THIS TELEX IS THE OPERATIVE CREDIT INSTRUMENT AND NO MAIL CONFIRMATION WILL FOLLOW.

REGARDS

BANQUE INDOSUEZ SANAA

This Cable/telex copy, authenticated
by us is recorded under our reference

AKS   No. 2891622

NNN   for BANQUE INDOSUEZ Shanghai branch P.R.C.

33130 INSU CN

2413 INDOBK YE

MMMM

接收完毕，电文名： DOC 394 RA

经过受益人对信用证的审核，发现主要有以下几点与合同条款有差别，考虑是否要求修改。

(1) 信用证的有效期为 2015 年 6 月 15 日，并注明在进口国到期，与合同规定不符。

(2) 信用证中要求提单注明班轮条件等内容，应考虑是否可接受。

(3) 信用证中要求运输公司的证明条件是否合理。

(4) 包装条款中添加了每件装入一个彩色塑料袋里，发票上要给予证明，是否过分。

(5) 其他。受益人对信用证审核后，对所有需要修改的内容，按改证函的要求及时向开证申请人发送改证函。

(四)信用证修改通知书

不可撤销信用证开出后，其中条款的修改关系到各有关当事人的权利和义务的改变，在信用证有效期内，任何一方提出的任何修改，都必须经买、卖双方协商一致同意后，由申请人通过开证行办理修改。开证行可依据申请人提交的信用证修改申请书受理该笔业务。具体手续如下。

1. 申请人提交信用证修改申请书

信用证修改申请书必须由原信用证的申请人填写，并提交到原开证行办理修改业务。信用证修改申请书的主要内容如下。

(1) 信用证修改申请书提交的日期。

(2) 所需修改的原信用证编号。

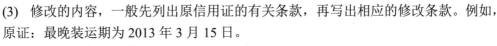

(3) 修改的内容，一般先列出原信用证的有关条款，再写出相应的修改条款。例如，

原证：最晚装运期为 2013 年 3 月 15 日。

修改为：最晚装运期为 2013 年 4 月 15 日。

2．开证行审查并受理

原开证行接到原信用证申请人的信用证修改申请书后，必须按照申请书所列信用证编号，调出原信用证副本对照审核，审核的主要内容如下所示。

(1) 信用证修改申请书中的编号是否正确。

(2) 所要求修改的条款内容是否符合国际惯例和本国法律。

(3) 所要求修改的条款对开证行有无不利之处。

(4) 所要求修改的条款之间有无相互矛盾之处，与原信用证其他条款有无相互矛盾之处，如有，应提醒申请人同时作相应的修改，使修改后的信用证各条款相互吻合，前后协调。

(5) 如果提出增加信用证总金额，则要增收保证金。

开证行审核无误后，根据修改申请书的要求，按原信用证的传递路线向各有关当事人发出信用证修改通知书(Notification of Amendment to Documentary Credit)(见样单 3.6)。开证行应收取相应的修改手续费，如修改手续费由受益人支付，应在修改通知书中列明，待单证到达付款时一并扣除。

样单 3.6　信用证修改通知书

中国银行

BANK OF CHINA SHANGHAI BRANCH

ADDRESS: 50 HUQIU ROAD

CABLE: CHUNGKUO

TELEX: 33062 BOCSH E CN　　　　信用证修改通知书

SWIFT: BKCHCMBJ300

FAX: 021-63232071

　　　　　　　　　　　　　　　YEAR/MONTH/DAY　　　2015/04/29

ISSUING BANK	DATE OF THE AMENDMENT
Chemical Bank New York. 55 Water Street, Room 1702, New York ,U.S.A.	APRIL 28, 2015
BENEFICIARY **LIDA TRADING CO. LTD.** **NO.1267 EAST NANJING ROAD,** **SHANGHAI, CHINA**	**APPLICANT** **DRAGON TOY CO. LTD.,** **1180 CHURCH ROAD NEWYORK,** **PA 19446 U.S.A**

L/C NO. DRG-LDLC01	DATED APRIL 14TH, 2015	THIS AMENDMENT IS TO BE CONSIDERED AS PART OF THE ABOVE MENTIONED CREDIT AND MUST BE ATTACHED THERETO.

Dear Sirs,

We have pleasure in advising you that we have received from the above mentioned bank an amendment to Documentary Credit No. DRG-LDLC01 contents of which are as follows:

样单 3.6(续)

-The place of expiry: In China, in stead of "In U.S.A.".
-The date of the expiry should be "June 15, 2015", instead of "June 10, 2015".
-The draft(s) should be sight draft(s) instead of "at 30 days sight".
-The Article number of the goods is "18819"in stead of "18818".
-The insurance value should be total invoice value plus 10% instead of "plus 110%".
-The quantity of ART NO.18812 & 18819 should be "2400 pieces" instead of "2000 pieces".
-The beneficiary should be "LIDA TRADING CO. LTD". instead of "LIDA CO. LTD".

ALL OTHER TERMS AND CONDITIONS REMAIN UNCHANGED.
THE ABOVE MENTIONED DOCUMENTARY CREDIT IS SUBJECT TO THE UNIFORM CUSTOMS AND PRACTICE FOR DOCUMENTARY CREDITS(1993 REVISION, INTERNATIONAL CHAMBER OF COMMERCE, PUBLICATION NO. 500)

PLEASE ADVISE THE BENEFICIARY:	ADVISING BANK'S NOTIFICATIONS:
LIDA TRADING CO. LTD.	CHU KONG HOU

3．受益人审核信用证修改通知书

当开证行将信用证修改通知书通过通知行递交给受益人后，受益人应对其进行认真的审核。受益人在审核信用证修改通知书时，要么全部接受，要么全部拒绝，而不能接受其中的一部分而拒绝其余部分。对于不能全部接受的信用证修改通知书，受益人可以要求开证申请人再次向开证行申请修改，直到能完全接受为止；对于已接受的信用证修改通知书，受益人应将其与原证附在一起，构成信用证的完整条款，便于执行信用证的规定，保障安全收汇。

第三节　技　能　实　训

实训模块一：填制开证申请书

1．背景资料

第二章的销售合同(见样单 2.1)。

2．实训要求

按照本章所附的开证申请书格式(见样单 3.1)，以第二章的销售合同为背景资料，以开证申请人的身份填制开证申请书。

实训模块二：信用证审核及修改

1．背景资料

销售合同和信用证(见样单 3.7 和样单 3.8)。

样单 3.7 销售合同

SALES CONTRACT

BUYER：JAE&SONS PAPERS COMPANY

NO. ST05-0l6 203 LODIA HOTEI，OFFICE 1546，DONG-GU，BUSAN，KOREA

SELLER：WONDER INTERNATIONAL COMPANY LIMITED

NO. 529, QIJLANG ROAD, HE DONG DISTRICT, NANJING, CHINA

DATE：AUGUST 08, 2015

SIGNED AT：NANJING CHINA

This Contract is made by the Seller；whereby the Buyer agrees to buy and the Seller agrees to sell the under-mentioned commodity according to the terms and conditions stipulated below：

1. COMMODITY：UNBLEACHED KRAET LINEBOARD.

UNIT PRICE：USD390.00/PER METRIC TON, CFR BUSAN KOREA

TOTAL QUANTITY：100 METRIC TONS，±10% ARE ALLOWED.

PAYMENT TERM：BY IRREVOCABLE L/C 90 DAYS AFTER B/L DATE

2. TOTAL VALUE：USD39,000.00(SAY U.S. DOLLARS THIRTY NINE THOUSAND ONLY.***10% MORE OR LESS ALLOWED.)

3. PACKING：To be packed in strong wooden case(s)，suitable for long distance ocean transportation.

4. SHIIPPING MARK：The Seller shall mark each package with fadeless paint the package number, gross weight, measurement and the wording："KEEP AWAY FROM MOUSTURE", "HANDLE WITH CARE", etc．and the shipping mark：ST05-016　　BUSAN KOREA

5. TIME OF SHIPMENT：BEFORE OCTOBER 02, 2015

6. PORT OF SHIPMENT：MAIN PORTS OF CHINA

7. PORT OF DESTINATION：BUSAN KOREA

8. INSURANCE：To be covered by the Buyer after shipment. (F.O.B. Terms)

9. DOCUMENT：

+Signed invoice indicating LC No. and Contract No..

+Full set(3/3)of clean on board ocean Bill of Lading marked "Freight to Collect"/"Freight Prepaid" made out to order blank endorsed notifying the applicant.

+Packing List/Weight List indicating quantity/gross and net weight.

+Certificate of Origin.

+No solid wood packing certificate issued by manufacturer.

10.OTHER CONDITIONS REQD IN LC：

+All banking charges outside the opening bank are for beneficiary's a/c.

+Do not mention any shipping marks in your L/C.

+Partial and transshipment allowed.

11.REMARKS：The last date of L/C opening：20 August, 2015.

样单 3.8 信用证

BANK OF KOREA LIMITED, BUSAN

SEQUENCE OF TOTAL，	*27: 1/1
FORM OF DOC. CREDIT	*40A: IRREVOCABLE
DOC. CREDIT NUMBER	*20: S 100-108085
DATE OF ISSUE	*31C: 150825

样单 3.8(续)

EXPIRY	*31D: DATE 20151001 PLACE APPLICANT'S COUNTRY
APPLICANT	*50: JAE & SONS PAPERS COMPANY 203 LODIA HOTEL OFFICE 1564.DONG-GU, BUSAN, KOREA
BENEFICIARY	*59: WONDER INTERNATIONAL COMPANY LIMITED N0.529，QIJIANG ROAD, HE DONG DISTRICT, NANNING, CHINA
AMOUNT	*32B: CURRENCY HKD AMOUNT 39,000.00
AVAILABLE WITH/BY	*41D: ANY BANK IN CHINA BY NEGOTIATION
DRAFTS AT…	*42C: DRAFT AT 90 DAYS AT SIGHT FOR FULL INVOICE COST
DRAWEE	*42A: BANK OF KOREA LIMITED, BUSAN
PARTIAL SHIPMENTS	*43P: NOT ALLOWED
TRANSSHIPMENT	*43T: NOT ALLOWED
LOADING IN CHARGE	*44A: MAIN PORTS OF CHINA
FOR TRANSPORT TO…	*44B: MAIN PORTS OF KOREA
LATEST DATE OF SHIP.	*44C: 151031
DESCRIPT.OF GOODS	*45A:

COMMODITY ：UNBLEACHED KR AET LINEBOARD. U/P: HKD 390.00/MT

TOTAL：100MT±10% ARE ALLOWED.

PRICE TERM：CIF BUSAN KOREA

COUNTRY OF ORIGIN：P.R. CHINA

PACKNG：STANDARD EXPORT PACKING

SHIPPING MARK：ST05-016   BUSAN KOREA

DOCUMENTS REQUIRED   *46 A:

1. COMMERCIAL INVOICE IN 3 COPIES：INDICATING LC No.& CONTRACT No.ST05-018.

2. FULL SET OF CLEAN ON BOARD OCEAN BILL OF LADING MADE OUT TO ORDER AND BLANK ENDORSED，MARKED FREIGHT TO COLLECT NOTIFYING THE APPLICANT.

3. PACKING LIST/WEIGHT LIST IN 3 COPIES INDICATNG QUANTITY/GROSS AND NET WEIGHTS.

4. CERTIFICATE OF ORIGIN IN 3 COPIES.

ADDITIONAL COND.	* 47 B：ALL DOCUMENTS ARE TO BE PRESENTED TO US IN ONE LOT BY COURIER/SPEED POST.
DETAILS OF CHARGES	*71B：ALL BANKING CHARGES OUTSIDE OF OPENNING BANK ARE FOR BENEFICIARY'S ACCOUNT.
PRESENTATION PERIOD	*48：DOCUMENTS TO BE PRESENTED WITHIN 21 DAYS AFTER THE DATE OF SHIPMENT BUT WITHIN THE VALIDITY OF THE CREDIT.
CONFIRMATION	*49：WITHOUT
INSTRUCTIONS	*78：WE HEREBY UNDERTAKE THAT DRAFTS DRAWN UNDER AND IN COMPLY WITH THE TERMS AND CONDITIONS OF THIS CREDIT WILL BE PAID AT MATURITY.
SEND TO REC. INFO.	*72：/SUBJECT U.C.P. 2007 ICC PUBLICATION 600

2. 实训要求

依据样单 3.7 及《UCP600》等国际惯例和有关法规审核样单 3.8。要求列出信用证存在的问题，提出修改理由，并撰写改证函。

实训模块三：案例分析

(1) 我国甲公司与法国乙公司签订了一份出口一批货物到法国的合同，采用信用证方式结算货款。乙公司通过其开证行 BANK Ⅰ巴黎分行申请开立了非保兑的信用证(适用《UCP600》)，通知行为中国银行江苏省分行。信用证规定："DATE AND PLACE OF EXPIRY: 141105 FRANCE; AVAILABLE WITH ISSUING BANK BY PAYMENT; LATEST DATE OF SHIPMENT: 141102; PRESENTATION PERIOD: WITHIN 15 DAYS AFTER THE DATE OF SHIPMENT。"甲公司于 2014 年 11 月 1 日将货物装船，并于 2014 年 11 月 5 日将信用证要求的全套单据提交中国银行江苏省分行，中国银行江苏省分行立刻于当日使用 DHL 将单据寄往法国的开证行。收到单据后，开证行 BANK Ⅰ巴黎分行以"信用证已过期"为由拒付。请问：BANK Ⅰ巴黎分行的拒付理由是否成立？为什么？

(2) 出口公司甲公司收到国外开来不可撤销自由议付信用证，信用证中规定最迟装运日期为 2017 年 5 月 9 日，有效期为 2017 年 6 月 1 日，到期地点为中国，要求提交的运输单据为海运提单。信用证对交单期无任何规定。甲公司于 2017 年 4 月 28 日将货物装船并取得已装船提单，并于 2017 年 5 月 25 日将全套单据向议付行交单。议付行以单据存在不符点(迟交单)为由拒绝议付单据。请问：议付行指出的不符点成立吗？为什么？

(3) 充分利用"允许分批装运"条款。

案例：利用信用证中的"允许分批装运"条款

【案情】我方某公司收到一国外来证，货物为 1×20′ 集装箱装载各式运动鞋和塑料底布面库存拖鞋，价值分别为 45 154 美元和 2846 美元，且允许分批装运。信用证规定我方必须提供由中国商品检验局签发的品质检验证书。货物备妥发运前，我方商检局认为该批拖鞋品质未达到国家标准，因此不能为其签发质检证。为此，我方立即要求客户修改信用证，即删除库存拖鞋的质检证条款，客户以改证费用太高且可能影响交货期为由拒绝改证，但表示只要货物和封样一致，他仍会接受货物。

【分析】此时，我方采取如下操作：根据信用证要求如期装运货物，并要求船公司出具两套海运提单，分别代表运动鞋和库存拖鞋，然后将其会同各自的出口单据，先后(日期差距应稍大，但都应在规定的交单期内)分套向银行议付。因信用证允许分批装运，银行便视每套单据为每批货物单据。经先后分套审核单据，议付行认为运动鞋项下的单据完全符合信用证要求，而库存拖鞋项下的单据缺少质检证。议付行先后向国外寄单，根据《UCP600》第十条和第十四条的规定，运动鞋的货款安全收回，而库存拖鞋的货款可能会因单证不符遭到开证行拒付，事实上，该客户还是接受了上述不符点而履行付款。如果该证规定"不允许分批装运"，我方就不可能作出上述处理从而达到安全收汇的目的。

综上所述，我们不难看出，充分利用"允许分批装运"条款对解决上述实际问题具有十分重要的意义。它不仅可以为进、出口双方省去修改信用证等麻烦及银行费用(有时进口商会借机要求改变付款方式，如采用装船后 T/T 或 D/P 等)，而且可以为出口商分散收汇风险。因此，我方在与外商签订出口合同时应尽量争取信用证允许分批装运，这将有利于我方在履行合同的过程中解决一些实际问题。

(4) 以下为两个较为常见的信用证诈骗案例，试分析针对信用证诈骗有哪些防范对策。

① 某中行曾收到一份由印度尼西亚雅加达亚欧美银行(ASIAN EURO-AMERICAN BANK, JAKARTA, INDONESIA)发出的要求纽约瑞士联合银行保兑的电开信用证，金额为600万美元，受益人为广东某外贸公司，出口货物是200万条干蛇皮。但该中行查阅银行年鉴，并没有发现该开证行的资料，稍后，又收到苏黎世瑞士联合银行的保兑函，但其两个签字中，仅有一个相似，另一个无法核对。此时，受益人称货已备妥，急待装运，以免误了装船期。为了慎重起见，该中行一方面劝阻受益人暂不出货，另一方面抓紧与纽约瑞士联合银行和苏黎世瑞士联合银行查询，然而先后得到答复："从没听说过此开证行，也从未保兑过这一信用证，请提供更详细资料以查此事。"至此，可以确定该证为伪造保兑信用证，是诈骗分子企图凭此证骗我方出口货物。在银行的协助下，我方避免了损失。

② 某中行曾收到日本 BD 金融公司开出的以海南某信息公司为受益人的信用证，金额为USD992 000.00，出口货物是20万台照相机。信用证要求发货前由申请人指定代表出具货物检验证书，其签字必须由开证行证实，且规定 1/2 的正本提单装运后交予申请人代表。在装运时，申请人代表来到出货地，提供了检验证书，并以数张大额支票为抵押，从受益人手中拿走了其中一份正本提单。后来，受益人将有关支票委托当地银行议付，但结果被告知："托收支票为空头支票，而申请人代表出具的检验证书签名不符，纯属伪造。"更不幸的是，货物已被全部提走，且下落不明。受益人遭受巨大损失，有苦难言。试分析，应从中吸取哪些教训？

同 步 测 试

一、单项选择题

1. 根据《UCP600》的规定，除非信用证另有规定，银行不接受的提单是(　　)。

    A. 转运提单   B. 直达提单

    C. 过期提单   D. 多式联运提单

2. 某公司与日商签订出口饲料12000公吨的合同，来证规定 7 月至 10 月每月平均装运一批。出口商 7 月装运 3000 公吨，8 月未备齐货物，因此未予装运，则(　　)。

    A. 9 月可装 6000 公吨

    B. 8 月未装部分可不补，9 月、10 月按原规定装运

    C. 从 8 月起该证失效，不得继续使用

    D. 从 8 月未装运货物起，之后各期均违约

3. 信用证支付方式实际是把进口商履行付款的责任转移给(　　)。

    A. 出口商   B. 银行

    C. 供货商   D. 最终用户

4. 在信用证支付方式下，银行保证向其受益人履行付款责任的条件是(　　)。

    A. 受益人按期履行买卖合同   B. 受益人如期如数交货

C. 受益人严格按信用证要求提交单据　　D. 开证申请人主动付款赎单

5. 属于银行信用的国际贸易支付方式是(　　)。

　　A. 汇付　　　　　　B. 托收　　　　　　C. 信用证　　　　　　D. 票汇

6. 一份信用证若经另一银行保证对符合信用证要求的单据履行付款的义务,则该信用证就成为(　　)。

　　A. 不可撤销的信用证　　　　　　　　　B. 不可转让的信用证

　　C. 保兑的信用证　　　　　　　　　　　D. 议付信用证

7. 接受汇出行的委托将款项解付给收款人的银行是(　　)。

　　A. REMITTING BANK　　　　　　　　B. COLLECTING BANK

　　C. PAYING BANK　　　　　　　　　　D. ADVISING BANK

8. 假远期信用证的远期汇票的利息由(　　)承担。

　　A. 受益人　　　　　　　　　　　　　　B. 付款行

　　C. 议付行　　　　　　　　　　　　　　D. 开证申请人

9. 在外贸业务中,出口公司开出的汇票在信用证结算方式下,出票原因栏应填写(　　)。

　　A. CONTRACT NO. AND ITS DATE

　　B. COMMERCIAL INVOICE NO. AND ITS DATE

　　C. B/L NO. AND ITS DATE

　　D. L/C NO. AND ITS DATE

10. 开立信用证必须以对外签订的正本合同为依据。为保证"证同一致",正确的做法是(　　)。

　　A. 在信用证中注明"参阅××××号合同"

　　B. 在信用证中列明合同要求明确的所有条款

　　C. 在信用证中注明"系××××号合同项下货物"

　　D. 将合同副本作为附件附在信用证后面

11. 以下关于通知行的说法,正确的是(　　)。

　　A. 由开证申请人指定　　　　　　　　　B. 由开证行指定

　　C. 由受益人选择　　　　　　　　　　　D. 由进口商和出口商在订立合同时商定

二、多项选择题

1. 通知行对于信用证的审核重点包括(　　)。

　　A. 从政策上审核

　　B. 对信用证本身说明的审核

　　C. 对信用证有关货物记载的审核

　　D. 对信用证性质和开证行付款责任的审核

2. 进出口公司对信用证的审核要点包括(　　)。

　　A. 对信用证本身说明的审核　　　　　B. 对信用证有关货物记载的审核

　　C. 对开证行资信的审核　　　　　　　D. 对单据要求的审核

　　E. 对信用证有关时间说明的审核

3. 对于信用证与合同的关系，表述正确的是(　　　)。

　　A. 信用证的开立以买卖合同为依据

　　B. 信用证的履行不受买卖合同的约束

　　C. 有关银行只根据信用证的规定办理信用证业务

　　D. 合同是审核信用证的依据

4. 《UCP600》规定，信用证(　　　)。

　　A. 未规定是否保兑，即为保兑信用证

　　B. 未规定可否转让，即为可转让信用证

　　C. 未规定是否保兑，即为不保兑信用证

　　D. 未规定能否撤销，即为不可撤销信用证

5. 假远期信用证与远期信用证的区别是(　　　)。

　　A. 开证基础不同　　　　　　　　　B. 信用证条款不同

　　C. 利息的负担者不同　　　　　　　D. 收汇的时间不同

三、判断题

1. 如信用证上未注明"不可转让"字样，则此信用证可视为可转让信用证。　(　　)

2. 可转让信用证与汇票一样，可以多次转让。　(　　)

3. 对国外开来的信用证，审证时对其中与合同不符的条款，应一律要求修改。

(　　)

4. 采用信用证方式结算货款，只对卖方有利。　(　　)

5. 开证行在得知开证申请人即将破产的消息后，仍需对符合其所开的不可撤销信用证项下的单据承担付款、承兑的责任。　(　　)

6. 当买卖合同与信用证的规定有差异时，卖方只要按合同履行义务，就能得到银行的足额货款。　(　　)

7. 可转让信用证只能转让一次，因此，受让人即第二受益人，只能有一个。　(　　)

8. 受益人可以接受同一信用证修改书中的部分修改内容。　(　　)

9. 根据国际贸易惯例，凡信用证未注明"可否转让"字样，可视为可转让信用证。

(　　)

10. 按《UCP600》的规定，信用证未禁止转运，即视为允许转运。　(　　)

11. 在票汇的情况下，买方购买银行汇票径自寄卖方，因采用的是银行汇票，故这种付款方式属于银行信用。　(　　)

12. 凡装在同一航次同一条船上的货物，即使装运时间与装运地点不同，也不作为分批装运看待。　(　　)

13. 只要在 L/C 有效期内，不论受益人何时向银行提交符合 L/C 所要求的单据，开证行一律不得拒收单据和拒付货款。　(　　)

14. 如果受益人要求开证申请人将信用证的有效期延长一个月，在 L/C 未规定装船期的情况下，同一 L/C 上的装运期也可顺延一个月。　(　　)

15. 根据《UCP600》的规定，如果信用证条款对受益人提出了某项要求，则不管其是否已

将此要求转化为单据,在交单结汇时,受益人都必须针对这项要求出具相应的单据。 ( )

四、简答题

1. 进口商申请开立信用证时,应注意哪些问题?

2. 信用证主要有哪些内容?

3. 为什么必须对国外开来的信用证进行仔细的审查?审核的依据是什么?

4. 受益人对开证行开来的信用证应主要从哪些方面审核?

5. 何为信用证的"软条款"?试举例说明。

6. 简述修改信用证的业务程序。

五、案例分析

1. 某信用证中的装运条款规定如下:shipment from JAPANESE port To EUROPEAN port(货物装运自日本港口至欧洲港口),日本的出口商在所有单据(包括提单)上均打上"from JAPANESE port To EUROPEAN port"的字样。问单据传至国外会导致怎样的结果?为什么?

2. 某出口方收到信用证,其特别条款规定"All documents must indicate the contract number and order number"(所有单据都必须打上合同号和订单号),出口地银行审核了信用证项下所有单据,发现无误,于是向开证行交单办理议付。于是将单据寄往国外,但开证行发来电报拒付,称"Drafts without showing contract number and order number"(汇票没有显示合同号和订单号)。问在这种情形下,开证行是否有理由拒付?

3. A公司对B公司出口一批罐头食品,B公司来证有关条款规定:"1460 cartons of canned top-shell, shipment to be effected by container not later than April 30, 2001.Partial shipment prohibited." A公司有关运输人员于4月28日进行集装箱装运完毕,并向单证人员交单,但单证人员发现该单据上的数量仅为1456箱,便立即询问运输人员为何少装了4箱。据介绍,40英尺集装箱装载该商品的最大数量为1456箱,剩下4箱实在无法再装进去。经过公司研究,要求B公司修改信用证。试分析,你如果是B公司的当事人,请问你会修改信用证吗?为什么?你如果是A公司的当事人,你又会采取什么方法?

六、制单练习

根据样单3.9,以开证申请人身份填写开证申请书。

样单3.9 销售确认书

SALES CONFIRMATION

S/C No.: AD-MASSC02

Date: April 1st, 2007

The Seller: SHANGHAI ANDE INTERNAT-
IONAL TRADE CORP.

Address: 16(B) NO.1 BUILDING,
2005 LANE HUANGXING RD.,
SHANGHAI, CHINA

The Buyer: MASRI BRO.CO., LTD.

Address: P.O. BOX: 14/5873,
ALEXANDRIA EGYPT
HOT LINE: 019112575, FAX: 024782432

样单 3.9(续)

Item No.	Commodity &Specifications	Unit	Quantity	Unit Price (USD)	AMOUNT (USD)
	THREE FIVES BRAND STAINLESS STEEL			CIFC5 ALEXANDRIA	
1	SERVER SET ART NO.S9420-7	SET	365	57.03	20,815.95
2	TABLE WARE ART NO. S8310	SET	3650	7.97	29,090.50
3	WHISTLING KETTLE ART NO.S6320	PIECE	1800	17.31	31,158.00
4	4-PIECE TEA SET ART NO.5130	SET	1800	21.31	38,358.00
				TOTAL	119,422.45

TOTAL CONTRACT VALUE:	SAY US DOLLARS ONE HUNDRED AND NINTEEN THOUSAND FOUR HUNDRED AND TWENTY TWO AND CENTS FORTY FIVE.

PACKING: ART NO. S9420-7, ONE SET PER CARTON, 365 CARTONS TO ONE 20'FCL. ART NO.S8310, 10 SETS PER CARTON, 365 CARTONS TO ONE 20'FCL. ART NO. S5130, 6 SETS PER CARTON, 300 CARTONS TO ONE 20'FCL. ART NO. S6320, 6 PIECES PER CARTON, 300 CARTONS IN ONE 20'FCL. TOTAL: 1330 CARTONS

SHIPMENT: TO BE EFFECTED BY THE SELLER FROM SHANGHAI TO ALEXANDRIA NOT LATER THAN MAY 31ST 2007. WITHIN 30 DAYS ON RECEIPT OF THE RELEVANT L/C WITH PARTIAL SHIPMENT AND TRANSSHIPMENT NOT ALLOWED.

PAYMENT: THE BUYER SHALL OPEN THROUGH A BANK ACCEPTABLE TO THE SELLER AN IRREVOCABLE SIGHT LETTER OF CREDIT TO REACH THE SELLER BEFORE APRIL 25TH 2007, AND REMAIN VALID FOR NEGOTIATION IN CHINA UNTIL THE 15TH DAY AFTER THE DATE OF SHIPMENT.

INSURANCE: THE SELLER SHALL COVER THE INSURANCE FOR 110% OF TOTAL INVOICE VALUE AGAINST ALL RISKS AND WAR RISK AS PER AND SUBJECT TO THE RELEVANT OCEAN MARINE CARGO CLAUSES OF PEOPLE'S INSURANCE COMPANY OF CHINA DATED 1/1/1981.

Confirmed by:

THE SELLER	THE BUYER
SHANGHAI ANDE INTERNATIONAL TRADE CORP.	**MASRIBRO. CO., LTD.**
×××	*ALEXANDRIA HUSSID*
SALES MANAGER ASSISTANT	MANAGER

第四章　出口备货单证

【学习指导】

第四章学习指导.mp4

出口方落实好信用证后，就要着手进行出口业务流程的操作，首先就是备货并制作相关单据，如发票、装箱单等。发票是全套单据的中心单据，其日期往往是全套单据中最早的，且内容比较完整，它不仅是缮制其他单据的依据，也是办理报检、报关等手续的必备文件。装箱单是发票的附属单据，补充说明货物的包装方式、数量、重量和体积等内容。通过本章的学习，要求熟练掌握发票和装箱单的含义、作用、内容及缮制技能。

【导入案例】

某粮油食品进出口公司要出口一批商品。2023年3月1日国外开出信用证，该粮油食品进出口公司3月4日收到从通知行转来的信用证，信用证中条款规定："…Amount: USD 1 232 000.00…800M/T(quantity 5% more or less allowed)of ×××, Price: @USD1,540.00 per M/T net，CIF A Port. Shipments to A port immediately. Partial shipments are not allowed."[……总金额为1 232 000.00美元。……某商品800公吨(溢短装不超过5%)。价格：每公吨单价为1 540.00美元，CIF A港。立即装运至A港。不允许分批装运。]该粮油食品进出口公司根据信用证条款，备妥信用证项下所需单据向议付行交单办理议付。议付行经审单发现，信用证规定总金额为 USD1 232 000.00，而发票和汇票金额却为 USD1 268 960.00，议付金额比信用证规定总金额超额USD36 960.00。原来该粮油食品进出口公司认为信用证规定800公吨货物的数量，又规定装运数量可允许增减5%。按800公吨的增减5%计算，即最高可以装840公吨，最低可以装760公吨，而实际装了824公吨，且仅增装了3%，没有超出信用证规定的5%范围。信用证规定每公吨单价为USD1 540.00，按824公吨计算，其总金额即为USD1 268 960.00，是信用证允许的。

问：该粮油食品进出口公司的装船数量是否合理？银行认为单证不符是否成立？当发票金额高于信用证金额时，到底应如何处理？

最后，议付行认为货既已装运又无法更改，因此建议采取部分信用证和部分托收方式(Part L/C and part collection)支付，即汇票分两套缮制，信用证总金额项下 USD1 232 000.00缮制一套，在信用证项下正常办理议付；其超额的部分 USD36 960.00另缮制汇票办理光票托收。请问：按议付行的这种做法，当单据到达国外开证行时，能否正常收汇？为什么？

第一节　商　业　发　票

一、商业发票概述

商业发票的含义
及作用.mp4

1. 商业发票的含义及作用

商业发票(Commercial Invoice)，简称发票，是卖方开立的凭以向买方索取货款的价目清单，是对整个交易和货物有关内容的总体说明，包括商品的名称、规格、价格、数量及金额等。

商业发票是进出口结汇单据的核心单据，其他单据均参照商业发票缮制，其作用主要有以下五个。

(1) 发票既是货运单据的中心，也是装运货物的总说明。

(2) 发票是买、卖双方收付货款和记账的依据。

(3) 发票是买、卖双方办理报关和纳税的依据。

(4) 发票有时可代替汇票作为付款的依据。

(5) 发票是出口方缮制其他单据的依据。

2. 信用证有关商业发票条款举例

【例4.1】Manually signed commercial invoice in 3 folds indicating applicant's ref. No. XL-MONSC10。

手签的商业发票一式三份，并在发票上显示开证人的参考号码 XL-MONSC10。

【例4.2】3% discount should be deducted from total amount of the commercial invoice.

商业发票的总金额扣除3%的折扣。

【例4.3】Beneficiary's original signed commercial invoice at least in triplicate issued in the name of the buyer indicating the merchandise, country of origin and any other relevant information.

商业发票正本至少一式三份，并以买方的名义抬头、注明商品名称、原产国及其有关资料，经受益人签署。

【例4.4】An amount equal to 5% of the invoice value to be deducted from the amount payable to beneficiaries, this amount not to be shown on the invoice, but a separate credit note(statement)in the name of XYZ CO.covering his commission to be presented.

5%发票金额从付给受益人的款项中扣除，且该部分金额不得在发票上显示(发票开列全部金额)，另外以 XYZ 公司名义出具一个贷记账单或声明，支付其所得的佣金。

【例4.5】Commercial invoice must indicate the following: A) That each item is labeled "made in China".　B)That one set of non-negotiable shipping documents has been airmailed in advance to buyer.

商业发票必须注明以下内容：A)每件商品标明"中国制造"字样。B)一套不可转让的运输单据已预先航邮给买方。

二、商业发票的缮制

缮制商业发票是一项复杂而细致的工作，它是缮制其他单据的主要依据，因此，如何保障发票质量是整个制单工作的前提。

商业发票由出口企业自行拟制，无统一格式，但基本栏目相同，分首文、本文和结文三部分。首文包括发票名称、号码、出票日期、地点、抬头人、合同号及运输路线等；本文包括货物描述、单价、总金额及唛头；结文包括货物产地、包装材料等各种证明句、发票制作人签章等。

现参照样单 4.1 介绍其缮制方法。

样单 4.1 商业发票

COMMERCIAL INVOICE

ISSUER (2)	COMMERCIAL INVOICE		
TO (3)			
	NO.	DATE	(4)
TRANSPORT DETAILS (6)	S/C NO.	L/C NO.	(5)
	TERMS OF PAYMENT (7)		

Marks and Numbers (8)	Description of Goods (9)	Quantity (10)	Unit Price (11)	Amount (12)
	(15)			
				(13)
Total:(14)				

SAY

[(15)]

Signed By (16)

Signature (17)

1. 单据名称

不同的发票名称表示不同的发票种类，常见的发票种类及缮制方法有以下三种。

(1) 信用证要求提交"Invoice"而未作进一步定义，因此提交任何形式的发票都是可接受的(Commercial Invoice、Customs Invoice、Tax Invoice、Final Invoice、Consular Invoice等)。然而，除非信用证另有授权，标明为"Provisional Invoice"(临时发票)、"Proforma Invoice"(形式发票)或类似的发票则是不可接受的。

(2) 信用证要求提交商业发票(Commercial Invoice)时，标明为"Invoice"的单据也是可以接受的。

(3) 若信用证规定提交的是"详细发票"(Detailed Invoice)，如发票内印有"Invoice"字样，则前面须加"Detailed"字样，发票内应将货物名称、规格、数量、包装、单价、价格条件、总值等详细列出。

2. 卖方名称、地址

出票人(Issuer)栏中应填明卖方名称、地址(Seller's Name and Address)也就是出口商品名称与地址，一般为公司自己设计好的发票或函头形式。

3. 买方名称、地址

买方名称、地址(Buyer's Name and Address)是发票抬头人，该栏前通常印有"To, Sold To , For Account Of"等字样。买方名称必须与信用证申请人名称严格一致(除非信用证另有规定)；在其他支付方式下，可以按合同规定列入买方名称与地址；如果该信用证是可转让的，则银行也可接受由第二受益人提交的以第一受益人为抬头的发票。

《UCP600》规定，当受益人和申请人的地址出现在发票上时，无须与信用证或其他规定单据中所载相同，但必须与信用证中规定的相应地址同在一国；联络细节(传真、电话、电子邮件及类似细节)作为受益人和申请人地址的一部分时将不予理会。

在公司名称中使用普遍认可的缩略语并不导致单据不符，例如，用"Ltd."代替"Limited"，用"Int'l"代替"International"，用"Co."代替"Company"，用"Corp."代替"Corporation"等；反之亦然。但当事人的名称还是应与信用证相符，如我国某出口企业信用证上受益人的名称为："× native produce, and animal by-products import and export corporation"(× 土畜产进出口公司)，而发票上却显示为："× national native produce, and animal by-products import and export corporation"(× 土畜产进出口总公司)，多加了一个"national"，被国际商会认定为与信用证不符。

4. 发票号码与日期

发票号码(Invoice No.)是整套单据的中心号码，因此尤其重要。发票日期(Date)一般是在合同日期后，装运之前，不晚于汇票日和交单日。《UCP600》规定，银行可接受签发日期早于开证日的发票。

日期的表示法中，月份用英文表示为妥，如2017年3月7日，可以写成"Mar. 7，2017""March 7，2017""Mar. 7th，2017"或"March 7th，2017"，而不要写成03/07/17，因为这在美国解释成2017年3月7日，在欧洲则解释为2017年7月3日。

5. 信用证及合同号码、日期

托收方式下的发票，应列明合同号码(Contract No.)；信用证方式下的发票，一般都填列信用证号码(因为信用证是出具发票的依据)，信用证中未指明要求列出合同号者，则可以不填合同号。

6. 运输情况

运输情况(Transport Details)栏应填明启运港和抵运港，以及运输工具或运输方式。运输路线即启运港和抵运港应严格与信用证一致。如果中途转运，在信用证允许的条件下，应表示转运及其地点。

7. 价格术语

价格术语(Price Term)应表明交易方式，如果是 FOB 则在其后注明装运港名称，如果是 CFR 或是 CIF 则在其后注明目的港名称。

8. 唛头

唛头(Marks and Numbers)，即运输标志，既应与实际货物一致，还应与提单一致，并符合信用证的规定。当为散装货时，表示为"N/M"。若信用证未规定唛头，则出口商可自拟。

9. 商品名称

《UCP600》规定，除商业发票外，其他单据中的货物、服务或履约行为的描述，如果有，可使用与信用证中的描述不矛盾的概括性用语。也就是说，发票上的商品名称(Description of Goods)不得使用统称，必须完全与信用证相符。有些国家开来的信用证中，商品名称以英语以外的第三国文字表述，则发票亦应严格按信用证照抄该文字。

值得注意的是，发票中的货物描述必须与信用证规定的相符，但并不要求如同镜像(Mirror Image)般一致。例如，货物细节可显示在发票中的若干地方，只要综合看起来与信用证的规定一致即可。

国际商会发布了多个关于货物描述的意见，其中有以下两个值得注意的引述。

(1) R475：信用证规定的货物为"A.B.C"，发票上显示的是"X.Y.Z. (A.B.C)"。其中"X.Y.Z."是这种商品的技术/化学成分，国际商会认为发票与信用证相符。

(2) R456：信用证规定的货物为"Single core copper conductor PVC insulated cable 450-750 volts to BS6004.1975"，提交的发票显示为"Single core copper conductor PVC insulated cable 450-750 volts to BS6004.1975 - Eurocab Brand on reels each 85 yards"。国际商会认为，《UCP600》并没有规定单据上的货物描述应局限于信用证的规定或与其完全一样。该附加内容(Eurocab Brand on reels each 85 yards)并没有改变货物的性质。单据没有不符。

发票中的货物描述必须反映实际装运的货物。例如，信用证显示有两种货物，如 10 辆卡车和 5 辆拖拉机，只要信用证不禁止分批装运，表明只装运了 4 辆卡车的发票是可以接受的。列明信用证规定的全部货物描述，然后注明实际装运货物的发票也是可以接受的。

如果贸易术语是货物描述的一部分，或与货物金额联系在一起表示，则发票必须显示信用证指明的贸易术语。而且如果货物描述提供了贸易术语的来源，则发票还须标明相同的来源。如信用证条款规定：CIF Singapore Incoterms 2000，那么"CIF Singapore Incoterms"或"CIF Singapore"等就不满足信用证的要求。

10. 数量

数量(Quantity)栏填写货物的包装件数、商品规格、重量及包装情况。如果货物有不同的规格，或不同规格价格不同，就应分别列出各种规格的数量和重量。

《UCP600》规定，如果信用证明确规定了数量增减幅度，就不能超出规定的增减幅度；若无明确规定，仅在数量前冠以"about"(约)、"approximately"(近似)、"circa"(大约)等词语，则允许货物数量有不超过 10% 的增减幅度；如果货物数量的计量不是按照包装单位或个数，而是以长度(米、码)、体积(立方米)、容量(升、加仑)或重量(吨、磅)计数，在信用证未规定数量不得增减且支取金额不超过信用证金额的条件下，数量允许有 5%的增减。

11. 价格与金额

国际贸易价格(Unit Price)由四部分组成，即计价单位、单价金额、货币名称和价格术语，这四部分都必须完全与信用证规定一致。

值得注意的是，《UCP600》规定，按指定行事的指定银行、保兑行(如果有)或开证行可以接受金额大于信用证允许金额的商业发票，其决定对有关各方均有约束力，只要该银行对超过信用证允许金额的部分未作承付或者议付。因此，由于实际支取的金额仍然不能超过信用证允许的金额，发票上计算出来的总金额则应尽量不超过信用证规定的总金额。

发票是否扣佣也必须按信用证规定办理。发票的总值要与汇票金额一致，除非信用证另有规定。当信用证金额有"大约"等字样时，可按10%的增减幅度掌握。

12. 折扣、佣金和预付款

若信用证的价格条件中含有佣金(CIFC3%)，并明确规定要在发票中扣除，则应列式予以扣除；若价格中含有佣金，信用证虽没有规定扣减，但规定发票金额必须是减佣后的净值，则此时也应在发票上显示减佣。

13. 总量说明

总量说明包括总重量、总包装件数和总价值三部分，其中总价值用大写的英文字母表示。如小写金额为USD765 000，则大写表示为："SAY U.S. DOLLARS SEVEN HUNDRED AND SIXTY FIVE THOUSAND ONLY。"

14. 发票上加注各种证明

国外来证常常要求加注各种特定号码及证明文句，一般将这些内容填写在"Description of goods"栏的空白处或签署之前，具体有以下几种形式。

(1) 特定号码：信用证号、进口许可证号码(Import Licence No.)、外汇管理编号(Foreign Exchange Management No.)或其他参考号。

(2) 填写证明文句：许多国家开出的信用证要求在发票上证明或声明某些条款，譬如证明发票内容正确、真实、货物产地等，这时均应按照信用证的要求办理。现举几例供参考。

"We hereby certify that the contents of invoice herein are true and correct."（兹证明发票中的内容正确、真实。）

"We hereby certify that this invoice is true and correct in all particulars including value and origin."（兹证明本发票的所有项目，包括价格和原产地是真实、正确的。）

"It is hereby certified that this invoice shows the actual price of the goods described, that no other invoice has been or will be issued and that all particulars are true and correct."（兹证明本发票的价格系所述商品的真实价格，亦未签发其他发票。所有项目均真实、正确。）

(3) "有错当查"字句。"有错当查"（E.&.O.E.）系签发人事先声明，一旦发票有误，可以更正。若发票上加注了证实内容真实、无误的句子，则"有错当查"的字句应删除。有些国家的进口商按国家的法令和商业习惯，要求在发票上加注"证明所列内容真实无误"字样或"货款已收讫"字样，这是一种"证实发票"，不能有"E.&.O.E"字样。

15. 受益人签章

受益人签章（Signature）名称必须与信用证规定的受益人（Beneficiary）名称一致。《UCP600》第十八条规定，发票无须签名，但如果信用证规定提交"Signed Invoice"，则必须签字；若规定"Manually Signed"，则必须手签。

三、缮制商业发票应注意的事项

缮制商业发票应注意以下事项。

(1) 发票要与信用证或合同相符，除了显示信用证规定的货物外，发票不再显示其他货物或免费样品。

(2) 填写买卖双方的名称、地址时，名称不应换行，地址应合理分行。

(3) 货物描述一定要准确，应与信用证或合同相符。

(4) 数量一栏包括数量和计量单位两部分，应按照实际出运情况进行填写，缮制时，注意与左边"规格"对应整齐，并且在"Total"处要写明总的数量。

(5) 单价项下，应包括金额、币制、贸易术语及计量单位四项；若没有专门的一栏表示"Price terms"时，一定要记得在单价下面注明贸易术语；若有多种商品或规格，则要注意与数量栏对齐。

(6) 通常将数量乘以单价所得出的总金额填入总值一栏。注意要将多种商品或多规格的价值加总；大小写要一致；大写通常用"SAY … ONLY"表示"计……整"，以避免别人篡改。

(7) 信用证上列明的特别要求一定要注明。

(8) 发票是否要签署由信用证规定，如未规定签名，就无须签名。实务中，我国出具的商业发票往往要求签名。

制作商业发票应该
注意的事项.mp4

第二节　其他形式的发票

一、海关发票

其他形式的发票.mp4

海关发票(Customs Invoice)是根据某些进口国海关的规定，由出口商填制的一种特定格式的发票，进口商凭此向海关办理进口报关、纳税等手续。进口国海关根据海关发票查核进口商品的价值和产地，以确定该商品是否可以进口，是否可以享受优惠税率，查核货物在出口国市场的销售价格，以确定出口国是否低价倾销而征收反倾销税，并据此计算进口商应纳的进口税额。因此，对进口商来说，海关发票是一种很重要的单据。海关发票由出口方填制，有些国家或地区称其为"Combined Certificate of Value And Origin"(价值与原产地联合证明书)，或"Certified Invoice"(证实发票)等。目前，要求提供海关发票的主要国家(或地区)有美国、加拿大、澳大利亚、新西兰、牙买加、加勒比共同市场国家及非洲的一些国家等。

目前，使用较多的是加拿大海关发票(见样单 4.2)，其他的则较少见。下面以其为例，说明海关发票的缮制注意事项。

(1) 卖方、发货人。一般为信用证的受益人，若非信用证，则为出口商。

(2) 直接运往加拿大的日期。与运输单据上的装运日期一致。

(3) 其他参考文件。一般填合同号或商业发票号。

(4) 收货人。一般是目的港的收货人，应填加拿大最终收货人的名称与地址。

(5) 买方名称与地址。必须是进口商的名称与地址，许多时候与收货人一致，这时填"Same as consignee"。

(6) 转船国家是指转船地点所在国，若无转船，则填"N/A"(not applicable)。

(7) 货物的原产国。一般是出口国名。

(8) 运输指直接运往加拿大的方式和起讫地点，通常采用"From … to … by …"的格式。

(9) 销售方式和支付条款。销售方式通常采用价格术语表示，支付条款则将具体的支付方式表示出来。

(10) 结算货币与其他单据的货币一致。

(11) 件数是指外包装的件数，应与装箱单或其他单据保持一致。

(12) 货物内容包括品名、规格、包装单位和唛头，与商业发票或信用证中的规定一致。

(13) 数量是指该批货物的具体数量，它与前面的件数不同。

(14) 单价与商业发票或信用证规定一致。

(15) 总值是将单价与数量相乘所得数值，应与商业发票一致。

(16) 总重量与装箱单保持一致。

样单 4.2 加拿大海关发票

CANADA CUSTOMS INVOICE

				Page of

1. Vendor(Name and Address)	2. Date of Direct Shipment to Canada
	3. Other References (Include Purchaser's Order No.)
4. Consignee(Name and Address)	5. Purchaser's Name and Address(If other than Consignee)
	6. Country of Transshipment
	7. Country of Origin of Goods
8. Transportation:Give Mode and Place of Direct Shipment to Canada	9. Conditions of Sale and Terms of Payment (i.e. Sale, Consignment shipment, Leased Goods, etc.)
	10. Currency of settlement

11. No. Of Packages	12. Specification of Commodities(Kind of Packages, Marks and Numbers, General Description and Characteristics, i.e. Grade, Quality)	13. Quantity (State Unit)	Selling Price	
			14. Unit Price	15. Total

18. If any of fields 1 to 17 are included on an attached commercial invoice, check this box Commercial Invoice No. _____ ☐	16. Total Weight		17. Invoice Total
	Net	Gross	

19. Exporter's Name and Address(If other than Vendor)	20. Originator(Name and Address)

21. Departmental Ruling(If applicable)	22. If fields 23 to 25 are not applicable, check this box ☐

23. If included in field 17 indicate amount: (i)Transportation charges, expenses and Insurance from the place of direct shipment to Canada $_____ (ii)Costs for construction, erection and assembly insured after importion into Canada $_____ (iii)Export pecking $_____	24. If not included in field 17 indicate amount: (i)Transportation charge, expenses and insurance to the place of direct shipment to Canada $_____ (ii)Amounts for commissions other than buying commissions $_____ (iii)Export packing $_____	25. Check(If applicable) (i)Royalty payments or subsequent proceeds are paid or payable by the purchaser ☐ (ii)The purchaser has supplied goods or services for use in the production of these goods ☐

(17) 发票总金额是将第 15 栏内各商品的金额相加，所得数值应与商业发票一致。

(18) 如第 1 栏至第 17 栏所填内容都已填写在所附的商业发票中，只要查对各栏所显示的内容与信用证或其他单据不矛盾即可。在方框内打"√"，表明第 1 栏至第 17 栏的内容已包括在出口商业发票中,同时在横线上填发票号。

(19) 出口商的名称和地址一栏应照实填写,若与第 1 栏一致,可直接填"Same as Vendor"。

(20) 原产地负责人填出口公司的名称、地址及负责人名字。

(21) 主管部门的规定通常直接填"N/A"。

(22) 如果第 23 栏至第 25 栏不适用,就查看本栏目。查对有关栏目和其他单据,只要不矛盾即可。若第 23 栏至第 25 栏都不适用,则在方框内打"√"。

(23) 下列金额是否已经包括在第 17 栏内,查对有关栏目,只要不矛盾即可。

(24) 以下项目如果不包括在第 17 栏发票总额内,则应注明金额。

① 按实际填运费和保费,若无就填"N/A"。

② 购买佣金之外的佣金,若无就填"N/A"。

③ 按实际填包装费,若无就填"N/A"。

(25) 核对。

① 买方已支付或应支付特许权使用费或后续收益,一般出口业务直接打"N/A"。

② 买方已提供用于生产这些货物的货物或服务,一般进口业务直接打"N/A"。

二、厂商发票

厂商发票(Manufacturer's Invoice)是出口货物的制造厂商所出具的以本国货币计算,用来证明出口国国内市场出厂价格的发票。其目的是供进口国海关估价、核税和检查是否有削价倾销行为及征收反倾销税。

三、领事发票

有些国家的法令规定,进口货物必须领取进口国驻出口国的领事签证的发票,这就是领事发票(Consular Invoice)。有些国家有固定格式的领事发票,有些国家规定由其领事在出口方的商业发票上认证即可,称为"领事签证发票"。领事发票的作用是进口国凭以了解并证实货物的原产地,审核有无倾销,作为进口征税的依据。此外,认证费还可作为领事馆收入来源的一部分。

领事发票是一份官方的单证,它会给国际贸易带来不便,因此我国除北京外,一般不接受这种发票,或改由贸促会/商检局签发。

四、形式发票

形式发票(Proforma Invoice,P/I)又称为"预开发票",是指出口商应进口商的要求,开具一份货物的名称、规格、单价等内容的非正式的参考性发票,供进口商向其本国外汇管理当局或贸易管理当局申请进口许可或批汇之用。

形式发票不是一种正式的发票,不能用于托收和议付,其所列内容是双方就某种商品达成的意向,对双方无最终约束力。正式成交后,须另外重新缮制合同,作为议付凭证时还须缮制正式的商业发票。《UCP600》规定，开证行应劝阻申请人试图将基础合同、形式发票等文件作为信用证组成部分的做法。实际业务中，有时信用证在货物描述后面有"按照某月某日之形式发票"等条款，对此援引，只要在商业发票上注明"As Per Proforma Invoice No … Dated …"即可。假如来证附有形式发票，则形式发票构成信用证的组成部分，制单时要按形式发票内容全部打上。

　　形式发票一般包括以下几个要约：货物品名、数量、成交价格及方式、装运期、运输方式、付款方式及出口方公司详细的银行资料等，缮制时只要按进口方的具体要求即可。

第三节　包装单据与出口货物明细单

一、包装单据概述

　　出口企业不仅在出口报关时要提供装箱单、重量单等包装单据(Packing Documents)，信用证或合同往往也将之作为结汇单据。装箱单、重量单和尺码单(Packing List, Weight List and Measurement List)等包装单据是商业发票的一种补充单据，是商品的不同包装规格条件、不同花色和不同重量逐一分别详细列表说明的一种单据。它是买方收货时核对货物的品种、花色、尺寸、规格和海关验收货物的主要依据。

包装单据.mp4

　　各式包装单据的制作方法与主要内容基本一致，只是着重点有所不同，例如，装箱单着重表示包装情况，则要列明每批货物的逐件花色搭配；若重量单着重说明重量情况，则要列明每件货物的净重和毛重；尺码单则着重商品体积的描述。

　　本节主要分析装箱单。

二、信用证中包装单据条款的具体示例

　　【例4.6】Manually signed Packing List in duplicate detailing the complete inner packing specification and contents of each package.

　　手签装箱单一式两份，详细注明每件货物内部包装的规格和内容。

　　【例4.7】Signed Packing List in triplicate showing gross weight, net weight, measurement, color, size and quantity breakdown for each packing,if applicable.

　　签名的装箱单一式三份，如果适用，请标明每个包装的毛重、净重、尺码、颜色、尺寸和数量。

　　【例4.8】Assortment list in detail the colors，sizes and quantities in each carton and also N.W. and G.W. .

　　花色搭配单，详细注明每箱货物的颜色、尺寸、数量及毛重和净重。

三、装箱单的缮制

　　因货物出口不同，缮制装箱单所包含的内容也不尽相同，主要有包装单据名称、编号、

日期、唛头、货名、规格、包装单位、件数、每件的货量、毛重、净重、尺码，以及包装材料、包装方式、包装规格和签章等，如样单 4.3 所示。缮制时，还要按照进口方的具体要求操作。

样单 4.3　装箱单

PACKING LIST　(1)						
TO:		No.:(2) _____ DATE:(3) _____ S/C No.:(4) _____ S/C DATE: _____				
FROM: _____　TO: _____						
Letter of Credit No.:			Date:			
Shipping Marks(5)	Case Number (6)	Description of Goods (7)	Quantity (8)	G.W. (9)	N.W. (10)	Meas. (11)
		Total:　(12)				
SAY TOTAL:						
Signature　(13)						

1. 装箱单名称

装箱单名称(Name)应按照信用证规定使用，通常用"Packing List""Packing Specification""Detailed Packing List"表示。如果来证要求用中性包装单(Neutral Packing List)，则装箱单名称打"Packing List"，但装箱单内不能出现买、卖双方的名称，也不能签章。

2. 编号

编号(No.)与发票号码一致，或者直接以发票号码表示，如"Invoice No.: JY20170320"。

3. 日期

填写装箱单的缮制日期(Date)，应与发票日期一致或稍晚于发票日期，有时也可以直接以发票日期表示，如"Invoice Date: March 20, 2017"。

4. 合同号或销售确认书号

合同号或销售确认书号(Contract No./ Sales Confirmation No.)一栏应注明该批货的合同号或者销售合同号。

5. 唛头

唛头(Shipping Mark)与发票一致，有时要注明实际唛头，有时也可以只注"as per invoice

No. ×××"。

6. 箱号

箱号(Case Number)，又称包装件号码。在单位包装货量或品种不固定的情况下，装箱单须注明每个包装件内的包装情况，因此包装件应编号。

有的来证注明"Case No.1-Up"，Up指总箱数。当缮制单据时，出口方已经清楚总箱数是多少(如是500箱)，因此这时应该填写具体的箱数，如"Case No.1-500"。

案例：唛头未标明具体的箱号导致的纠纷案

【案情】国内A公司与国外客户B公司在2016年1月签订了1×20′集装箱产品P2(货号934)的合同。这批1×20′集装箱的934货号中，按客户要求有两种规格，每一规格有两种不同的包装，卖给两个不同的最终用户，意味着有四种不同样式的产品包装。每种包装的产品为100箱，共计400箱。

唛头如下。

唛头：	侧唛：	
STL-953	QTY.:	PCS(每箱多少支)
ITEM No. 934	G.W.:	KGS(毛重)
C/NO.1-UP	N.W.:	KGS(净重)
MADE IN CHINA	MEAS.:	CM

A公司以为工厂会在正唛上按照箱子的流水号来编写，因此，A公司在下订单时没有注明在正唛的"C/NO.1-"后按照流水号来编写具体的箱号，结果工厂没有在正唛上按照箱子的流水号来编写，而产品货号又全部一样。货物到达目的港后，客户无法区分货物。该客户不得不一箱箱打开包装找货，既浪费了客户人工费，又造成了很严重的损失。客户提出索赔，相应地，A公司应给予客户赔款。但是此客户从此断绝了与A公司的贸易往来。

【分析】

(1) A公司给工厂下订单时，生产清单上若有需要工厂填写的内容，需要在英文旁边注明中文，因为很多工厂的工人英文水平一般，要考虑到工厂的具体情况。

(2) 给工厂下订单时需考虑客户的具体要求，站在客户的立场考虑收到货后便于区分货物，对特殊的要求，除在生产清单上注明以外，还要与工厂的有关人员特别强调，以防工厂对A公司的具体要求未引起足够的重视，造成生产的产品在包装环节不符合要求，因返工而延误交货或交货不符。

(3) A公司须要求质检人员验货时对箱号进行严格核实，以防差错。

7. 货物描述

货物描述(Description of Goods)要求与发票一致，可以使用统称。

8. 数量

数量(Quantity)一栏可分别注明对应编号的包装件内每件所包装的货物个数和总个数。例如，第1～10箱，每箱装100 Pieces，则"1～10"后对应的数量应注明"100/1000 Pieces"，"Total"栏同时注明合计总数量。

9. 毛重

毛重(G.W.)一栏应注明对应编号的单个包装件的毛重和总毛重(Sub Total)，最后在合计栏处注明整批货的总毛重。如果信用证或合同未要求，则不注明单个包装件的毛重。如果为"Detailed Packing List"，则此处应逐项列明。

10. 净重

净重(N.W.)一栏应注明对应编号的单个包装件的净重和总净重(Sub Total)，最后在合计栏处注明整批货的总净重。如果信用证或合同未要求，则不注明单个包装件的净重。如果为"Detailed Packing List"，则此处应逐项列明。

11. 尺码

尺码(Meas.)一栏应注明每个包装件的对应编号的单个包装件的尺寸和总尺寸，此单据上的尺码，应与提单上注明的尺码一致。

12. 合计

合计(Total)栏是对第7~第10栏的分别合计。

13. 出票人签章

出票人签章(Signature)应与发票相同，如信用证规定包装单为"Neutral Packing List"或"Plain Paper"，则在包装单内不应出现买、卖双方的名称，也不能签章。

四、装箱单缮制注意事项

缮制装箱单应注意以下事项。

(1) 单据的名称必须与来证要求相符，如果信用证规定为"Weight Memo"，则单据名称不能用"Weight List"。

(2) 号码和日期。装箱单、重量单和尺码单等为了保持与发票一致，号码一般就注明发票号，日期也往往与发票相同。

(3) 装箱单、重量单和尺码单一般不显示收货人、价格、装运情况，且对货物描述一般都使用统称概述。

(4) 装箱单着重记载货物的包装情况。从最小包装到最大包装的包装材料、包装方式一一列明。而重量和尺码的内容，一般只体现累计总额。重量单在装箱单的基础上，详细表示货物的毛重、净重、皮重等。

(5) 特殊条款。如果信用证要求在装箱单、重量单和尺码单上填写一些特殊条款，应照办。

(6) "中性包装单"。如果进口方要求提供"Neutral Packing List"时，就不要注明受益人或出口方的名称，也不能盖章和签字。这是由于进口方在转让单据时，不愿将原始数据透露给其买主，故才要求出口方出具中性单据。如果进口方要求使用"Plain Paper"，在单据内一般不要表现出进(出)口双方的任何信息，也不要加盖任何签章。

(7) 合计。在数量、件数、毛重、净重及尺码这几栏，注意左右对齐和上方加总。运输包装的件数要用大写数字表示。

五、出口货物明细单

出口货物明细单(见样单 4.4)用于企业内部及订舱或报检，其填法参照商业发票和托运单相应的内容。

样单 4.4 出口货物明细单

出口货物明细单 2017 年 9 月 9 日			银行编号		外运编号	DS2001INV205
			核销单号		许可证号	
经营 单位 (装船人)		××××× CO.,LTD. Room 2901, HuaRong Mansion, GuanJiaQiao 85#, Shanghai 200005, P.R.China TEL:021-4711363 FAX:021-4691619	合同号	DS2001SC205		
			信用证号	LC010986		
			开证日期	2017-04-03	收到日期	2017-04-04
提单或承运收据	抬头人	TO ORDER	金额	USD29920.00	收汇方式	L/C AT SIGHT
			货物性质		贸易国别	SAUDI ARABIA
	通知人	SAMAN AL-ABDUL KARIM AND PARTNERS CO. POB 13552, RIYADH 44166, KSA TEL:4577301/4577312/4577313 FAX:4577461	出口口岸	TIANJIN PORT	目的港	DAMMAM PORT
			可否转运	Yes	可否分批	Yes
	运费	Freight Prepaid	装运期限	2017-06-05	有效期限	2017-06-15

标记 唛头	货名、规格及货号	件数	数量或尺码	毛重 (KG)	净重 (KG)	价格(成交条件)	
						单价	总价
N/M	CFR DAMMAM PORT, SAUDI ARABIA CANNED APPLE JAM 24 TINS × 340 GMS	2200 CARTONS	2200 CARTONS	19747.00	17952.00	USD 6.80	USD 14960.00
	CANNED STRAWBERRY JAM 24 TINS × 340 GM S	2200 CARTONS	2200 CARTONS	19747.00	17952.00	USD 6.80	USD 14960.00
	TOTAL:	4400 CARTONS	4400 CARTONS	39494.00 KGS	35904.00 KGS		USD 29920.00

SAYTOTAL: FOUR THOUSAND FOUR HUNDRED CARTONS ONLY.

本公司注意事项		总体积		45.60CBM	
		保险单	险别		
			保额		
			赔款地点		
外运外轮注意事项		船名			
		海关编号		3201010101	
		放行日期			
		制单员		李岩	

第四节 技能实训

实训模块一：商业发票的缮制

1. 实训要求

根据样单 4.5 的要求及相关资料缮制商业发票(见样单 4.6)。

样单 4.5 信用证

ISSUING BANK: BANCA INTESA S.P.A., HONG KONG

ADVISING BANK: BANK OF CHINA, ZHEJIANG BRANCH.

SEQUENCE OF TOTAL	*27:	1/1
FORM OF DOC. CREDIT	*40A:	IRREVOCABLE TRANSFERABLE
DOC. CREDIT NUMBER	*20:	540370
DATE OF ISSUE	*31C:	170318
EXPIRY	*31D:	DATE 170515 PLACE CHINA
APPLICANT	*50:	ORCHID TRADING LTD.

UNIT 513, CHINACHEM BLDG., 78 MODY ROAD, TST, KOWLOON,   HONG KONG

BENEFICIARY   *59:   ZHEJIANG CLOTHING IMP. AND EXP. CO., LTD.

902 WULIN ROAD, HANGZHOU, CHINA

AMOUNT   *32B: CURRENCY USD AMOUNT 18188.80

POS./NEG. TOL.(%)   39A: 05/05

AVAILABLE WITH/BY   *41D: ANY BANK

BY PAYMENT

DRAFT AT …	42C:	AT SIGHT
PARTIAL SHIPMENT	43P:	ALLOWED
TRANSSHIPMENT	43T:	ALLOWED
LOADING IN CHARGE	44A:	SHANGHAI CHINA

FOR TRANSPORT TO….   44B: ROTTERDAM

DESCRIPT. OF GOODS   45A:

LADIES WEARS

STYLE NO.	P/O NO.	DESCRIPTION	QTY.	UNIT PRICE
1484020	100025	ROUNDNECK	1568PCS	USD5.40/PC
1484521	100024	JACKET	1568PCS	USD6.20/PC

CIF ROTTERDAM INCOTERMS 2000

MODE OF SHIPMENT: BY SEA

DOCUMENTS REQUIRED   46A:

+SIGNED COMMERCIAL INVOICE IN QUADRUPLICATE FOR CIF VALUE OF GOODS, SHOWING SEPARATELY THE L/C NO., P/O NO., STYLE NO., FREIGHT CHARGE AND INSURANCE PREMIUM.

+ORIGINAL 3/3 OF CLEAN ON BOARD OCEAN BILL OF LADING MADE OUT TO OUR ORDER AND BLANK ENDORSED, MARKED FREIGHT PREPAID AND NOTIFY LERROS MODEN GMBH, IM TAUBENTAL 35, D-41468 NEUSS, GERMANY FAX: 49-2131-3600999.

样单4.5(续)

+PACKING LIST IN TRIPLICATE.

　　　+CERTIFICATE OF CHINESE ORIGIN IN ORIGINAL.

　　　+BENEFICIARY'S LETTER EVIDENCING THAT THE FOLLOWING DOCUMENTS HAVE BEEN DISPATCHED TO LERROS MODEN GMBH, IM TAUBENTAL 35, D-41468 NEUSS, GERMANY.

ADDITIONAL COND.　47A:

+ALL DOCUMENTS PRESENTED TO BANK SHOULD SHOW STYLE NO. AND P/O NO.

+DOCUMENTS PRESENTED WITH DISCREPANCY WHETHER INDICATED OR FOUND IS SUBJECT TO A HANDLING FEE FOR USD45.00 WHICH IS PAYABLE BY THE BENEFICIARY AND WILL BE DEDUCTED FROM PROCEEDS UPON PAYMENT.

+THIRD PARTY SHIPMENTS AND DOCUMENTS ARE ALLOWED.

+THIS L/C IS TRANSFERABLE AND L/C ADVISING BANK IS NOMINATED AS THE TRANSFERRING BANK.

+THIS CREDIT IS SUBJECT TO THE U.C.P. FOR DOCUMENTARY CREDITS(1993 REVISION) I.C.C., PUBLICATION NO. 500.

+5PCT MORE OR LESS BOTH IN CREDIT AMOUNT AND QUANTITY ARE ACCEPTABLE.

DETAILS OF CHARGES　　　71B: ALL BANK CHARGES OUTSIDE CYPRUS ARE FOR THE ACCOUNT OF THE BENEFICIARY.

PRESENTATION PERIOD　　48: WITHIN 15 DAYS AFTER THE DATE OF SHIPMENT BUT WITHIN THE VALIDITY OF THE CREDIT.

　　　CONFIRMATION　　　*49: WITHOUT

　　　INSTRUCTION　　　78: ON RECEIPT OF DOCUMENTS IN ORDER AT OUR COUNTER, WE SHALL REMIT IN ACCORDANCE WITH THE NEGOTIATING BANK'S INSTRUCTION IN THE SAME CURRENCY OF THE CREDIT.

有关资料：

发票号码：04DL0F015　　　发票日期：2017年4月24日　　提单号码：DL930201799

提单日期：2017年4月28日　集装箱号码：COCU5627621

集装箱封号：2856309　　CFS/CFS

船名：APL CORAL　航次：V. 034W

圆领衫，ROUNDNECK, 1568PCS, 14PCS/箱，共112箱

　　　纸箱尺码：56cm×38cm×25cm，毛重：8KGS/箱，净重：6.5KGS/箱。

　　　拉链衫，JACKET,　　1568PCS,　14PCS/箱，共112箱。

　　　纸箱尺码：56cm×38cm×30cm，毛重：0.5KGS/箱，净重：9KGS/箱。

　　　唛头：

　　　STACK

　　　STYLE No.

　　　MADE IN CHINA

C/No. 1-224

2．空白商业发票样单

样单 4.6　COMMERCIAL INVOICE

ISSUER	COMMERCIAL INVOICE		
TO			
	No.		DATE
TRANSPORT DETAILS	S/C No.		L/C No.
	TERMS OF PAYMENT		

Marks and Numbers	Description of Goods	Quantity	Unit Price	Amount
Total:				
SAY				
Signed By				
		Signature		

实训模块二：出口货物明细单的缮制

1．实训要求

以第二章的销售合同背景资料(见样单 2.1)缮制出口货物明细单(见样单 4.7)。

2．出口货物明细单空白样单

样单 4.7　出口货物明细单

出口货物明细单		银行编号		外运编号	
		核销单号		许可证号	
经营单位 (装船人)		合同号			
		信用证号			
		开证日期		收到日期	

样单 4.7(续)

提单或承运收据	抬头人		金额		收汇方式	
			货物性质		贸易国别	
	通知人		出口口岸		目的港	
			可否转运		可否分批	
	运费		装运期限		有效期限	

标记唛头	货名、规格及货号	件数	数量或尺码	毛重(kg)	净重(kg)	价格(成交条件) 单价	总价

本公司注意事项		总体积		
		保险单	险别	
			保额	
			赔款地点	
外运外轮注意事项		船名		
		海关编号		
		放行日期		
		制单员		

实训模块三：单证改错

(1) 信用证中有关资料如下。

ORDER	STYLE	QTY/PCS	USD/PCS
152-038	28367-J	1200	3.95
152-068	27247-W	1500	1.72

WOMENS 100PCT POLYESTER KNIT SPRING JACKET FOB SHANGHAI，CHINA

COMMERCIAL INVOICE CERTIFY THAT COMMODITES ARE OF CHINA ORIGIN

AND H.S.CODE6109.1000

已制作的商业发票(局部)如下。

MARKS & NUMBERS	DESCRIPTION OF GOODS	QUANTITY	UNIT PRICE	AMOUNT
	WOMENS JACKET	1500pcs 1200pcs	USD3.95/pc USD1.72/pc	USD7989.00

根据上述资料用英文改正商业发票(局部)错误的地方，并将应添加的内容补齐。

MARKS & NUMBEIERS	DESCRIPTION OF GOODS	QUANTITY	UNIT PRICE	AMOUNT

(2) 信用证条款(1)如下。

FM：HANG SENG BANK，HONGKONG

TO：BANK OF CHINA，NANJING

DD：040206

L/C NO：1234

L/C AMT：FOB NANJING USD350,000.00

APPLICANT：XYZ COMPANY，HONGKONG

BENEFICIARY：ABC COMPANY，NANJING

DESCRIPTION OF GOODS：4780 M/TONS OF GROUNDNUT OIL GRADES I/II/III AT USD 700.00 PER M/TON AND ALL GRADES REQUIRED

SHIPMENT FROM NANJING TO HONGKONG

PARTIAL SHIPMENT AND TRANSSHIPMENT NOT ALLOWED

DOCUMENTARY REQUIRED：COMMERCIAL INVOICES IN 6 COPIES

信用证未对发票作任何其他规定。

受益人的有权签字人为王刚。

发票显示：

TO：XYZ COMPANY，HONGKONG(A)　　　INVOICE NO.B122

DATE: APRIL 28,2004

GOODS：4780 M/TONS OF GROUNDNUT OIL GRADES Ⅰ/Ⅲ(B)

PRICE TERMS：USD 700.00 PER M/TON　　　TOTAL AMT：USD350,000.00(C)

PACKED IN 50 BARRELS.

ABC COMPANY，NANJING(D)

错误选项为：(　　　)

正确写法为：_____

(3) 信用证条款(2)如下。

FM：HANG SENG BANK，HONGKONG

TO：BANK OF CHINA，NANJING

DD：040206

L/C NO：1234

L/C AMT：USD5,000.00

APPLICANT：XYZ COMPANY，HONGKONG

BENEFICIARY：ABC COMPANY，NANJING

DESCRIPTION OF GOODS AND/OR SERVICES：CHILDREN'S SHOES

PRICE TERMS：CIF HONGKONG

DOCUMENTARY REQUIRED：COMMERCIAL INVOICES IN 6 COPIES SHOWING

BREAKDOWN OF CIF VALUE。

信用证未对发票作任何其他规定。

受益人的有权签字人为王刚。

发票显示:

TO：XYZ COMPANY，HONGKONG(A)   INVOICE NO.B122

                                                DATE: APRIL 28,2004

GOODS：CHILDREN'S SHOES(B)

PRICE TERMS：CIF HONGKONG TOTAL AMT：USD5,000.00

PACKED IN 500CTNS.

COST: USD4,550.00   INSURANCE PREMIUM: USD40.00(C)   FREIGHT: USD400.00

ABC COMPANY，NANJING

AUTHORIZED SIGNATURE：   (D)

错误选项为: ( )

正确写法为: _____

同 步 测 试

一、填空题

1. 发票的收货人又称发票抬头,如果信用证没有指定,通常应填写_____。

2. 发票的抬头是_____,提单的抬头是_____,保险单的抬头是_____,汇票的抬头是_____。

3. 厂商发票的签发人是_____。

4. 厂商发票上的货物价格应_____商业发票上的货物价格。

5. 领事发票的签发人是_____。

6. 领事发票对进口方/国的作用有_____、_____、_____。

7. 海关发票的格式由_____的海关规定。

8. 装箱单的日期一般应_____发票日期。

9. 包装单据中,最常使用的是_____。

二、单项选择题

1. 发票上的货物数量应与信用证一致,如果信用证数量使用"约""大约"字眼,应理解为( )。

    A. 货物数量有不超过5%的增减幅度

    B. 货物数量有不超过10%的增减幅度

    C. 货物数量有不超过3%的增减幅度

    D. 货物数量不得增减

2. 信用证要求提供厂商发票的目的是( )。

A. 查验货物是否已经加工生产

B. 核对货物数量是否与商业发票相符

C. 检查是否有倾销行为

D. 确认货物数量是否符合要求

3. 国外来证规定，数量为 10 000 公吨的散装货物，总金额为 90 万美元，未表明可否溢短装，不准分批装运，根据《UCP600》的规定，卖方发货的(　　)。

A. 数量和总金额均不可增减

B. 数量和总金额均可增减 10%以内

C. 数量和总金额均可增减 5%以内

D. 数量可以有 5%的伸缩，金额不得超过 90 万美元

4. 结汇单据中最重要的单据，能让有关当事人了解一笔交易的全貌，其他单据都是以其为缮制依据的单据是(　　)。

A. 装箱单　　　　　　　　　　B. 产地证书

C. 发票　　　　　　　　　　　D. 提单

5. 在信用证方式下，缮制发票时(　　)。

A. 信用证号码可以标明，也可以省略

B. 必须标明该笔交易中的信用证号码

C. 必须标明该笔信用证的性质

D. 必须标明该笔信用证对所有单据的要求

6. 目前经常使用的是(　　)，其他的已不多见。

A. 美国海关发票　　　　　　　B. 日本海关发票

C. 加拿大海关发票　　　　　　D. 英国海关发票

7. 来证要求提供厂商发票，其目的是(　　)。

A. 检查是否有削价倾销行为，以便确定应否征收反倾销税

B. 按某些国家法令规定，出口商对其国家输入货物时必须取得进口国在出口国或其邻近地区的领事签证的、作为装运单据一部分和货物进口报关的前提条件之一的特殊发票

C. 为进口商向其本国当局申请进口许可证或请求核批外汇之用

D. 作为国际商务单据中的基础单据，是缮制报关单、产地证、报检单、投保单等其他单据的依据

8. 包装单据一般不应显示货物的(　　)。

A. 品名、数量　　　　　　　　B. 单价、总金额

C. 包装件数、品名　　　　　　D. 品名、包装方式

9. 信用证条款如下。

L/C AMT: USD25,000.00.

PARTIAL SHIPMENTS AND TRANSSHIPMENTT NOT ALLOWED.

DESCRIPTION OF GOODS AND/OR SERVICES:

MEN'S LEATHER SHOES AT USD25.00/DOZEN.

PRICE TERMS: CIP NANJING.

DOCUMENTS REQUIRED:SIGNED COMMERCIAL INVOICE IN 6 COPIES.

ADDITIONAL CONDITIONS: 5 PCT OF INVOICE VALUE BEING AGENT'S COMMISSION SHOULD BE DEDUCTED FROM THE GROSS VALUE OF THE GOODS AND COMMERCIAL INVOICE MUST EVIDENCE THE DEDUCTION TO THAT EFFECT. THE GROSS VALUE OF THE GOODS BEFORE DEDUCTION OF AGENT'S COMMISSION, IF ANY, MUST NOT EXCEED THE CREDIT AMOUNT.

信用证未对货物数量及金额作其他规定。

以下为发票货物描述显示，哪一项正确？（　　　）

A.

MEN'S LEATHER SHOES,1000 DOZENS,AT USD25.00/DOZEN

PRICE TERMS: CIP NANJING

TOTAL AMT: USD25,000.00

B.

MEN'S LEATHER SHOES,1050 DOZENS,AT USD25.00/DOZEN

PRICE TERMS: CIP NANJING

TOTAL AMT:　　　　　　　　　USD26,250.00

LESS 5PCT AGENT'S COMMISSION USD1312.50

　　　　　　　　　　　　　　USD24,937.50

C.

MEN'S LEATHER SHOES,1000 DOZENS,AT USD25.00/DOZEN

PRICE TERMS: CIP NANJING

TOTAL AMT:　　　　　　　　　USD25,000.00

LESS 5PCT AGENT'S COMMISSION USD1250.00

　　　　　　　　　　　　　　USD23,750.00

D.

MEN'S LEATHER SHOES,1000 DOZENS,AT USD25.00/DOZEN

PRICE TERMS: CIP NANJING

TOTAL AMT:　　　　　　　　　USD25,000.00

LESS 5PCT AGENT'S COMMISSION USD125.00

　　　　　　　　　　　　　　USD24,875.00

三、多项选择题

1. 以下单据中作为发票的附属单据，对发票起补充说明作用的是(　　　)。

　　A. 运输单据　　　　B. 保险单据　　　　C. 装箱单　　　D. 重量单

2. 商业发票是(　　　)。

　　A. 出口方向进口方开列的发货价目清单

　　B. 买、卖双方记账的依据，也是进出口报关缴税的总说明

C. 结汇单证中最重要的单据，能让有关当事人了解一笔交易的全貌

D. 其他单据都是以发票为缮制依据

3. 商业发票由出口企业自行缮制，无统一格式，但基本栏目大致相同，包括以下哪几个部分？(　　)

A. 信用证介绍

B. 首文部分包括发票名称、号码、出票日期、地点、抬头人、合同号、运输路线等

C. 本文部分包括货物描述、单价、总金额、唛头等

D. 结文部分包括货物产地、包装材料等各种证明句、发票制作人签章等

4. 唛头是货物的识别标志，运输企业在装卸、搬运时，根据唛头来识别货物，作为交货清单的发票，必须正确显示这一装运标志。唛头一般包括(　　)。

A. 收货人代号　　　　　　　　　　　B. 合同号、目的港、件号等

C. 重量、单价等　　　　　　　　　　D. 体积和总价等

5. 显示发票抬头人时，必须注意的事项有(　　)。

A. 抬头可以是空白的

B. 如果信用证指定了其他抬头人，就按来证规定制单

C. 如果该信用证已转让，则银行也可接受由第二受益人提交的以第一受益人为抬头的发票

D. 必须做成信用证的申请人名称、地址

6. 发票中的价格条件十分重要，以下说法正确的是(　　)。

A. 它涉及买、卖双方责任的承担、费用的负担和风险的划分问题

B. 来证价格条件如与合同中规定的有出入，应及时修改信用证，如事先没有修改，还是应该照信用证规定制单，否则会造成单证不符

C. 它是进口地海关核定关税的依据

D. 价格可以根据具体情况酌情修改

7. 国外来证有时要求在发票上加注各种费用金额、特定号码、有关证明句，一般可将这些内容打印在发票商品栏以下的空白处，大致有以下哪几种？(　　)

A. 唛头

B. 运费、保险费等

C. 填写证明句。例如，澳大利亚来证要求加注原料来源证明句，有些国家要求加注非以色列证明句，等等

D. 注明特定号码，如进口许可证号等

8. 形式发票也称预开发票或估价发票，通常在未成交之前，为进口商向本国当局申请进口许可证或请求核批外汇之用。下列说法正确的是(　　)。

A. 形式发票不是一种正式发票

B. 能用于托收和议付，正式成交后不要另外重新缮制商业发票

C. 形式发票与商业发票的关系密切，信用证在货物描述后面常有"按照某月某日之形式发票"等条款

D. 假如来证附有形式发票，则形式发票构成信用证的组成部分，制单时要按形式发票内容全部打上

四、判断题

1. 商业发票上的货物描述应与信用证严格一致，不可像其他单据那样使用统称。 （ ）

2. 如果发票的货物涉及不止一个合约，发票上显示合约号必须包括全部合约。

（ ）

3. 在出口发票上必须明确显示数量、单价、总值和贸易术语等。 （ ）

4. 出口发票的出票日期可以迟于装运日。有的商品，如矿砂、煤等散装货物，只有装完后才能根据装货实际重量制作商业发票。如果信用证有规定，不能早于信用证的开证日。

（ ）

5. 出口货物的重量，在单据中是一项可忽视内容，除了重量单、装箱单上应注明毛重、净重外，商业发票可不必标明总的毛重、净重。 （ ）

6. 来证规定的数量已装完，而发票金额还有一些多余，在议付行表示接受的情况下，可采取"扣除""放弃"的办法处理，即在总额下面减除差额零头，减除后的发票总额不超过信用证所允许的金额。 （ ）

7. 领事发票和商业发票是平行的单据，领事发票是一份官方的单证，有些国家规定了领事发票的固定格式，这种格式可以从领事馆获得。 （ ）

五、问答题

1. 如果信用证没有作规定，则商业发票不需要签署。当信用证要求"signed invoice"，这时发票就需要签署；而要求"manually signed invoice"，该发票必须是手签。如果发票上有证明的字句(We certify that …)，此类发票必须签署。另外，还需注意什么事项？

2. 包装单据的作用是什么？

六、操作题

依据下列合同资料缮制发票、装箱单。

(1) 出口商公司名称：SHANGHAI JINHAI IMP&EXP CORP.LTD

(2) 进口商公司名称：ANTAK DEVELOPMENT LTD

(3) 支付方式：20%T/T BEFORE SHIPMENT AND 80% L/C AT 30 DAYS AFTER SIGHT

(4) 装运条款：FROM SHANGHAI TO SINGAPORE NOT LATER THAN SEP.30,2005

(5) 价格条款：CIF SINGAPORE

(6) 货物描述：MEN'S COTTON WOVEN SHIRTS

货号/规格	装运数量及单位	总金额	毛重/净重(件)	尺码
1094L	700 DOZ	USD19 180.00	33KGS/31KGS	68CM×46CM×45CM
286G	800 DOZ	USD31 680.00	45KGS/43KGS	72CM×47CM×49CM
666	160 DOZ	USD5 440.00	33KGS/31KGS	68CM×46CM×45CM

包装情况：一件一塑料袋装，6件一牛皮纸包，8打或10打一外箱。

尺码搭配： 　1094L:　M　　　L　　　XL

　　　　　　　　　　　3　　　3　　　4=10 打/箱

　　　　　　286G:　M　　　L　　　XL

　　　　　　　　　　　1.5　　3　　　3.5=8 打/箱

　　　　　　666:　　M　　　L　　　XL

　　　　　　　　　　　1.5　　3.5　　3=8 打/箱

(7) 唛头由卖方决定(要求使用标准化唛头)。

(8) L/C NO.123456 DATED AUG.18,2018 ISSUED BY BANK OF CHINA SINGAPORE BRANCH

ADVISING BANK:　BANK OF CHINA，SHANGHAI.

(9) 船名：HONGHE　V.188

B/L NO.: ABC123　　　　　　B/L DATE: 2018 年 9 月 20 日

(10) S/C NO.: 00SHGM:3178B　　　　DATE AUG. 2, 2018

(11) INVOICE NO.SHGM:7056I

(12) Insurance Policy No.: SA05354

(13) 保险：按发票金额的 110%，依中国人民保险公司 1981/1/1 的海洋货物运输保险条款投保一切险和战争险，依照仓至仓条款。

第五章　出口货运单证与保险单证

【学习指导】

在 CFR 和 CIF 等术语条件下，由卖方负责租船订舱，准备好货物后，为了能在合同或信用证规定的装运期内交货，出口商必须及时办理出口货物的运输手续。如果以 CIF 条件成交，由卖方作为投保人办理保险手续和支付保险费，保险单据的出具日期不得晚于货物在合同或信用证规定的地点装船的日期和不晚于提单签发的日期，除非保险单据表明保险责任最晚于货物在信用证规定的地点装船、发运或接管之日起生效。本章要重点掌握货运单证的流转，提单的种类、内容和缮制及保险单缮制等技能。

第五章学习
指导.mp4

【导入案例】

2023 年 3 月，国内某公司(以下简称甲方)与加拿大某公司(以下简称乙方)签订一份设备引进合同。根据合同规定，甲方于 2023 年 4 月 30 日开立以乙方为受益人的不可撤销的即期信用证。

信用证要求乙方在交单时，提供全套已装船清洁提单。

2023 年 6 月 12 日，甲方收到开证银行的付款通知书。甲方业务人员审核议付单据后发现乙方提交的提单存在以下疑点。

(1) 提单签署日期早于装船日期。

(2) 提单中没有"已装船"字样。

根据以上疑点，甲方断定该提单为备运提单，并采取以下措施。

(1) 向开证行提出单据不符内容，并拒付货款。

(2) 向有关司法机关提出诈骗立案请求。

(3) 查询有关船运信息，确定货物是否已装船发运。

(4) 向乙方发出书面通知，提出甲方疑义，并要求对方作出书面解释。

乙方公司在收到甲方通知及开证行的拒付函后，知道事情的严重性后向甲方作出书面解释，并片面强调是船务公司方面的责任。在此情况下，甲方公司再次发函表明立场，并指出由于乙方原因，设备未按合同规定期限到港并安装调试，已严重违反合同并给甲方造成了不可估量的损失。要求乙方及时派人来协商解决问题，否则，甲方将采取必要的法律手段解决双方的纠纷。乙方遂于 2023 年 7 月派人来中国。甲方出具充分的证据后，乙方承认该批货物由于种种原因并未按合同规定的时间装运，同时承认了其所提交的提单为备运提单。最终经双方协商，乙方同意在总货款 12.5 万美元的基础上降价 4 万美元并提供 3 年免费维修服务作为赔偿并同意取消信用证，付款方式改为货到目的港后以电汇方式支付。

请对此案例进行讨论分析并总结甲方处理此案的经验与教训。

第一节　货　运　单　证

一、托运概述

1. 托运的含义

托运是指出口企业自己或委托外运公司或有权受理对外货运业务的单位向承运单位或其代理人办理对外运输业务。

如果出口货物数量大，且需要整船运输，出口企业可办理租船运输；如果出口数量不大，则可租订班轮舱位或租订非班轮的部分舱位。

海洋运输有两种方式：传统散杂货运输和现代集装箱运输。这两种运输方式使用不同格式的托运单。

2. 托运单

托运单(Booking Note)，是托运人根据贸易合同和信用证条款内容填制的，向承运人或货运代理人办理货物托运手续的单证。承运人根据托运单内容，并结合船舶的航线、挂靠港、船期和舱位等条件予以综合考虑，认为合适后即接受托运。目前，集装箱运输越来越普遍，集装箱货物托运单一式数联，如下所述。

第 1 联：货主留底。

第 2 联：船代留底。

第 3 联：运费通知(1)。

第 4 联：运费通知(2)。

第 5 联：装货单。

第 6 联：场站收据副本大副联。

第 7 联：收货单(场站收据)。

第 8 联：货代留底。

第 9、10 联：配舱回单。

第 11、12 联：货主机动联。

附页：港务费缴纳申请书。

其中，以装货单(Shipping Order，S/O)、收货单(又称大副收据，Mate's Receipt，M/R)和场站收据(Dock Receipt，D/R)为核心联。

目前第 1～4 联均已不再使用。

二、出口托运流程

1. 件杂货托运流程

(1) 托运人申请，递交托运单 S/N(Shipping Note)。

(2) 船公司承运，签发配舱回单和装货单 S/O(Shipping Order)。

(3) 托运人报检。

(4) 托运人报关。

(5) 船公司编制装货清单 L/L(Loading List)。

(6) 大副以 L/L 为依据编制货物积载图(Cargo Plan)。

(7) 送货到码头准备装货。

(8) 货物装船后，大副签 M/R 收货单(Mate's Receipt)。

(9) 托运人凭 M/R 换提单(Bill of Lading，B/L)。

(10) 议付结汇。

(11) 装船完毕后，编出口载货清单，即舱单，并对船舶申报出口手续。

(12) 代收运费，寄单，发出装船通知。

(13) 目的港代理人收船舶抵港电报，通知收货人到港日期，并做好提货准备。

(14) 付清货款取 B/L。

(15) 以货运单证为依据编进口载货清单及有关单证，联系泊位，并做好接船及卸货准备。

(16) 办理船舶进口手续并卸货。

(17) 收货人凭 B/L 换提货单 D/O(Delivery Order)。

(18) 进口报检、报关，缴纳进口税。

(19) 提货。

2．集装箱货物货代托运程序

(1) 货代接受货主委托。

(2) 办理托运手续(填制托运单)。

(3) 订舱并取得配舱回单。

(4) 货物装箱并进港。

(5) 代理报检并取得通关单或检验证书。

(6) 代理报关并取得盖有海关放行章的装货单。

(7) 货代安排将集装箱号/封箱号/件数填入托运单，在集装箱进入指定的港区、场站后，24 小时内交场站的业务员加批实际收箱数并签收，即签发场站收据。

(8) 场站业务员在装船前 24 小时分批送外轮理货员，理货员于装船时交大副。然后第 1 联收据由场站业务员交还托运人，作为向外轮代理公司换取收货待运提单的凭证，或装船后换取装船提单。

(9) 提单交给货主。

(10) 货主发装船通知给指定人。

三、托运单的填制

托运单内容(见样单 5.1)与提单类似，其缮制参见本章第二节。

样单 5.1 托运单

1)SHIPPER		10)D/R No.
		COSCO
2)CONSIGNEE		中国远洋运输(集团)总公司
		CHINA OCEAN SHIPPING(GROUP) CO.
3)NOTIFY PARTY		
4)PLACE OF RECEIPT	5)OCEAN VESSEL	集装箱货物托运单
6)VOYAGE No.	7)PORT OF LOADING	
8)PORT OF DISCHARGE	9)PLACE OF DELIVERY	

11) CONTAINER   12) MARKS   13) No. OF CONTAINERS   14) KIND OF PACKAGES   15)G.W.(KG)
16)MEAS(M3)/SEAL No.   OR PACKAGES

17)DESCRIPTION OF GOODS

18)TOTAL NUMBER OF CONTAINERS
    OR PACKAGES(IN WORDS)

FREIGHT & CHARGES	REVENUE TONS	RATE	PER	PREPAID	COLLECT
Ex. Rate	Prepaid at	Payable at			Place of Issue
	Total Prepaid	No. of Original B(s)/L			
Service Type on Receiving □-CY,□-CFS,□-DOOR	Service Type on Delivery □-CY,□-CFS,□-DOOR	Reefer Temperature Required		℉	℃

TYPE OF GOODS	☐ Ordinary, ☐ Reefer, ☐ Dangerous, ☐ Auto. (普通) (冷藏) (危险品) (裸装车辆) ☐ Liquid, ☐ Live Animal, ☐ Bulk, ☐ _____. (液体) (活动物) (散货)	危险品	Class: Property: Imco code page: Un code No.
可否转船:	装船期:	托运人签名、盖章:	
可否分批:	结汇期:		
FOB 金额:			
制单日期:		电话/传真:	

注:
① "No. of Original B(s)/L"处填写所需提单数量。
② "Place of Issue"处填写提单签发地点。
③ 应标明托运货物的交接方式(如 CY-CY、CFS-CFS 等)和集装箱货物的种类(如普通、冷藏、液体等),冷藏货物注明所要求的温度。
④ 凡危险品必须写明化学名称,并注明国际海上危险品运输规则号码(Imco code page)、联合国危险品运输规则号码(Un code No.)和危险品等级(Class No.)。
⑤ 填写装船期时,可以等于或早于合同、信用证规定的最迟装运期,为避免发生突发状况导致延误,最好早于规定的最迟装运期。

四、海洋运输中与实际业务相关的其他货运单证

1. 装货单

装货单(Shipping Order,S/O),是接受了托运人托运申请的船公司签发给托运人,凭以命令船长将承运的货物装船的单据。装货单既是装船依据,又是货主凭以向海关办理出口货物申报手续的主要单据之一,所以装货单又被称为"关单"。对托运人而言,装货单是办妥货物托运的证明;对船公司或其代理而言,装货单是通知船方接受装运该批货物的指示文件。

2. 收货单

收货单(Mate's Receipt,M/R),又称大副收据,是承运人收到货物的收据及货物已经装船的凭证。大副根据理货人员在理货单上所签注的日期、件数及舱位,与装货单进行核对后,签署大副收据。托运人凭大副签署过的大副收据,向承运人或其代理人换取已装船提单。

由于托运单、装货单和收货单三份单据的主要项目基本一致,我国一些主要口岸的做法是将托运单、装货单、收货单和运费通知单等合在一起,制成一份多达 9 联,甚至更多联的单据。货物装船完毕后,港区凭以向托运人收取港杂费。

3. 海运提单

海运提单(Ocean Bill of Lading,B/L),简称提单(Bill of Lading),是一种货物所有权凭

证。提单持有人可据此提取货物,也可以凭此向银行押汇,还可以在载货船舶到达目的港交货之前进行转让。提单的相关知识将在本章第二节重点进行讲解。

4. 装货清单

装货清单(Loading List,L/L),是承运人根据装货单留底,将全船待装货物按目的港和货物性质归类,依航次、靠港顺序排列编制的装货单汇总清单,其内容包括装货单编号、货名、件数、包装形式、毛重、估计尺码及特种货物对装运的要求或注意事项的说明等。装货清单既是船上大副编制配载计划的主要依据,又是供现场理货人员进行理货、港方安排驳运、进出库场以及承运人掌握情况的业务单据。

5. 舱单

舱单(Manifest),是按照货港逐票罗列全船载运货物的汇总清单。它是在货物装船完毕之后,由船运公司根据收货单或提单编制的。其主要内容包括货物详细情况、装卸港、提单号、船名、托运人和收货人姓名、标记号码等,此单是船舶运载所列货物的证明。

6. 货物积载图

货物积载图(Cargo Plan),是按货物实际装舱情况编制的舱图。它不仅是船方进行货物运输、保管和卸货工作的参考资料,也是卸货港据此理货、安排泊位、货物进舱的文件。

7. 提货单

提货单(Delivery Order,D/O),是收货人凭正本提单或副本提单随同有效的担保向承运人或其代理人换取的、可向港口装卸部门提取货物的凭证。

第二节 提   单

提单.mp4

一、提单概述

1. 提单的定义

提单(Bill of Lading),是承运人或船长或他们的代理人签发的证明已收受货物或装船,并保证在指定的目的港交付货物给指定人的单证。

2. 提单的性质

提单的性质具体如下。

(1) 货物收据。提单是承运人或其代理人签发的货物收据,证实已按提单所列内容收到货物。

(2) 物权凭证。提单是代表货物所有权的凭证,收货人或提单的合法持有人有权凭提单向承运人提取货物。由于提单是一种物权凭证,因而可以转让或抵押。

(3) 运输合同的证明。它是承运人与托运人之间运输协议的证明,是承运人与托运人处理双方在货物运输中的权利和义务问题的主要依据。

3. 提单种类

提单的主要种类如表 5.1 所示。

表 5.1 提单种类

分类方法	提单种类	英文名称
按货物是否已装船分类	已装船提单	On Board B/L
	收讫待运提单	Received for Shipment B/L
按货物外包装状况分类	清洁提单	Clean B/L
	不清洁提单	Unclean B/L
按提单收货人分类	记名提单	Straight B/L
	不记名提单	Open B/L
	指示提单	Order B/L
按不同运输方式分类	直达提单	Direct B/L
	转船提单	Transhipment B/L
	多式联运提单	Combined Transport B/L
按提单签发人分类	船公司提单	Master B/L
	货代提单	House B/L
按提单签发时间分类	预借提单	Advanced B/L
	倒签提单	Antidated B/L
	顺签提单	Postdated B/L

下面具体介绍不同种类提单的含义。

(1) 根据货物是否已装船，提单可分为已装船提单和收妥备运提单。

① 已装船提单(On Board B/L, Shipped B/L)。已装船提单是货已装船后签发的提单。除非 L/C 有特别约定，银行可以不接受"货装舱面"的 B/L，但可以接受"货可装舱面"的提单。

② 收讫备运提单(Received for Shipment B/L)。收讫备运提单又称收讫待运提单，是收到托运货物后在待装船期间签发的提单。由于收妥备运提单无装船日期，因此银行一般不予接受。

货装船后，凭其换取已装船提单或通过加注装船批注(如 On Board May 24, 2018)转变为已装船提单。

装船批注会在提单缮制部分详述。

(2) 根据货物外包装状况，提单可分为清洁提单和不清洁提单。

① 清洁提单(Clean B/L)。货装船时包装表面状况良好，船公司未在提单上加注任何有关货物受损或包装不良等加有批注的提单。

② 不清洁提单(Unclean B/L, Foul B/L)。船公司在提单上对货物包装表面有破损或包装不良或存在缺陷等批注的提单。如：

"... packages in damaged condition"   "……件损坏"

"iron strap loose or missing"　　　　　　　　"铁条松失"

并非所有加有批注的提单都是不清洁提单。例如，a.标注"旧包装""旧箱"；b.强调承运人对风险不负责任；c.否认承运人知悉货物的内容、重量、容积、质量、技术规格等。

银行只接受清洁的已装船的提单。

(3) 根据提单抬头"收货人"的不同，提单可分为记名提单、不记名提单和指示提单。

① 记名提单(Straight B/L)。记名提单，又称收货人抬头提单，即提单上的"收货人"(Consignee)栏内填明了特定的收货人名称，只能由该特定收货人提货。这种提单不能转让。

② 不记名提单(Open B/L, Bearer B/L)。不记名提单又称空白提单、来人式提单，指提单"收货人"栏内没有任何收货人或"Order"字样，而是"To Bearer"，提单的任何持有人均可凭之向承运人提货，承运人交货凭单不凭人。该提单无须背书即可转让，由于风险很大，因此极少使用。

③ 指示提单(Order B/L)。指示提单是指在提单的"收货人(抬头人)"栏内填写"To Order"("凭指定"，又称空白抬头)或"To Order of …"("凭……指定")。指示提单可经背书转让流通，这种提单既安全又便利，在实际业务中使用最为广泛。

背书的方法有以下几种。①空白背书：仅由背书人在提单背面签字，而不注明被背书人名称。②记名背书：既有背书人签章，又列明被背书人名称，即有"Deliver to …"字样。③记名指示背书："To Order of …(被背书人名称、地址)。"

目前，实际业务中使用最多的是"空白抬头、空白背书"提单。

(4) 根据不同运输方式，提单可分为直达提单、转船提单、联运提单和多式联运提单。

① 直达提单(Direct B/L)：货物自装运港直达目的港。

② 转船提单(Transhipment B/L)：是联运提单的一种，货运全程至少由两艘轮船承运，中途港换装船。

③ 联运提单(Through B/L)：是指须经海运和其他运输方式联合运输(海陆、海河、海空、海海)，由第一程承运人所签发的包括全程运输，并能在目的港或目的地凭以提货的提单。联运提单的签发人应对第一程运输负责，第一程运输是海运。

此种联运提单由第一程承运人收取全程运费，各程承运人的责任只限于其本人经营船舶或其他运输工具所完成的运输。

④ 国际多式联运提单(Multimode Transport B/L 或 Combined Transport B/L)。货物从起运地(港)到最终目的地(港)的全程运输过程需要使用陆、海、空等两种以上的运输方式，由联运人作为全程运输的总承运人签发的联运单据，作为对托运人的总负责人。这种联运单可用于海运与其他方式的联运，也可用于不包括海运的其他运输方式的联运。

(5) 根据提单格式、内容框架的不同，提单可分为全式提单和略式提单。

① 全式提单(Long Form B/L)。全式提单亦称繁式提单，是指提单背面载有承运人和托运人权利、义务的详细条款的提单，运用较广泛。

② 略式提单(Short Form B/L)。略式提单也称简式提单，与全式提单的区别在于其略去了背面全部条款，或仅摘要列出。简式提单又分为以下两种。

● 租船项下的简式提单：注有运费及其他条款根据某月某日签订的租船合同办理

字样。

● 班轮项下的简式提单：一般加注类似"本提单货物的收受、保管、运输和费用等事项，均按本公司全式提单正面、背面的铅印、手写印章和打字等书面的条款和例外条款办理"的文句。

(6) 根据轮船公司经营方式的不同，提单可分为班轮提单和租船合约提单。

① 班轮提单(Liner B/L, Regular Line B/L)。采用班轮运输，由班轮公司签发的提单，船方责任以提单所定条款为准。如果合同在价格条件中加注了班轮条件，交单时必须提供班轮提单。

② 租船合约提单(Charter Party B/L)。采用租船运输方式，船方根据租船合约签发的提单，通常是简式提单。租船合约提单须受租船合同的制约，当事人的权利和义务以租船合同为准，所以租船合约提单并非一份完整的独立文件。

实务中，除非 L/C 明确规定接受租船合约提单，否则银行将不接受此类性质的提单。即便接受时，也常要求提供租船合同的副本。

(7) 根据提单签发日与交单日之间的关系，提单可分为过期提单、正常提单、预签提单、倒签提单和顺签提单。

① 过期提单(Stale B/L)。《UCP600》规定，受益人或其代表必须在不迟于本惯例所指的发运日之后的 21 个日历日内交单，但是不管在什么情况下，都不得迟于信用证的截止日。凡不符合上述交单时间的提单均属于过期提单。银行一般不接受过期提单，但过期提单并非无效提单，提单持有人仍可凭此提货。

也有人把晚于载货船舶到达的提单称为过期提单。由于过期提单有时会造成货比单早到的局面，进口商可能须向船方支付过期保管费，故一般不愿接受。

② 正常提单(Un-stale B/L)。正常提单，是指不迟于载货船舶到达目的港或不迟于信用证规定的交单日所提交的提单。

③ 预签提单(Advanced B/L)。预签提单又称预借提单，无货提单，是指因信用证规定的装运期和交单期即将过期，而货物因故未能及时装船，但已在承运人掌握之下或已开始装船，由托运人出具保函要求承运人预签的已装船提单。

④ 倒签提单(Anti-Dated B/L；Back-Dated B/L)。倒签提单是指货物装船完毕后，因实际装船日晚于信用证规定的最晚装船期，托运人要求承运人签发的日期早于实际装船完毕日期的提单。

就承运人而言，预借提单的风险更大。许多国家规定，承运人签发预借提单，将丧失享受责任限制和免责的权利。

预签提单和倒签提单两者都违反了《提单法》和《海上货运法》，属于欺诈行为。买方如有证据证明此类行为，则有权拒付货款，拒收货物或要求退还已付货款。

⑤ 顺签提单(Post-Dated B/L)。货已交承运人(并装船完毕)掌握，托运人要求承运人签发的日期晚于实际装船日期的提单。

二、信用证中的提单条款

【例 5.1】 Full set of clean on board B/L, made out to order of ABC Co., marked "Freight prepaid" notifying applicant.

全套清洁已装船提单，做成 ABC 银行指示抬头，注明"运费预付"并通知开证申请人。

【例 5.2】Full set of clean shipped on board marine B/L, made out to our order, marked "Freight prepaid" notifying opener, indicating L/C No., "received for shipment" B/L not acceptable.

全套清洁已装船提单，做成以开证行指示抬头，注明"运费预付"并通知开证申请人。标明信用证号码，不接受"备运提单"。

三、提单的缮制

样单 5.2 为提单的一般结构，具体如下。

样单 5.2　提单

BILL OF LADING

1)SHIPPER		10)B/L No. *CARRIER*
		COSCO
2)CONSIGNEE		中国远洋运输(集团)总公司
3)NOTIFY PARTY		CHINA OCEAN SHIPPING(GROUP) CO.
4)PLACE OF RECEIPT	5)OCEAN VESSEL	
6)VOYAGE No.	7)PORT OF LOADING	*ORIGINAL*
8)PORT OF DISCHARGE	9)PLACE OF DELIVERY	Combined Transport BILL OF LADING
11) CONTAINER　12) MARKS　13) No. OF CONTAINERS　14) KIND OF PACKAGES　15)G.W.(KG) 16)MEAS(M3)/SEAL No.　　　　　　　　　OR PACKAGES		
17) DESCRIPTION OF GOODS		
18)TOTAL NUMBER OF CONTAINERS 　　OR PACKAGES(IN WORDS)		

FREIGHT & CHARGES	REVENUE TONS	RATE	PER	PREPAID	COLLECT
PREPAID AT	PAYABLE AT		22)PLACE AND DATE OF ISSUE		
TOTAL PREPAID	19)NUMBER OF ORIGINAL B(S)L				
			23)SIGNED FOR THE CARRIER		
LOADING ON BOARD THE VESSEL 20)DATE	21)BY				

1) 托运人(Shipper)

托运人一般为出口企业，也就是信用证中的受益人。而《UCP600》规定：任何单据注明的托运人或发货人无须为信用证的受益人。如果开证人为了满足贸易上的需要，要求做第三者提单(Third Party's B/L)，也可照办，《UCP600》允许银行接受第三者提单。

2) 收货人(Consignee)

收货人是提单中的重要栏目，应严格按照信用证的规定填制，一般分为以下三种。

(1) 记名抬头。直接写明收货人名称，例如"Full set of B/L Consigned To×××"，它的特点是收货人已经确定，不得转让。

(2) 不记名抬头，又称来人抬头提单，如"To Bearer"。这种提单不需要任何背书手续即可转让或提取货物，极为简便。承运人交付货物只凭单，不凭人。这种提单若丢失或被窃，风险极大，若转入恶意的第三者手中，极易引起纠纷，故国际上极少使用这种提单。

(3) 指示性抬头。即在"收货人"栏有"指示"(Order)字样的，即承运人凭指示付货，它可以通过指示人的背书而进行转让，有利于资金的周转，又比较安全，所以在国际贸易中应用较普遍。它又按照表示指示人的方法不同而分为以下三种。

① 托运人指示提单：在"收货人"栏只填记"凭指示"(To Order)字样，由托运人背书后转让，又称空白抬头提单。

② 记名指示提单："收货人"栏填记"凭某某指示"(To Order of ...)，根据指示方不同分为凭托运人指示、凭收货人指示或凭进口方银行指示等情况，分别需托运人、收货人或进口方银行背书后方可转让或提货，又称记名指示抬头提单。

③ 选择指示人提单：如果在"收货人"栏填记"某某或指示"(×××Or Order)，则称为选择指示人提单。记名指示提单中"某某"相当于记名指示提单，"或指示"相当于托运人指示提单。

背书包括空白背书(Blank Endorsement)和记名背书(Special Endorsement)两种。

- 空白背书是由提单转让人在提单背面签上背书人单位名称及负责人盖章，但不注明被背书人的名称。这种背书流通性强，采用较普遍。
- 记名背书除同空白背书一样须由背书人签章外，还要注明被背书人的名称。如果被背书人再进行转让，必须再加背书(如在信用证方式的出口业务中，信用证规定提单收货人是议付行，在寄单前，议付行做成记名背书给开证行，进口商付款赎单时，再由开证行背书给进口商)。

注：如果信用证要求记名提单，如"consigned to Bank"，而不是"to order"或"to order of Bank"等，则提单不得在"收货人"一栏具名人的名称前出现"to order"或"to order of"的字样，不论该字样是打印的还是预先印就的。同样地，如果信用证要求凭指示提单，如"to order"或"to order of"，提单就不能做成以该具名人为收货人的记名形式。

3) 被通知人(Notify Party)

一般情况下，该栏与托运单相同，主要包括以下四种情形。

(1) 信用证指明了具体的被通知人，如"Notify applicant"或"Notify LERROS MODEN GMBH, IM TAUBENTAL 35, D-41468 NEUSS, GERMANY FAX: 49-2131-3600999"，则直接将"×××"的名称、地址及联系方式("LERROS MODEN GMBH, IM TAUBENTAL 35, D-41468 NEUSS, GERMANY FAX: 49-2131-3600999")写在该栏。

(2) 如果来证中没有说明哪一方为被通知人，则应将开证申请人的名称、地址填入 B/L 副本的这一栏，而 B/L 正本的这一栏中为空白。

(3) 如"Consignee"一栏为记名式的，则该栏的内容可不填。

(4) 如来证要求两个或两个以上的公司为被通知人，出口公司应把这两个或两个以上的公司的名称和地址填写在这一栏目中。若写不下，可在结尾部分做上记号"＊"，然后在"货物描述"栏的空白地方做上同样的记号"＊"，接着填写剩余的内容。

4) 收货地(Place of receipt)

货物如需转运，该栏填写收货的港口名称或地点；货物如无转运，则该栏不填。

5) 船名(Ocean vessel)

若是港至港提单，该栏填承运船舶的船名；若是转运提单，该栏填第二程船的船名。

6) 航次(Voyage No.)

该栏填写承运船舶的航次号。

7) 装货港(Port of loading)

如有转运，该栏填中转港名称；货物如无转运，该栏填装运港名称。

8) 卸货港(Port of discharge)

该栏应填写货物实际卸下的港口名称，如有同名港口须加注国名。

9) 交货地(Place of delivery)

该栏填船公司或承运人的交货地，如交货地就是目的港，则该栏不填。

(1) "收货地点"(Place of receipt)和"交货地点"(Place of delivery)这两个栏目，供提单用作"多式联运"(Multi-modal transport)或"联合运输"(Combined transport)运输单据时

用，因为在这两种方式下，装运港、目的港和装运地、目的地不同。如是单纯的海运，则不要填这两栏。

(2) 如果收货地为集装箱堆场(CY)或集装箱货运站(CFS)，且与规定的装运港相同，例如，收货地为香港集装箱堆场，装运港为香港，这些地点将被视为同一地点，因此，无须在装船批注中注明装运港和船名。

(3) 如果信用证规定了装货港及/或卸货港的地理区域或范围(如"任一欧洲港口")，则提单必须标明实际的装货港及/或卸货港，而且该港口必须位于信用证规定的地理区域或范围之内。

10) 提单号码(B/L No.)

提单号码一般列在提单右上角，这个号码与装货单、大副收据或场站收据的号码是一致的。

11) 集装箱(Container)

该栏填写承运船舶的集装箱的内容。

12) 唛头(Marks)

提单上的唛头(即运输标志)，必须与其他单据上的一致。如信用证规定有唛头，则应按信用证上的规定制作；如无唛头，散装货应注明"N/M"字样，不能填写"As Per Invoice No…"。

13) 集装箱编号(No. Of Containers)

该栏填写集装箱的编号。

14) 包装件数及种类(Kinds of Packages.)

该栏按货物装船的实际情况填写包装种类及总外包装件数。包装种类如木箱(Wooden case)、纸箱(Carton)、袋装(Bag)、纸板箱(Cardboard box)等，不可笼统填为件(Packages)；裸装有捆(Bundle)、件(Package)；散装货填"In bulk"。一张提单如果有几种不同的包装，应分别列明，在总数及大写部分，如果有不同的外包装类别，则可以使用 Packages。托盘及集装箱也可作为包装填列，使用托盘时，要同时显示托盘数和托盘上的小件数，如 5 Pallets(S.t.c 30 cartons)。

15) 货物毛重[G. W. (KG)]

该栏填写承运货物的总毛重，除信用证另有规定者外，一般以千克为重量单位，船公司据以计算运费。

16) 货物尺码[Meas(M3)/Seal No]

该栏填写承运货物的总体积，以立方米为体积单位，船公司据此计算运费。

17) 货物描述(Description of Goods)

该栏填写对货物的描述。《UCP600》允许提单使用与信用证的描述不矛盾的概括性用语。

18) 货物总包装件数的大写[Total number of containers or packages(in words)]

该栏的内容要与第 14)栏一致。

19) 正本提单份数[Number of original B(S)L]

正本提单份数应按信用证规定签发，一般是 1～3 份，并用英文大写数字如 ONE、TWO、

THREE 等。如 L/C 仅规定 Full Set,可按习惯做两份正本或三份正本,正本提单都要提交银行作为议付单据。

20) 已装船批注的日期(Date)

(1) 根据《UCP600》的规定,如果提单为备运提单(一般有预先印就的"received by the carrier…"等类似文字),将备运提单转化成已装船提单的方式之一就是在该栏加注必要的内容:船名、装船日期并签字或简签。此时,装船批注中所显示的日期即被视为货物的装运日期。

(2) 如果提交的是预先印就"shipped on board"的提单,提单的出具日期即被视为装运日,除非提单带有加注日期的单独的装船批注。

(3) "Shipped in apparent good order""Laden on board""clean on board"或其他包含"shipped"或"on board"之类用语的措辞与"Shipped on board"具有同样效力。

(4) 如果提单载有"预期船只"或类似的关于船名的限定语,则需以已装船批注明确发运日期以及实际船名。

(5) 如果提单没有表明信用证规定的装货港为装货港,或者其载有"预期的"或类似的关于装货港的限定语,则需以已装船批注表明信用证规定的装货港、发运日期以及实际船名。即使提单以事先印就的文字表明了货物已装载或装运于具名船只,本规定仍适用。

21) 已装船批注的签署(By)

该栏填写已装船批注签署的船长或其具名代理人。

22) 提单的签发地点和签发日期(Place and date of issue)

除备运提单外签发日期均为装货完毕日期,装货日期不得迟于信用证规定的装运期。提单的签发地点应按装运地点填列,除非信用证另有规定。

23) 承运人签章(Signed for the Carrier)

《UCP600》规定,无论提单名称如何,必须标明承运人名称,并由下列人员签署。

● 承运人或其具名代理人。

● 船长或其具名代理人。

承运人、船长或代理人的任何签字必须标明其承运人、船长或代理人的身份。代理人的任何签字须标明其是代表承运人还是船长签字。

具体表示方式如下所示。

(1) 承运人签字。如承运人为 COSCO,则该栏显示为:

COSCO(如提单表面已有其身份和名称,则此栏可省)

(承运人代表签字)

As Carrier/The Carrier

(2) 船长签字。如承运人为 COSCO,则该栏显示为:

COSCO(如提单表面已有其身份和名称,则此栏可省)

(船长签字)

As Master/The Master

(3) 代理人签字。如承运人为 COSCO,代理人为 XYZ Shipping Co.,则该栏显示为:

XYZ Shipping Co.

(代理人代表签字)

As agent for/On behalf of the Carrier COSCO. (如提单表面已有其身份和名称，则"COSCO"可省)

四、提单缮制应注意的问题

缮制提单应注意以下问题。

(1) 托运人、收货人及被通知人的填写，应严格依照信用证的要求或合同要求。见本章实训模块一。

(2) 如果信用证要求注明"Freight Prepaid"或"Freight to Collect"，就一定要标注。

(3) 运输单据可以以印戳或其他方法提及运费之外的费用。

(4) 载有诸如"托运人装载和计数"或"内容据托运人报称"条款的运输单据可以接受。

(5) 信用证或合同要求显示的特殊条款，通常显示在货物描述栏下面的空白处。

(6) 提单的日期，如是"On board"B/L，则该时间要与最迟装运期相吻合，但注意不可使用欺诈性的预借提单和倒签提单。

(7) 除非信用证特准，提单显示"货物已装或将装舱面"(The goods are/will be on deck.)是不允许的，但显示"货物可以装舱面"(The goods may be on deck.)则是可以接受的。如信用证条款允许货装舱面时，应投保舱面险。

(8) 提单必须未表明受租船合同约束。

(9) 提单上的文字如有更改，应有提单签署人的签字，或签发提单的公司的签章。

(10) "清洁提单"的表示。

① 载有明确声明货物或包装状况有缺陷的条款或批注的提单是不可接受的，如"××包撕破"(××Bales Torn)或"××辆汽车车体表面擦刮/凹痕"(××Car Body Surfaces Scratched/Dented)等字样。

② 即使信用证要求"清洁已装船提单"，提单也无须显示"清洁"字样。

③ 如果提单上出现"清洁"字样，但又被删除，并不视为有不清洁批注或不清洁，除非提单载有明确声明货物或包装有缺陷的条款或批注。

案例：埋下隐患的装运条款——未明确转运港

【案情】内地 A 公司从香港 B 公司进口×套德国设备，合同贸易条件为 CFR 广西梧州，装运港是德国汉堡，装运期为开出信用证后 90 天内，提单通知人是卸货港的外运公司。

合同签订后，A 公司于 7 月 25 日开出信用证，10 月 18 日香港 B 公司发来装船通知，11 月上旬，B 公司将全套议付单据寄交开证行，A 公司业务员经审核未发现不符并议付了货款。

船运从汉堡到广西梧州包括在香港转船正常时间应为 45～50 天。12 月上旬，A 公司屡次查询梧州外运公司都无货物消息，A 公司怀疑 B 公司倒签提单，随即电询 B 公司，B 公司答复确已如期装船。

12月下旬，A公司仍未见货物，便再次电告B公司要求联系其德国发货方协助查询货物下落。B公司回电说德国正处圣诞节假期，德方无人上班，没法联络。A公司无奈，只好等待。

1月上旬，圣诞假期结束，B公司来电，称货物早在去年12月初运抵广州黄埔港，请速派人前往黄埔办理报关提货手续。此时货物在海关已滞报40多天，待A公司办好所有报关提货手续已是次年1月底，发生的滞箱费、仓储费、海关滞报金、差旅费及其他相关费用达十几万元。

【分析】造成上述结果的原因主要有以下几个。

(1) 合同未列明转运港。A公司按经验想当然地认为转运港是香港，卸货港是梧州。可德国发货方并不知道香港—梧州有船来往，他们安排了汉堡—香港—广州—梧州的运输路线，而上述路线是合理的。

(2) 原合同规定提单通知人为卸货港的外运公司较为笼统。货抵黄埔后，黄埔外运不知货主是谁。按原外贸公司进口合同标准核实，提单"收货人"通常为"凭指定"，"通知人"为"目的港外运公司"。A公司认为合同目的港是梧州，因此他们只和梧州外运公司联系，根本没想到黄埔外运公司。

解决办法如下。

今后对采用INCOTERMS"C"组术语(如CFR、CIF、CPT、CIP)，即由合同卖方安排运输、支付运费条款的进口合同，如目的港是内河或内陆口岸，或装运港与目的港间无直达航线需要周转的。

(1) 可允许转船但要明确规定转船的地点。转船地点的选择要考虑经济和便捷的原则，最好在中国关区以外(如中国香港、新加坡等)，避免在异地办理报关或转关手续。

(2) 合同和信用证最好要求在提单"通知人"栏上打上收货人或外贸代理公司的名字、联系人姓名、电话号码等以便联系。

(3) 如有可能，进口合同尽可能采用FOB术语，由买方自行寻找船公司安排运输。

五、其他海运单据

1. 不可转让海运单

海运单(Sea Waybill)是一种运输单据，在跟单信用证项下银行接受这类单据适用《UCP600》第二十一条的规定。它意味着承运人宣称货物已经收妥待运，并且该单据是不可流通转让的，因此它不能背书给指定人。

2. 租船合约提单

(1) 装运方式采取海运或多式联运(包括一段海运航程的情况下)，如开证申请人同意允许运输单据表示它是受到租船合约的约束，则开证申请人必须在开证指示中如此说明。如开证行同意，该行必须在信用证中加注这项条件。

(2) 根据《UCP600》第二十二条的规定，银行将不审核租船合同，即使信用证要求提交租船合同。

第三节　航空运单及其他货运单证

一、航空运单

航空运单和
铁路运单.mp4

1. 航空运单概述

1) 含义

航空运单(Air Waybill)，是由航空运输货物承运人或其代理人出具的、表明托运人与承运人之间运输合同的凭据。货物运抵目的地后，承运人向收货人发出"到货通知"，收货人凭"到货通知"提取货物，并在货运单上签收。

2) 性质

航空运单既是承运人出具的货物收据(Cargo Receipt)，也是承运人与托运人签订的运输契约的证明。它不是货权凭证，不能凭以提货，也不能背书转让。

2. 航空运单的填制

样单 5.3 是航空运单的基本结构，具体如下。

(1) 航空运单号(The Air Waybill Number)。

航空运单号通常印在每份运单的左上角或右下角，由 11 位数字构成。前 3 位表示航空公司的数字代号，例如，我国的国际航空公司的代码就是 999。第 4～10 位表示货运单序号，最后一位是检验号。航空运单分为两种：一种是航空公司的运单，又称总运单 MAWB(Master Air Waybill)；另一种是航空货运代理公司的运单，又称分运单 HAWB(House Air Waybill)。

(2) 托运人姓名、住址(Shipper's Name and Address)。

该栏填写托运人的姓名、地址、所在国家及联络方式。

① 托运人既可以是货主，也可以是货运代理人。如采用的是集中托运，则通常托运人是货运代理人；如采用的是直接托运，则托运人是货主。

② 当托运的是危险货物时，必须由货主直接托运，因而托运人填写的是货主，航空公司不接受货运代理人的托运。

③ 在信用证结汇方式下，托运人一般填受益人相应的信息；在托收方式下，一般填合同中买方相应的信息。

(3) 托运人账号(Shipper's Account)。

该栏只在必要时填写，以便承运人在收货人拒付运费时向托运人索偿。

(4) 收货人姓名、住址(Consignee's Name and Address)。

该栏应填写收货人的姓名、地址、所在国家及联络方式。

① 与海运提单不同，航空运单必须是记名抬头，不得填写"To Order"或"To Order of shipper"字样，因为航空运单不可转让。

样单 5.3　航空运单

Shipper's Name and Address	Shipper's Account Number	Not negotiable Air Waybill ISSUED BY Copies 1,2 and 3 of this Air Waybill are originals and have
Consignee's Name and Address	Consignee's Account Number	It is agreed that the goods described herein are accepted in apparent good order and condition for carriage SUBJECT TO THE CONDITIONS OF CONTRACT ON THE REVERSE HEREOF ALL GOODS MAY BE CARRIED BY ANY OTHER MEANS INCLUDING ROAD OR ANY OTHER CARRIER UNLESS SPECIFIC CONTRARY INSTRUCTIONS ARE GIVEN HEREON BY CONCERNING CARRIER'S ATTENTION IS DRAWN TO THE NOTICE CONCERNING CARRIER'S LIMITATION OF LIABILITY

Issuing Carrier's Agent Name and City	Accounting Information

Agent's IATA Code	Account Number

Airport of Departure (Addr of First Carrier) and Requested Routing	Optional Shipping Information

To	By First Carrier	Routing and Destination	To	By	To	By	Currency	CHGS Code	WT/VAL	Other	Declared

Airport of Destination	Flight/Date	For Carrier's Use Only						

Handling Information

No. of Pieces RCP	Gross Weight	Kg	Rate Class Commodity Item No.		Chargeable	Rate/ Charge	Total	Nature and Quantity of Goods. Dimensions of Volume

Prepaid	Weight Charge	Collect	
	Valuation Charge		
	Tax		
	Total Other Charges Due Agent		
	Total Other Charges Due Carrier		
Total Prepaid			
Currency Conversion Rates	CC Charges in Dest Currency		
For Carrier's Use Only at Destination	Charges at Destination	Total Collect Charges	

ORIGINAL 3 (FOR SHIPPER)

②　收货人可以是实际收货人，也可以是货运代理人。集中托运时收货人通常是货运代理人，直接托运时为实际收货人。

③　承运人一般不接受一票货物有两个及以上的收货人。若实际业务中有，则在该栏内填写第一收货人，同时在通知栏内填写第二收货人。

(5)　收货人账号(Consignee's account)。

同第 3 栏一样只在必要时填写。

(6)　填写货运单的代理人名称和所在城市(Issuing Carrier's Agent Name and City)。

如该份运单由航空公司代理人 ABC Co.(Shanghai)填开，则直接将 ABC Co.(Shanghai)填在该栏即可。

(7)　代理人的 IATA 代号(Agent's IATA Code)。

该栏填写的航空公司代理人 IATA 代号，具体为代理人代码/城市代码，如 ABC/SHA。

(8)　代理人账号(Agent's Account)。

填写如前面第 3 栏。

(9)　始发站机场及所要求的航线(Airport of Departure and Requested Routing)。

该栏填写始发站机场的英文全称和所要求的运输路线。实务中，一般仅填写起航机场的名称或所在城市的全称。具体填写如下。

①　当始发站机场全称不清楚时，只填始发站所在城市名称。

②　不同国家有相同名称的城市，须填国家名称。

③　同一城市的不同机场，须填机场名称。

需要注意的是，与前面所有的单据填写一样，当 L/C 要求填写"Any Chinese Airport"时，不能照填，必须写具体的机场，如"Shanghai Airport"，或写其代码"PVG"。

(10) To(by first carrier)。

该栏填写目的站机场或第一个转运点的 IATA 三字代号。

(11) By(first carrier)。

该栏填写第一个承运人的名称或 IATA 两字代号。

(12) To(by second carrier)。

该栏填写目的站机场或第二个转运点的 IATA 三字代号。

(13) By(second carrier)。

该栏填写第二个承运人的名称或 IATA 两字代号。

(14) To(by third carrier)。

该栏填写目的站机场或第三个转运点的 IATA 三字代号。

(15) By(third carrier)。

该栏填写第三个承运人的名称或 IATA 两字代号。

(16) 目的港(Airport of Destination)。

该栏填写最后目的站机场的名称或三字代码，具体如下。

①　机场的三字代码按 IATA 规范标准填报，如上海浦东国际机场填为"PVG"；

②　机场名称不明确时，可填城市名称，当城市名称有重名时，应加上国名。如悉尼，当是加拿大悉尼时，填写"SYD,CA."；当是澳大利亚悉尼时，则填写"SYD, AU"。

(17) 航班/日期(Flight/Date for Carrier's Use Only)。

该栏填写飞机航班号及实际起飞日期。

(18) 财务说明(Accounting Information)。

该栏填写运费缴付方式及其他财务说明事项，具体包括以下几项。

① 运费支付方式：Freight Prepaid 或 Freight Collect。

② 付款方式：现金(Cash)、支票(Check)或旅费证(MCO)(用该证付款时，要填 MCO 号码、旅客客票号码、航班及日期)等。

③ 货物飞离后运费更改，将更改通知单号(CCA No.)填在本栏。

(19) 货币(Currency)。

该栏填写 ISO 货币代码。

(20) 收费代号(CHGS Code)。

该栏一般不需要填写，仅供电子传送货运单信息时用。

(21) 运费及声明价值费(WT/VAL，Weight Charge/Valuation Charge)。

此时可以有两种情况：预付(PPD，Prepaid)或到付(COLL，Collect)。如预付在 Prepaid 中填入"*"，否则填在 Collect 中。需要注意的是，航空货物运输中运费与声明价值费支付的方式必须一致，不能分别支付。

(22) 其他费用(Other)：有预付和到付两种支付方式。

(23) 运输声明价值(Declared Value for Carriage)。

该栏填写托运人向承运人办理货物声明价值的金额。

在该栏填入发货人要求的用于运输的声明价值。当托运人不办理货物声明价值时，此栏必须填写"NVD"(No Value Declaration)。

(24) 海关声明价值(Declared Value for Customs)。

该栏填写托运人向海关申报的货物价值，当托运人不办理此项声明时，则填写"NCV"(No Customs Valuation)，表明没有声明价值。

(25) 保险金额(Amount of Insurance)。

该栏只有在航空公司提供代保险业务，而客户也有此需要时才填写。中国民航不代理国际货物运输保险，则该栏须填写"×××"或"NIL"(nothing)。

(26) 操作信息(Handling Information)。

该栏一般填写承运人对货物处理的有关注意事项，具体填写如下。

① 当有两个收货人时，第二通知人相应信息填写在该栏。

② 货运单有随附文件的如"Attached Files Including Commercial Invoice, Packing List"，则显示文件的名称。

③ 货物上的标志、号码、包装方法等。

④ 如是危险品，则有两种情况：需要附托运人危险品申报单时，本栏一般填写"Dangerous Goods as per Attached Shipper's Declaration"；不需要附托运人危险品申报单时，本栏则填写"Shipper's Declaration not required"。

⑤ 货物所需的特殊处理，如未完税交付"DDU"。

⑥ 其他事项。

(27) 货物件数(No. of Pieces)和运价组成点(Rate Combination Point，RCP)。

该栏填写货物包装件数。如 10 包即填"10"。当需要组成比例运价或分段相加运价时，在此栏填写运价组成点机场的 IATA 代码。

(28) 毛重(Gross Weight)。

该栏填写货物总毛重，以千克为单位时可保留小数点后一位。

(29) 重量单位(kg/lb)。

该栏可选择千克(kg)或磅(lb)。以千克为单位时代码为"K"，以磅为单位时代码为"L"。

(30) 运价等级(Rate Class)。

依航空公司的资料，该栏按实际填写运价等级的代码，其代号如表 5.2 所示。

表 5.2 运价等级代码

代 码	运价英文名称	运价中文名称
M	Minimum	起码运费
N	Normal	45 千克以下货物适用的普通货物运价
Q	Quantity	45 千克以上货物适用的普通货物运价
C	Specific Commodity Rates	特种运价
S	Surcharge	高于普通货物运价的等级货物运价
R	Reduced	低于普通货物运价的等级货物运价
U	Unit Load Device Basic Rate	集装化设备基本运费
E	Unit Load Device Additional Rate	集装化设备附加运费
X	Unit Load Device Additional Information	集装化设备附加说明
Y	Unit Load Device Discount	集装化设备折扣

(31) 商品代码(Commodity Item No.)。

① 使用指定商品运价时，在该栏打印指定商品品名代码，如水果蔬菜为"0007"。

② 对等级货物运价，该栏应打印附加或附减的比例，如书报等减按 67%，则填"N67"。

(32) 计费重量(Chargeable Weight)。

该栏填写航空公司据以计算运费的计费重量，该重量既可以与货物毛重相同，也可以不同。

① 当货物是重货时，可以是货物的实际毛重。

② 当货物是轻泡货时，可以是货物的体积重量。

③ 可以是较高重量较低运价的分界点的重量。

由此我们发现，计费重量=实际毛重(重货)

计费重量=体积重量(轻泡货)

计费重量=较高重量分界点重量

(33) 费率(Rate/Charge)。

该栏填写该货物适用的费率。

① 当使用最低运费时，填写与"M"相对应的最低运费。

② 当使用代号 N、Q、C 运价代码时，填写相对应的运价。

③ 当货物为特级货物时，填写与运价 S、R 对应的附加、附减后的运价。

(34) 运费总额(Total)。

该栏数值应为起码运费值或者是运价与计费重量两栏数值的乘积。

(35) 货物的品名、数量，含尺码或体积(Nature and Quantity of Goods incl. Dimensions or Volume)。

该栏填写合同或信用证中规定的货物名称、数量及尺码，应注意以下事项。

① 当托运货物中含有危险货物时，应分别填写，并把危险货物列在第一项。

② 当托运货物为活动物时，应依照 IATA 活动物运输规定填写。

③ 集合货物，则填写"Consolidation As Per Attached List"。

④ 货物的体积表示为"长×宽×高"，如"DIMS：50×30×20"。

⑤ 当合同或信用证要求标明原产地国时，可在该栏标出货物的原产地国。

(36) 计费重量(Weight Charges)(Prepaid/Collect)。

在对应的"预付"或"到付"栏填入按重量计算的运费额。其运费额与上述"运费总额"中的金额一致。

(37) 声明价值附加费(Valuation Charge)。

如果托运人对托运货物声明价值，则在对应的"预付"或"到付"栏填写声明价值附加费金额，其公式为：

声明价值附加费金额=(声明价值−实际毛重×最高赔偿额)×0.5%

(38) 税款(Tax)。

在对应的"预付"或"到付"栏填写适当的税款。

(39) 由代理人收取的其他费用(Total Other Charges Due Agent)。

在对应的"预付"或"到付"栏填写由代理人收取的其他费用，通常填"AS ARRANGED"。

(40) 由承运人收取的其他费用(Total Other Charges Due Carrier)。

在对应的"预付"或"到付"栏填写由承运人收取的其他费用，通常填"AS ARRANGED"。

(41) 预付费用总额(Total Prepaid)。

该栏通常填写"AS ARRANGED"。

(42) 到付费用总额(Total Collect)。

该栏填写第 37～41 栏有关预付费用之和，通常填"AS ARRANGED"。

(43) 货币兑换比率(Currency Conversion Rates)。

该栏填写目的站国家货币代码及兑换比率。

(44) 使用目的站国家货币付费(Charges in Destination Currency)。

该栏填写目的站国家货币到付的费用总额。

(45) 仅供承运人在目的站使用(For Carrier's Use only at Destination)。

该栏一般不填。

(46) 在目的站的费用(Charges at Destination)。

该栏填写最后承运人在目的站发生的费用金额(包括利息)等。

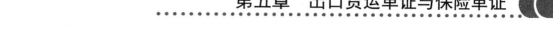

(47) 到付费用总额(Total Collect Charges)。

该栏填写到付费用总额。

(48) 其他费用(Other Charges)。

其他费用，是指除运费和声明价值附加费以外的其他费用。根据 IATA 规则，各项费用分别用三个英文字母表示。其中前两个字母是某项费用的代码，如运单费就表示为 AW(Air Waybill Fee)。第三个字母是 C 或 A，分别表示费用应支付给承运人(Carrier)或货运代理人(Agent)。

(49) 发货人或其代理人签名(Signature of Shipper On His Agent)。

签名后以示保证所托运的货物并非危险品。

(50) 承运人或其代理人签字及签发运单的日期、地点(Executed on Date at Place，Signature of Issuing Carrier or It's Agent)。

签单以后正本航空运单方能生效。该栏所标示的日期为签发日期，也就是本批货物的装运日期。如果信用证规定运单必须注明实际起飞日期，则以该栏所注的实际起飞日期作为装运日期。该栏的日期不得晚于信用证规定的装运日期。

以代理人身份签章时，如同提单一样，须在签章处加注"As Agents"；承运人签章则加注"As Carrier"。

3. 航空运单填制的注意事项

根据《UCP600》第二十三条的规定，填制航空运单时应当注意以下几点。

(1) 收货人或指示方栏。

因航空运单不是物权凭证，是不可流通的单据，故不应要求航空运单做成"空白抬头""凭某具名人指示"及/或"予以背书"，通常做成记名收货人。

航空运单是直交式(Straight consigned manner)单据，当货物到达目的地机场时，经证明身份，货物即可交给收货人，无须交出正本航空运单。

(2) 空运单据必须标明信用证要求的出发地机场和目的地机场。

用 IATA(International Air Transport Association，国际航空运输协会)代码而非机场全称(如用 LHR 代替伦敦西思罗机场)。

(3) 转运和分批装运。

在空运方式下，转运是指在信用证规定的出发地机场到目的地机场的运输过程中，将货物从一架飞机上卸下再装上另一架飞机的运输。如果卸货和再装不是发生在出发地机场和目的地机场之间，则不视为转运。

(4) 货物收妥待运与装运日期(空运单据)。

空运单据必须表明货物已收妥待运。

如果信用证不要求单据显示实际的发运日期，则空运单据的出具日期将被视为发运日期，即使单据在"仅供承运人使用"或类似栏位中标明了航班日期和/或航班号。如果在单据上单独批注了实际的航班日期，但信用证并未要求，则不以该日期来确定装运日期。

(5) 只需提交银行一张表明是发货人/托运人正本的单据即可。

这就说明受益人不必提交全套正本空运单或航空货运单。国际航空运输协会(IATA)对每批托运货物签有 3 份正本及 9 份副本空运单，这 3 份正本空运单分别为：

第 1 张正本空运单(交承运人)；

第 2 张正本空运单(交收货人)；

第 3 张正本空运单(交发货人)。

只有发货人才能取得第三张正本空运单，同时签发以下正式的副本，即

第 4 张副本(交货收据)；

第 5 张副本(交目的地的航空港)；

第 6 张副本(交第三承运人)；

第 7 张副本(交第二承运人)；

第 8 张副本(交第一承运人)；

第 9 张副本(交销售代理人)；

第 10 张副本(额外的副本)；

第 11 张副本(发票)；

第 12 张副本(交发运地的航空港)。

二、铁路运单

(一)对港铁路运单

对香港的铁路运输是一种特殊的两票运输的租车方式，全过程由内地段和港段两部分组成，由中国对外贸易运输公司各地分支机构和香港中国旅行社联合组织进行。其具体做法是，从发货地至深圳北站的内地段运输，由发货人或发货地外运公司依照对港铁路运输计划的安排，填写内地段铁路运单，先行将货物运往深圳北站，收货人为中国对外贸易运输公司深圳分公司。深圳外运分公司作为各外贸企业的代理，负责在深圳与铁路局办理货物运输单据的交换，并向深圳铁路局租车，然后向海关申报出口，经查验放行后，将货物运输至九龙港。货车过轨后，由深圳外运分公司在香港的代理人——香港中国旅行社向香港九龙铁路公司办理港段铁路运输的托运、报关等工作，货车到达九龙目的站后，由香港中国旅行社将货物卸交给香港收货人。由于去香港的货物中鲜活商品较多，为争取时间，并按配额发运，外贸与铁路双方协作，先后开辟了"751""753""755"三次快运货物列车，分别由湖北武汉、上海和河南郑州发车，直达香港，从而加快了运送速度，保障了商品质量，有利于对香港市场的均衡供应，满足"优质、适量、均衡和应时"的要求。

对港铁路的两段运输，分别由内地铁路部门与香港九龙铁路当局签发内地段铁路运单与广九铁路货物运单。上述运单是铁路部门承运货物的依据，亦构成发货人或外运公司与铁路部门之间的运输契约。由于内地段铁路运单不是全程运输单据，不能作为收汇凭证，所以，目前均由各发货地的外运公司凭铁路运单以联运承运人的身份签发从起运地至香港的凭证，即承运货物收据(Cargo Receipt)，它是出口企业通过银行向进口人收取货款和香港收货人凭以提货的凭证。外运公司要对该批货物的全程运输负责。

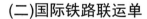

(二)国际铁路联运单

1. 《国际货约》与《国际货协》

国际铁路货物联运,是指两个或两个以上不同国家铁路当局联合起来完成一票货物的铁路运送。它使用一份统一的国际联运单据,由铁路部门经过两国或两个以上国家铁路的全程运输,并在由一国铁路向另一国铁路移交货物时不需发货人、收货人参加的一种运输方式。它通常是依据有关的国际条约如《国际铁路货物运送公约》(以下简称《国际货约》)、《国际铁路货物联运协定》(以下简称《国际货协》)等进行的。参加《国际货约》的国家共有 24 个:德国、奥地利、瑞士、法国、希腊、意大利、列支敦士登、卢森堡、比利时、荷兰、西班牙、葡萄牙、英国、土耳其、原南斯拉夫、芬兰、瑞典、挪威、丹麦、匈牙利、波兰、保加利亚、罗马尼亚和原捷克斯洛伐克。我国 1954 年 1 月加入了苏联与东欧七国签订并实行的《国际货协》,接着蒙古国、朝鲜、越南也参加了这一协定。当时参加《国际货协》的国家除中、蒙、朝、越、苏联外,还有欧洲的罗马尼亚、保加利亚、匈牙利、民主德国、波兰、阿尔巴尼亚和捷克斯洛伐克,共 12 个国家。20 世纪 90 年代,德国、波兰、捷克、斯洛伐克和匈牙利先后退出《国际货协》,但是仍采用《国际货协》的规定。

2. 国际铁路联运的范围

国际铁路联运的范围如下。

(1) 参加《国际货协》国家之间的货物运送。发货人使用一张运单在发货站向铁路托运,即可由铁路以连带责任办理货物的全程运输,在最终到达站将货物交付收货人。

(2) 同未参加《国际货协》国家铁路间的货物运送。发货人在发送路用国际货协运单办理至参加国际货协的最后一个过境路的出口国境站,由该站站长或收货人、发货人委托的收转人办理转运至未参加《国际货协》国家的最终到站。反向运输亦可。

(3) 通过参加《国际货协》国家的铁路港口向其他国家运送货物。使用国际货协运单将货物运至《国际货协》参加国港口,由港口收转人办理转发至目的地的手续。

3. 国际铁路联运的优越性

国际铁路联运具有以下优越性。

(1) 简化手续,方便收货人、发货人。发货人只需在始发站一次性办理托运手续,即可将货物运至另一个国家的铁路到站。发货人或收货人无须在国境站办理烦琐的托运手续。

(2) 便于在国际贸易中充分利用铁路运输的优势。实行国际铁路联运后,参加联运的国家的铁路连成一体,形成国际铁路运输网络,便于发货人根据货物的运输要求,充分利用铁路运输优势选择运输路径。加快国际物流速度,并节省有关费用支出。

(3) 可以及早收汇。发货人利用国际联运办理出口货物的托运手续后,即可凭车站承运后开具的有关联运凭证和其他商务单证办理结汇。保证发货人尽早收取货款,加速资金的周转。

(4) 促进铁路沿线外向型经济及铁路运输企业的发展。通过开展国际联运,为铁路沿线的外向型经济的开发提供了有利的条件。尤其是新亚欧大陆桥的贯通,为我国沿线地区及中亚国家的经济发展提供了良好的发展机遇(新亚欧大陆桥从我国华东沿海的连云港市经新疆阿拉山口至荷兰鹿特丹港，全长 10 900 千米，是连接亚洲太平洋和整个欧洲最快捷、最廉价的重要运输通道，在跨越亚欧两大陆的国际物流中具有重要的战略地位)。

4. 国际铁路联运单的具体内容

国际铁路联运单正本和运单副本是国际铁路联运的主要运输单据，它是发货人与发送国铁路之间缔结的运输合同，具体规定了参加联运的各国铁路和收货人、发货人之间的权利和义务，对收货人、发货人和铁路都具有法律效力。当发货人向始发站提交全部货物，并付清应由发货人支付的一切费用，经始发站在运单正本和副本上加盖始发站承运日期戳记，证明货物已被接妥承运后，即认为运输合同已经生效。

国际铁路货物联运单共有一式五联，除运单正本和副本外，还有运行报单、货物交付单和货物到达通知单。运单正本随同货物自始发站到终点站运行，货到终点站，运单作为通知、清点和交付货物的凭证连同货物一并交给收货人。运单副本在始发站经铁路加盖承运日期戳后，退回发货人，是发货人证明货物已经发运并连同其他单证向银行办理结汇的主要单据之一。货物交收货人时，收货人在货物交付单上签收，作为收妥货物的收据，退车站备查。运行报单则为铁路内部使用。

第四节　保险单证

保险单证.mp4

一、海运货物保险概述

如果以 CIF 条件成交，应该由卖方作为投保人办理保险手续和支付保险费。

(一)常用海洋运输货物保险条款和险别

常用海洋运输货物保险条款和险别如表 5.3 所示。

表 5.3　常用海洋运输货物保险条款和险别

中国保险条款	英国伦敦协会货物运输保险条款
FPA	ICC(C)
WPA/WA	ICC(B)
ALL RISKS	ICC(A)
附加险(一般附加险、特殊附加险)	ICC 战争险、ICC 罢工险、ICC 恶意损害险

(二)我国海运货物承保责任的起讫期限

1. 基本险

平安险、水渍险和一切险的承保责任的起讫期限是采用国际保险业中惯用的"仓至仓条款"(Warehouse to Warehouse Clause，W/W)规定的方法。它规定保险责任自被保险货物运离保险单所载明的起运地发货人仓库开始时生效，包括正常运输的海上运输和陆上运输，直至该项货物到达保险单所载明的目的地收货人仓库为止。该条款中所提出的"运离"是指货物一经离开发货人仓库，保险责任即为开始；所提出的"到达"是指货物一经进入收货人最后仓库，保险责任即告终止，对仓库中发生的损失概不负责。如果被保险货物从海轮卸下后放在码头仓库、露天或海关仓库，而没有运到收货人仓库，保险责任继续有效，但最长负责至卸离海轮 60 天为限。如在上述 60 天内被保险货物需转运到非保险单所载明的目的地时，则以该项货物开始转运时终止。另外，被保险货物在运至保险单所载明的目的地或目的地以前的某一个仓库而发生分配、分派的情况，则该仓库就作为被保险人的最后仓库，保险责任也自货物运抵该仓库时终止。

此外，被保险人可以要求扩展保险期限，例如，我们对某些内陆国家的出口业务，如在港口卸货转运内陆，无法按保险条款规定的保险期限在卸货后 60 天内到达目的地时，即可申请扩展，经保险公司出具凭证予以延长，但需要加收一定的保险费。但是，在办理扩展手续时，必须注意的是，在买卖合同的保险条款中对扩展期限和扩展地点应作出具体、明确的规定。对于没有铁路、公路、内河等正常运输路线的地区，除非事先征得保险公司的同意，一般不能规定扩展保险责任。对于散装货物一般也不办理扩展手续。

2. 战争险

海运战争险的责任起讫是自保险单所载明的起运港装上海轮或驳船时开始生效，直至到达保险单所载明的目的港卸离海轮或驳船时为止。如果货物不卸离海轮或驳船，则保险责任最长延至货物到达目的港之当日午夜起 15 天为止。如果在中途转船，则不论货物在当地是否卸载，保险责任以海轮到达港或卸货地点的当日午夜起算满 15 天为止，等到再装上续运海轮时责任恢复有效。

(三)投保流程

出口商备妥货物，并确定了装运日期和运输工具后(收到经船公司签署的配舱回单后)，即可填制投保单向保险公司投保。保险公司接受投保后签发保险单。

投保流程有以下两种。

投保流程一：填制投保单(Application for Insurance)(保险公司印制的一种用于办理投保手续的业务单据)，随附信用证、发票、装货单等单证向保险公司投保，保险公司审核无误后签发保险单据。

投保流程二：以出口货物明细单或商业发票代替投保单，再加上办理保险的其他内容向保险公司投保，保险公司承保后签发保险单据。

投保人按信用证或合同的保险条款进行投保，没有规定险别的，则投保最低险别，即平安险(Free from Particular Average，FPA)。

(四)索赔流程

收货方发现货有破损后，应及时通知保险公司的目的港代理人查勘现场，要求第三方检验机构检验，要求承运人或者货代公司签发损坏货物证明或短装记录或货物残损清单；如果发现集装箱破损，还应要求理货公司出具损失/残损报告副本，采取保留破损的铅封等相应的措施。之后，保险公司查勘代理人出具的检验报告，收货方提交索赔单证，由查勘代理人将材料寄到国内保险公司，国内的保险公司理赔。

(五)保险单证

保险单据是保险公司接受投保人投保后签发的，证明保险人(即保险公司)与被保险人(即投保人)之间订有保险合同的文件。货物出险后，它是投保人索赔和保险公司理赔的主要依据。

1. 保险单

保险单(Insurance Policy)是最正式的保单形式，俗称"大保单"。正面印了海上货物保险的基本事项，背面列明了一般保险条款的全文(当事人双方的权利和义务条款)。

2. 保险凭证

保险凭证(Insurance Certificate)只有正面的基本内容，无背面的保险条款，俗称"小保单"。在国际保险业务中，一般认定保险单与保险凭证具有同等的法律效力。

3. 联合凭证

联合凭证(Combined Certificate)又称"承保证明"(Risk Note)，比保险凭证更简化，保险公司仅将承保险别、保险金额以及保险编号加注在我国进出口公司开具的出口货物发票上，并正式签章，即作为已经承保的证据，主要用于我国港澳地区。

4. 预约保险单

预约保险单(Open Policy)是保险公司承保被保险人在一定时期内发运的，以 CIF 贸易条件成交的出口货物或以 FOB 贸易条件成交的进口货物的保险单。上面载明保险货物的范围、险别、保险费率、每批运输货物的最高保险金额以及保险费的结付方法等。货物一经起运，保险公司便自动按预约保险单所列条件承保。

5. 保险单批单

保险单批单(Endorsement)是专用于修改保险单据的一种修改书，是保险条款的一个组成部分。

6. 保险声明

预约保险单项下的货物一经确定装船，便要求被保险人立即以保险声明书(Insurance Declaration)的形式，将该批货物的名称、数量、保险金额、船名、起讫港口、航次、开航日期等通知保险人，保险人据以承保。银行可将保险声明书当作一项单据予以接受。

《UCP600》规定：可以接受保险单代替预约保险项下的保险证明书或声明书。

7. 暂保单

暂保单(Cover Notes)又称"临时保险书"，是保险单或保险凭证签发之前保险人发出的临时单证。暂保单的内容较为简单，仅表明投保人已经办理保险手续，并等待保险人出具正式保险单。使用暂保单一般有以下三种情况：①保险代理人在争取到业务，还未向保险人办妥保险单手续之前，给被保险人的一种证明；②保险公司的分支机构，接受投保后，还未获得总公司的批准之前，先出具的保障证明；③在签订或续订保险合同时，订约双方还有一些条件需商讨，在没有完全谈妥之前，先由保险人给被保险人出具一种保障证明。暂保单具有和正式保险单同等的法律效力，但一般暂保单的有效期不长，通常不超过 30 天。正式保险单出立后，暂保单就自动失效。如果保险人最后考虑不出具保险单，也可以终止暂保单的效力，但必须提前通知投保人。

必须注意的是，《UCP600》明确规定：暂保单将不被接受。

二、投保单

投保人办理投保，提出投保申请时，通常要填制投保单。投保单一般是保险人根据不同险种事先设计好的内容格式，由投保人投保时填写，投保人应根据贸易、运输、货物的实际情况和信用证的要求，明确投保的险别，提出相关的保险要求，并告之货物装运等情况，保险人据此作为风险衡量、保费计算、保险合同订立的依据。各企业投保单的格式不一，但通常会包括以下内容(见样单 5.4)。

(1) 投保人名称。

(2) 发票号码。

(3) 货物名称、包装和数量及标记。

(4) 保险金额。

(5) 运输工具、开航日期和运输路程。

(6) 投保险别及赔付地。

(7) 投保单位签章和投保日期。

这些内容的缮制类似保险单，我们将在后文重点分析保险单的缮制。

样单 5.4　投保单

海运出口货物投保单				
1)保险人： 中国人民保险公司			2)被保险人： 上海安德国际贸易公司	
3)标记	4)包装及数量	5)保险货物项目		6)保险金额
MASRI BRO ALEXANDRIA NO. 1-1330	1330 CTNS	**THREE FIVES BRAND STAINLESS STEEL**		USD 131,365.00
		SERVER SET　　　ART NO.S9420-7		
		TABLE WARE　　　ART NO.S8310		
		WHISTLING KETTLE　ART NO.S6320		
		4-PIECE TEASET　ART NO.S5130		
7)总保险金额：(大写) SAY US DOLLARS ONE HUNDRED AND THIRTY ONE THOUSAND THREE HUNDRED AND SIXTY-FIVE ONLY.				

样单 5.4(续)

8)运输工具:	(船名)	(航次)	
	DONGFENG	V.513	
9)装运港:	SHANGHAI	10)目的港:	ALEXANDRIA
11)投保险别:		12)货物起运日期:	MAY 20, 2018
ALL RISKS AND WAR RISKS AS PER OCEAN MARINE CARGO CLAUSES OF PICC DATE 1/1/1918			
13)投保日期:		14)投保人签字:	
May 15, 2008		上海安德国际贸易公司 ××××	

三、信用证中有关保险条款举例

【例 5.3】Insurance policies or certificate, name of assured to be showed: ABC Co. Ltd.

保险单或凭证须制作成以 ABC 有限公司为被保险人。

【例 5.4】Air and war risks for full landed value of invoice.

按发票金额投保空运险和战争险。

【例 5.5】Insurance effected by seller for account of buyer. We understand that the cost of insurance premium will be settled directly between buyer and seller outside the letter of credit.

由出口商代办保险，保险费的支付由买、卖双方在信用证外解决。

【例 5.6】Insurance policies issued in duplicate endorsed in blank for full invoice value plus 10 percent covering institute cargo clauses(A), institute strikes clauses(cargo), institute war clauses(cargo) with claim payable at destination in the currency of this credit.

保险单一式两份，空白背书，按发票的金额加 10%投保 ICC(A)、协会罢工险和协会战争险，在目的地以信用证的货币赔付。

【例 5.7】Insurance policy/certificate endorsed in blank of 110% of invoice value covering ALL Risks & War Risks as per CIC with claims payable at Singapore in the currency of draft(irrespective of percentage), including 60 days after discharge of the goods at port of destination(of at station of destination)subject to CIC.

保险单或保险凭证空白背书，按发票金额的 110%投保中国保险条款的一切险和战争险，按汇票所使用的货币在新加坡赔付(无免赔率)，并根据中国保险条款，保险期限在目的港卸船(或在目的地车站卸车)后 60 天为止。

【例 5.8】Insurance policy/certificate, issued to the applicant, covering risks as per "institute cargo clauses(A) and institute war clauses(cargo)" including Warehouse to Warehouse Clause up to final destination at Bremen for at least 110 pct of CIF-Value, marked "Premium Paid", showing claims if any payable in Germany, naming settling agent in Germany.

保险单或凭证签发给开证申请人，按照伦敦保险协会条款投保 ICC(A)和协会战争险，包括"仓至仓"条款到达最后目的地不来梅港，至少按 CIF 价发票金额的 110%投保，标明保费已付、注明在德国赔付，同时表明在德国的理赔代理人的名称。

四、保险单的缮制

各家保险公司都有自己固定的保险单格式，以样单 5.5 为例，内容及缮制方法如下。

(1) 保险人(Name of Insurance Company)。

填写承保此批货物的保险公司的名称。通常各个保险公司会在自己公司的保险单上事先印就以其自身为保险人。此栏应根据信用证和合同要求由相应的保险公司办理，如信用证中规定：Insurance Policy by PICC，此时表明该保险单只能由中国人民保险公司出具。

样单 5.5　保险单

中国人民保险公司

THE PEOPLE'S INSURANCE COMPANY OF CHINA

总公司设于北京　　　　一九四九年创立

Head Office:BEIJING　　　Established in 1949

保　险　单

INSURANCE POLICY

保险单号次

POLICY No.

中国人民保险公司

THIS POLICY OF INSURANCE WITNESSES THAT PEOPLE'S INSURANCE COMPANY OF

(以下简称本公司)根据

CHINA(HEREIN AFTER CALLED "THE COMPANY") AT THE REQUEST OF　SHANGHAI

(以下简称被保险人)的要求

　ANDE　INTERNATIONAL TRADE CORP.　　(HEREIN AFTER CALLED "THE

由被保险人向本公司缴付约定的保险费

INSURED") AND IN CONSIDERATION OF THE　AGREED PREMIUM　PAID　TO　THE

按照本保险单承保险别和背面

COMPANY BY THE INSURED UNDERTAKES TO INSURE THE UNDERMENTIONED

所载条款与下列特款承保

GOODS IN TRANSPORTATION SUBJECT TO THE CONDITIONS OF THIS POLICY AS PER

下述货物运输保险, 特立本保险单。

THE CLAUSES PRINTED OVERLEAF AND OTHER SPECIAL CLAUSES ATTACHED HEREON.

标记 MARKS&No.S	包装及数量 QUANTITY	保险货物项目 DESCRIPTION OF GOODS	保险金额 AMOUNT INSURED

MASRI BRO ALEXANDRIA NO. 1-1330	1330 CTNS	THREE FIVES BRAND STAINLESS STEEL	USD 131365.00

保险金额:

TOTAL AMOUNT INSURED: SAY US DOLLARS ONE HUNDRED AND THIRTY ONE THOUSAND THREE HUNDRED AND SIXTY FIVE ONLY.

保费   费率   装载运输工具

PREMIUM AS ARRANGED   RATE AS ARRANGED   PER CONVEYANCE S.S. DONGFENG V.123

开航日期   自   至

SLG. ON OR ABT AS PER BILL OF LADING FROM SHANGHAI TO ALEXANDRIA

承保险别:

CONDITIONS:

ALL RISKS AND WAR RISKS(INCLUDING WAREHOUSE TO WAREHOUSE) AS PER OCEAN MARINE CARGO CLAUSES OF P.I.C.C. DATED 1/1/1981

所保货物, 如遇出险, 本公司凭本保险单及其他有关

CLAIMS IF ANY PAYABLE ON SURRENDER OF THIS POLICY TOGETHER WITH OTHER

证件给付赔偿。所保货物, 如果发生本保险单

RELEVANT DOCUMENTS IN THE EVENT OF ACCIDENT WHEREBY LOSS OR DAMAGE

项下负责赔偿的损失或事故, 应立即通知

MAY RESULT IN A CLAIM UNDER THIS POLICY IMMEDIATE NOTICE APPLYING FOR

本公司下属代理人查勘。

SURVEY MUST BE GIVEN TO THE COMPANY AGENT AS MENTIONED HEREUNDER.

BROWN BROTHERS INSURANCE

455 COCONUT STREET

PENANG, MALAYSIA

TEL: 060-547039

中国人民保险公司上海分公司

THE PEOPLE'S INSURANCE COMPANY OF CHINA

SHANGHAI BRANCH

General manager   何静芝

赔款偿付地点

CLAIM PAYABLE AT/IN   ALEXANDRIA IN USD

日期

DATE May 18，2018 SHANGHAI

地址：中国上海中山东一路 23 号 TEL:3234305 3217466-44

Telex:33128 PICCS CN.

Address: 23 Zhongshan Dong Yi Lu, Shanghai, China. Cable: 42003 Shanghai

(2) 保险单据名称。

此栏根据信用证和合同填写，如来证规定"Insurance Policy In Duplicate"，此时出具的应是保险单(Insurance Policy)而非保险凭证(Insurance Certificate)。

《UCP600》第二十八条规定：c. 暂保单将不被接受。d. 可以接受保险单代替预约保险项下的保险证明书或声明书。

(3) 发票号码(Invoice No.)。

此栏直接填写商业发票的号码。

(4) 保险单号(Policy No.)。

此栏填写保险公司的保险单号码。

(5) 被保险人(Insured)。

① 托收方式下，填出口商；信用证项下，除非有特别规定，此栏一般为信用证的受益人，并由其背书。

② 若信用证要求"to order of ××× bank"或"in favour of ××× bank"，此时则有两种填写方法。

a. 填"×××(出口公司名称) held to order of ××× bank"或"×××(出口公司名称)in favour of ××× bank"，并由该出口公司背书。

b. 直接填写"××× bank"，且不需要背书。

③ 信用证要求以×××为抬头人，则直接填×××，并不可背书。如果信用证规定"name of assured to be showed: DEF Co.Ltd"，则直接填"DEF Co.Ltd"。

④ 信用证规定保险单据做成指示抬头"To order"，则在该栏直接显示"To order"，并由受益人背书。

⑤ 信用证规定，保单抬头为第三者名称即中性名义，则在该栏可填写"To whom it may concern"。

⑥ 在 FOB、CFR、FCA、CPT 术语条件下，本应在由外商买保险，若对方委托我方进行，如"Insurance effected by seller for account of buyer"，这种情形下：若为汇付、托收方式，直接填出口商；若为信用证结算方式，则填"×××(出口公司名称)on behalf of(外商名称)"。

(6) 标记(Marks)。

标记，即"唛头"，填写货物的装运标志。如唛头较复杂，也可以简单填写"As per Invoice No.×××"。

(7) 保险货物项目(Description of Goods)。

此栏填写商品的名称，如果品名繁多，可用商品的统称，应与提单上该项内容保持一致。

(8) 包装及数量(Packing Unit and Quantity)。

此栏填写商品外包装的数量及种类。

(9) 保险金额(Amount Insured)。

① 按信用证规定的金额及加成率投保。如果信用证对此未进行具体规定，则按 CIF 或 CIP 或发票金额的 110%投保。

② 采用"进一取整"法，即计算出的保险金额只要有小数，一律往前进一位，需要注意的是，不是采用"四舍五入法"，如算出的金额为 123.001 与 123.988，这两种情形都填 124。

关于投保金额，《UCP600》第二十八条"保险单据及保险范围"作了明确规定：……f.i.保险单据必须表明投保金额并以与信用证相同的货币表示。ii.信用证对于投保金额为货物价值，发票金额或类似金额的某一比例的要求，将被视为对最低保额的要求。

如果信用证对投保金额未作规定，投保金额须至少为货物的 CIF 或 CIP 价格的 110%。

如果从单据中不能确定 CIF 或者 CIP 价格，投保金额则必须基于要求承付或议付的金额，或者基于发票上显示的货物总值来计算，两者之中取金额较高者。

(10) 总保险金额(大写)(Total Amount Insured)。

此栏应填写总保险金额的大写，与第 9 栏的金额一致。

(11) 投保险别(Conditions)。

此栏填写信用证规定的投保险别，除注明险别名称外，还应注明险别适用的文本及日期。例如：

Covering All Risks and War Risk as per PICC(CIC) dated 1/1/1981.

Covering Marine Risks Clause as per ICC(A) dated 1/1/1982.

如果信用证允许货物装在舱面，且提单也已载明"On Deck"的，保险单亦应注明"On Deck"。此时，应加保"Jettison and /or Washing Overboard"(抛弃和浪击落海)附加险，保险公司才负赔偿责任。

《UCP600》规定：信用证应规定所需投保的险别及附加险(如有的话)。如果信用证使用诸如"通常风险"或"惯常风险"等含义不确切的词语，则无论是否有漏保之风险，保险单据都将被照样接受。

(12) 保费(Premium)。

此栏一般由保险公司填制或已经印好"AS ARRANGED"。但若来证要求"Insurance Policy endorsed in blank full invoice value plus 10% marked Premium paid USD ×××"，此时应将原有的"AS ARRANGED"删除，加盖校对章后打上"paid"或"paid USD ×××"。

(13) 运输工具(Per Conveyance S.S.)。

此栏填写运输工具名称。如采用海运，则根据配舱回单填写相应的承运船名及航次。如运输由两程完成，则分别填写第一程船名/第二程船名，如"Dongfanghong/Ndyas"。

(14) 货物起运日期(Sailing on or about)。

此栏填写提单日期(on)，或填写提单签发前 5 天内的任何一天的日期，或直接填"As per B/L"。

(15) 装运港(From)。

此栏按信用证规定货物的装运港口填写。

(16) 目的港(To)。

此栏按信用证规定的货物的卸货港口填写。

若货物经过中转，则使用"W/T"或"VIA"，表明进行了中转，如"From Shanghai to Hamburg via Singapore"。若海运至目的港，保险承保至内陆的城市，则在目的港后继续注

明"转运至××"，如"From Shanghai to Hamburg in transit to Berlin"。

(17) 赔款偿付地点(Claim payable at)。

如来证无具体规定，此栏则填目的港或目的地，因为只有货到目的地后才会发现货物损坏问题，才会有赔偿问题。同时须载明赔款支付币种，赔款货币一般为与投保金额相同的货币。

(18) 日期(Date)。

日期，是指保险单的签发日期。由于保险公司提供"仓至仓条款"，故保险手续应在货物离开出口方仓库前办理。保险单据的出具日期不得晚于货物在信用证规定的地点装船、发运或接管的日期和不晚于提单签发的日期，除非保险单据表明保险责任最晚于货物在信用证规定的地点装船、发运或接管之日起生效。

(19) 保险人签字。

此栏要有保险公司的公章，并由保险公司授权签字人签字。

关于保险单据的签发人，《UCP600》规定：保险单据，例如，保险单或预约保险项下的保险证明书或者声明书，必须看似由保险公司或承保人或其代理人或代表出具并签署。如果保险单据表明其以多份正本出具，所有正本均须提交。

缮制保险单据应注意以下事项。

① 如来证无其他规定，保险单的被保险人应是信用证上的受益人，并加空白背书。

② 保险的险别与保险金额应与来证规定相符。

③ 保单签发日期不能晚于提单。

④ 银行不接受由保险经纪人开出的暂保单。

⑤ 如果从信用证或单据明显可知最终发票金额仅仅是货物总价的一部分(例如，由于折扣、预付或类似情况，或者由于部分价款将晚些支付)，则保险金额应以货物的总价为基础来计算。参见本章实训模块二。

⑥ 保险单的背书可分为空白背书(该背书可自由转让)和记名背书(该背书不便转让)，如未指明，通常以为是空白背书。

第五节　技　能　实　训

实训模块一：提单缮制

1. 实训要求

根据第四章"实训模块一"的信用证(见样单 4.5)及相关补充资料填制提单。

2. 空白提单样本

空白提单样本(见样单 5.6)。

样单 5.6　提单

BILL OF LADING

1)SHIPPER	10)B/L No. *CARRIER* COSCO 中国远洋运输(集团)总公司 CHINA OCEAN SHIPPING(GROUP) CO.
2)CONSIGNEE	
3)NOTIFY PARTY	

4)PLACE OF RECEIPT	5)OCEAN VESSEL	
6)VOYAGE No.	7)PORT OF LOADING	*ORIGINAL*
8)PORT OF DISCHARGE	9)PLACE OF DELIVERY	Combined Transport BILL OF LADING

11) CONTAINER　12) MARKS　13) No. OF CONTAINERS　14) KIND OF PACKAGES

15) G.W.(KG)　16) MEAS(M3)

SEAL No.　　　　　　　　OR PACKAGES　　　　　DESCRIPTION OF GOODS

17)

18)TOTAL NUMBER OF CONTAINERS

　　OR PACKAGES(IN WORDS)

样单 5.6(续)

FREIGHT & CHARGES	REVENUE TONS	RATE	PER	PREPAID	COLLECT

PREPAID AT	PAYABLE AT	22)PLACE AND DATE OF ISSUE
TOTAL PREPAID	19)NUMBER OF ORIGINAL B(S)L	
		23)SIGNED FOR THE CARRIER
LOADING ON BOARD THE VESSEL		
20)DATE	21)BY	

实训模块二：保险单缮制

1. 实训要求

根据第四章"实训模块一"的信用证(见样单 4.5)及相关补充资料填制保险单。

2. 空白保险单样本

空白保险单样本(见样单 5.7)。

样单 5.7　保险单

中国人民保险公司

THE PEOPLE'S INSURANCE COMPANY OF CHINA

总公司设于北京　　　　一九四九年创立

Head Office:BEIJING　　　Established in 1949

保　险　单

INSURANCE POLICY

保险单号次

POLICY No.

中国人民保险公司

THIS POLICY OF INSURANCE WITNESSES THAT PEOPLE'S INSURANCE COMPANY OF

(以下简称本公司)根据

CHINA (HEREIN AFTER CALLED "THE COMPANY") AT THE REQUEST OF _____

(以下简称被保险人)的要求,

_____(HEREIN AFTER CALLED "THE

由被保险人向本公司缴付约定的保险费,

INSURED") AND IN CONSIDERATION O F THE AGREED PREMIUM PAID TO THE

按照本保险单承保险别和背面

COMPANY BY THE INSURED UNDERTAKES TO INSURE THE UNDERMENTIONED

所载条款与下列特款承保

GOODS IN TRANSPORTATION SUBJECT TO THE CONDITIONS OF THIS POLICY AS PER

下述货物运输保险,特立本保险单。

THE CLAUSES PRINTED OVERLEAF AND OTHER SPECIAL CLAUSES ATTACHED HEREON.

标记 MARKS&No.S	包装及数量 QUANTITY	保险货物项目 DESCRIPTION OF GOODS	保险金额 AMOUNT INSURED

保险金额:

TOTAL AMOUNT INSURED:_____

保费	费率	装载运输工具
PREMIUM <u>AS ARRANGED</u>	RATE <u>AS ARRANGED</u>	PER CONVEYANCE S.S._____
开航日期	自	至
SLG. ON OR ABT _____	FROM_____	TO_____

承保险别:

CONDITIONS:

所保货物, 如遇出险, 本公司凭本保险单及其他有关

CLAIMS IF ANY PAYABLE ON SURRENDER OF THIS POLICY TOGETHER WITH OTHER

证件给付赔偿。所保货物, 如果发生本保险单

RELEVANT DOCUMENTS IN THE EVENT OF ACCIDENT WHEREBY LOSS OR DAMAGE

项下负责赔偿的损失或事故, 应立即通知

MAY RESULT IN A CLAIM UNDER THIS POLICY IMMEDIATE NOTICE APPLYING FOR

本公司下属代理人查勘。

SURVEY MUST BE GIVEN TO THE COMPANY AGENT AS MENTIONED HEREUNDER.

中国人民保险公司×××分公司

THE PEOPLE'S INSURANCE COMPANY OF CHINA

样单 5.7(续)

×××BRANCH

General manager ××××

赔款偿付地点

CLAIM PAYABLE AT/IN_____

日期

DATE_____

地址：×××   TEL：×××   TELEX：×××

Address：×××

实训模块三：单据改错

1. 信用证条款(1)

APPLICANT: XYZ COMPANY，PITTSBURG

BENEFICIARY: ABC COMPANY，NANJING

SHIPMENT FROM: SHANGHAI

FOR TRANSPORTATION TO: NEW YORK

TRANSHIPMENT: ALLOWED

DOCUMENTS REQUIRED: FULL SET OF CLEAN ON BOARD OCEAN B/L MADE OUT TO ORDER BLANK ENDORSED NOTIFYING APPLICANT MARKED FREIGHT PREPAID.

信用证未对提单作任何其他规定。

提单显示：

SHIPPER: GOOD FORTUNE COMPANY，SHANGHAI(A)   CONSIGNEE: TO ORDER

NOTIFY PARTY: APPLICANT(B)   PLACE OF RECEIPT: NANJING(C)

PORT OF LOADING: SHANGHAI(D)   PORT OF DISCHARGE: NEW YORK

错误选项为：(   )

正确写法为：_____

2. 信用证条款(2)

SHIPMENT FROM: NANJING

FOR TRANSPORTATION TO: LONDON

L/C AMOUNT: CIF LONDON USD10,000.00

DOCUMENTS REQUIRED: FULL SET OF CLEAN ON BOARD OCEAN B/L; MADE OUT TO ORDER OF SHIPPER BLANK ENDORSED.

ADDITIONAL CONDITIONS:

FREIGHT TO BE PREPAID AND INSURANCE TO BE PROCURED BY BENEFICIARY.

信用证未对提单作任何其他规定。

提单显示：

CONSIGNEE: TO ORDER OF SHIPPER(A) PORT OF LOADING: NANJING(B)

PORT OF DISCHARGE: LONDON(C)   FREIGHT: FREIGHT TO BE PREPAID(D)

错误选项为：（   ）

正确写法为：＿＿＿＿＿＿＿

3．信用证条款(3)

DOCUMENTS REQUIRED: INSURANCE POLICY COVERING MARINE TRANSPORTATION ALL RISKS AS PER INSTITUTE CARGO CLAUSES(A) WITH CLAIMS PAYABLE AT NEW YORK.

保险单据显示：

<u>CERTIFICATE OF INSURANCE</u>

　　　　　A

COVERING MARINE TRANSPORTATION <u>ALL RISKS</u> AS PER <u>INSTITUTE CARGO</u>

　　　　　　　　　　　　　　B　　　　　　　　　　C

<u>CLAUSES(A)</u> WITH CLAIMS PAYABLE <u>AT NEW YORK</u>.

　　　　　　　　　　　　　　D

错误选项为：（   ）

正确写法为：＿＿＿＿＿＿＿

4．信用证条款(4)

SHIPMENT FROM SHANGHAI TO NEW YORK BY SEA

TRANSHIPMENT: ALLOWED IN HONGKONG ONLY

DOCUMENTS REQUIRED: INSURANCE POLICY COVERING MARINE TRANSPORTATION ALL RISKS AS PER INSTITUTE CARGO CLAUSES(A).

信用证未对保险单据作任何其他规定。

单据显示：

<u>INSURANCE POLICY</u>

　　　　A

COVERING SHIPMENT FROM <u>SHANGHAI</u> TO <u>HONGKONG</u>

　　　　　　　　　　　B　　　　　　C

RISKS COVERED: MARINE TRANSPORTATION <u>ALL RISKS AS PER ICC(A)</u>

　　　　　　　　　　　　　　　　　　D

错误选项为：（   ）

正确写法为：＿＿＿＿＿＿＿

实训模块四：案例分析

(1) 我国某出口公司 G 收到国外来证，其中在"DOCUMENT REQUIRED"中要求如下："BENEFICIARY'S SIGNED DECLARATION STATING THAT: 1/3 ORIGINAL MARINE B/L AND ONE SIGNED ORIGINAL OF EACH OTHER DOCUMENT PRESENTED AT THE BANK WERE SENT DIRECTLY TO BLL HAIFA BY SPECIAL COURIER(IF SHIPMENT

EFFECTED BY SEA) OR PHOTOCOPY OF ORIGINAL CERTIFICATE OF ORIGIN AND ONE SIGNED ORIGINAL OF EACH DOCUMENT PRESENTED AT THE BANK WAS ATTACHED TO ATD ACCOMPANYING THE GOODS(IF SHIPMENT EFFECTED BY AIR)"[受益人签署的声明书，证明 1/3 正本提单和其他正本单据通过特快直接寄给 BLL HAIFA(如果是通过海运)或原产地证书的副本和其他正本单据已随货物(若通过空运)]。

G 公司将全套单据(3 份)正本提单及所要求的发票、装箱单及其他 REQUIRED DOCUMENTS 交给中国深圳通知行，后经中行复审无异后，交全套单据寄往国外开证银行承兑。

中行于到期日收到开证行通知，"因所交单据与信用证要求不符，拒付货款。不符之处为：信用证在所需单据第(7)款中要求，若为海运，1/3 的正本单据需用特快专递直接寄往 BLL HAIFA。"

因此，G 公司立即与客户联系，说明由于工作疏忽没有按信用证要求办理，请其尽快付款赎单。不日，客户办理了付款赎单，终于顺利解决了此案。

请分析：①"1/3 正本提单"条款对受益人有何风险？②进口方为何要求在信用证中列入"1/3 正本提单"条款？③如信用证中出现"1/3 正本提单"条款，出口方该如何妥善处理？

(2) 中国甲公司进口一批日产空调，合同规定以信用证支付。甲公司开出的信用证规定装船期为 7 月 10～20 日，由承运人所属的"SALA"号货轮承运上述货物。"SALA"号货轮在装货港外锚地因遇大风走锚，与另一艘在锚地待泊的油轮相撞，致使"SALA"号不能如期装货。"SALA"号最后于 8 月 15 日完成装货，船长在接受托运人出具的保函的情况下签发了与信用证一致的提单，并办理了结汇。由于船舶延迟到港，错过了空调的销售季节，最终给甲公司造成了很大损失。甲公司为此向承运人提出了索赔要求。你认为承运人是否应承担责任？甲公司应吸取哪些教训？

同 步 测 试

一、填空题

1. 国际货物运输的主体是＿＿＿＿＿、进出口货物收货人、发货人和＿＿＿＿＿。

2. 合同规定保险负责到卸货港，L/C 规定保险至内陆目的地，如果来不及修改信用证，投保单的保险目的地一栏应填写＿＿＿＿＿。

3. 从法律规定来看，提单的基本作用是＿＿＿＿＿、＿＿＿＿＿和＿＿＿＿＿。

4. 提单常见的背书分为＿＿＿＿＿和＿＿＿＿＿。

5. 装船日期是由提单日期证明的。根据《UCP600》的规定：已装船提单的＿＿＿＿＿为装运日，备运提单的＿＿＿＿＿为装运日。

6. 如果提单的抬头为"TO ORDER OF SHIPPER"，则提单首先应由＿＿＿＿＿背书。

7. 保险单是一种权利凭证，和提单一样可以＿＿＿＿＿转让。

二、单项选择题

1. 必须经过背书才能进行转让的提单是(　　　)。

A. 记名提单   B. 来人提单

C. 指示提单   D. 一般提单

2. 根据《UCP600》的规定：除非信用证另有规定，银行不接受的提单是( )。

A. 转运提单   B. 第三方托运人提单

C. 多式联运提单   D. 注明货装舱面的提单

3. 根据《UCP600》的规定，以下所注内容可以被接受的提单是( )。

A. 提单显示 SHIPPED ON DECK

B. 提单显示 THE GOODS MAY BE CARRIED ON DECK

C. 提单显示 FOUR CARTONS ARE BROKEN

D. 提单显示 PACKAGES IS NOT SUFFICIENT FOR THE SEA JOURNEY

4. 信用证规定：装货港为 NEW YORK，卸货港为 NANJING，不允许转运，要求提供全套海运提单。

提单显示：

(1) PORT OF LOADING: NEW YORK

(2) ON BOARD OCEAN VESSEL: FREEDOM V. 123 AT NEW YORK

(3) PORT OF DISCHARGE: NANJING

(4) ON BOARD OCEAN VESSEL: YANGZIJIANGV.345 AT NANJING FOR TRANSPORTATION TO PLACE OF FINAL DESTINATION:WUHU

以下关于提单陈述正确的是( )。

A. 提单可以接受，因为在整个航程中未发生转运

B. 提单可以接受，因为在信用证规定的装运港及卸货港之间未发生转运

C. 提单有不符点，因为在整个航程中发生了转运

D. 提单有不符点，因为最终目的地与信用证不符

5. 某份可转让信用证开证金额为 USD22,000.00，同时规定保险单据的投保金额是发票金额的110%，禁止分批装运。第一受益人拟将 USD12,100.00 通过银行转让给第二受益人。为了满足原信用证规定的保额，应规定保险单据的投保比例为( )。

A. 100%   B. 110%   C. 200%   D. 210%

6. 出口商安排海运托运的正确排序是( )。

A. 办理托运，领取装运凭证/装货、装船/换取提单/向买方发出装船通知

B. 向买方发出装船通知/办理托运/领取装运凭证/装货、装船/换取提单

C. 办理托运/装货、装船/领取装运凭证/换取提单/向买方发出装船通知

D. 向买方发出装船通知/办理托运/装货、装船/领取装运凭证/换取提单

7. 以下不属于货运单证的是( )。

A. 国际货物托运委托书   B. 海运装货单

C. 集装箱场站收据   D. 装运通知

8. 租船运输是相对于班轮运输的另一种江海运输方式，租船运输又被称为( )运输。

A. 航程租船   B. 定期租船

C. 光船租船   D. 不定期租船

9. 投保单上的投保金额如为发票金额的( )以上,须征得保险公司同意方可投保。

    A. 110%   B. 130%   C. 100%   D. 105%

10. 国外来证规定装运期为"于或约于9月15日"(On or about September 15),并注明按《UCP600》的规定办理,则我方装船期应为( )。

    A. 9月12日—9月18日

    B. 9月10日—9月20日

    C. 9月5日—9月25日

    D. 9月1日—9月30日

11. 我方与泰国客户成交出口机器200台,来证规定不得分批装运,并受《UCP600》约束。但我方货100台在上海、100台在厦门,适有船从天津开往泰国,途经上海、厦门停靠,我们可( )。

    A. 请客户改证允许分批装运

    B. 将上海的100台机器运往厦门装船

    C. 在上海、厦门分别装上这一航次的轮船

    D. 只能在一个港口装运

12. 来证规定大米1000公吨,不准分运,我因备货关系,10月1日装500公吨取得一份提单,10月3日又将500公吨装上同一轮船,取得另一份提单,这样做( )信用证规定。

    A. 违反   B. 不违反   C. 不完全违反

13. 我方出口到孟加拉国一批货物,以CFR价格条件成交,该货于8月15日开始装船,8月18日装毕,8月20日起航,9月6日抵达目的港,9月8日客户提货,我方交货日期是( )。

    A. 8月15日   B. 8月18日   C. 8月20日   D. 9月6日

14. 信用证要求提供空运单,显示运费到付,但未对空运单的收货人一栏提具体要求,实际操作中一般做法是将收货人做成( )。

    A. to order of 开证行   B. to order of shipper

    C. consigned to applicant   D. consigned to 开证行

15. 采用班轮运输货物,其运费( )。

    A. 应包括装卸费,但不计滞期费和速遣费

    B. 应包括装卸费和滞期费,但不计速遣费

    C. 应包括装卸费和速遣费,但不计滞期费

    D. 应包括杂费,但不包括装卸费、速遣费和滞期费

16. 下列单据中,只有( )才可用于结汇。

    A. 大副收据   B. 公路运单

    C. 场站收据   D. 公路运单副本

17. 多式联运提单作为提单使用时,一般在装船批注内加上实际船名,并且加上( )。

    A. ON BOARD 字样   B. 提单号

    C. 接货地   D. 交货地

三、多项选择题

1. 以下关于保险凭证的叙述，正确的是(　　)。
   A. 俗称"小保单"，是一种简化的保险单
   B. 既有正面内容，又有背面条款
   C. 与保险单具有同等效力
   D. 在实务中，保险凭证可以代替保险单

2. 以下属于货权单据的是(　　)。
   A. 空运运单
   B. 海运提单
   C. 货物收据
   D. 最后一程为海运的多式联运单据

3. 根据《UCP600》的规定：在出口业务中，卖方可以凭以结汇的装运单据有(　　)。
   A. 海运提单　　　B. 不可转让海运单　　C. 租船提单　　　　D. 收货单
   E. 空运单　　　　F. 报关单　　　　G. 内河运单

4. 下列货物的运输适合采用租船运输方式的是(　　)。
   A. 矿石　　　　　B. 煤炭　　　　　C. 小麦　　　　　　D. 茶叶

5. 装运期的规定方法很多，其中比较明确合理的规定方法是(　　)。
   A. 立即装运
   B. 某年某月装运
   C. 某年某月以前装运
   D. 收到信用证后20天装运

6. 信用证要求提供"全套清洁已装船做成凭指示和空白背书的提单"，其含义是出口方提供的提单(　　)。
   A. 必须是三份正本提单
   B. 必须是清洁提单
   C. 要记载装船时间
   D. 提单收货人为"凭指示"

7. 出口货物托运人缮制国际货物托运委托书的依据是(　　)。
   A. 外销出仓单　　B. 信用证　　　　C. 合同　　　　　　D. 配舱回单

8. 以下四种提单收货人的填制，(　　)需要发货人背书方可提货。
   A. to order
   B. to order of shipper
   C. to order of applicant
   D. to order of issuing bank

四、判断题

1. 海洋运输单据都是物权凭证，可背书转让，而其他运输单据，则为非物权凭证，不得转让。 (　　)

2. 承运人在提单上加注任何批注均构成不清洁提单。 (　　)

3. 空运单据与海运提单都是物权凭证。 (　　)

4. 国外开来信用证规定装运期为某年7月31日，议付有效期为8月15日，我方提供的提单签发日期为7月20日。我公司于8月14日向议付行交单，按惯例，银行应予以议付。 (　　)

5. 如信用证中未明确规定必须提供装船提单，银行可以接受备运提单。 (　　)

6. 由我国大连港出口至香港的运单上，显示装运港为"中国大连"是合适的。 (　　)

7. 运输标志必须在有关的托运单据、装运单据、结汇单据上显示，而指示性标志、警

告性标志不需要。　　　　　　　　　　　　　　　　　　　　　　　　（　　）

8. 在 FOB 条件下，如合同中未规定"装船通知"条款，卖方则在货物装船后允许不发装船通知。

（　　）

9. 货物装船后，托运人即可持船公司的装货单换取已装船提单。　　　　（　　）

10. 按照《UCP600》的规定，除非另有约定，银行不接受卖方提供的租船提单。（　　）

11. 出口商完成装运后，凭以向船公司换取已装船提单的单据是 Mate's Receipt。

（　　）

12. 航空公司一般不接受货运代理人关于危险货物的间接托运。　　　　　（　　）

13. 空运托运单与海运托运单一样，应按照合同或信用证来缮制。如果合同规定收货人为"TO ORDER"，则空运托运单上的收货人应显示为"TO ORDER"。　　（　　）

14. 国际多式联运可以实现"门到门"运输，因此，国际多式联运经营人的责任范围也是"门到门"。　　　　　　　　　　　　　　　　　　　　　　（　　）

15. 签发国际多式联运提单的承运人的责任是只对第一程运输负责。　　　（　　）

16. 如果以 FOB 术语成交，进口商待收到出口商发来的装船通知后，即向保险公司办理投保手续。　　　　　　　　　　　　　　　　　　　　　　　（　　）

17. 在 CIF 贸易术语下，出口商投保时若以进口商为被保险人，那么进口商在收到保险单后，如需转让，直接背书转让即可。　　　　　　　　　　　　（　　）

五、简答题

1. 简述海运出口托运的工作程序。

2. 什么是"装运日期/装船日期"？它与提单日有何区别与联系？

3. 提单的作用有哪些？

4. 提单按抬头不同分为哪几种？它们各是什么含义？使用最广泛的又是哪种？

5. 某出口商收到的信用证上规定以下条款。

APPLICANT: NISSHO IWAI CORPORATION

　　　　　NO.4-5 AKAASAKA 2-CHOME MI-NATO-KU TOKYO, JAPAN

BENEFICIARY: CHINA NATIONAL MINE IMPORT AND EXPORT CORP.

　　　　　BEIJING, P. R. CHINA

PRE-ADVICE: BANK OF CHINA, BEIJING BRANCH

FULL SETS OF CLEAN ON BOARD MARINE BILL OF LADING MADE OUT TO ORDER OF SHIPPER AND BLANK ENDORSED AND MARKED FREIGHT PREPAID AND NOTIFY APPLICANT.

　　请问: (1) 该提单的发货人、收货人和通知人如何填制？

　　　　　(2) 提单上运费的支付方式如何填报？

　　　　　(3) 该提单属于哪一种类？

6. 某提单显示: SHIPPER: ABC CO. LTD.

　　　　　CONSIGNEE: TO ORDER

　　　　　NOTIFY PARTY: XYZ CO. LTD.

请问: (1) 该提单属于哪一种类型的提单?

(2) 该提单是否可以转让? 如果可以转让,通过什么方式进行转让?

(3) 该提单由谁首先背书?

(4) 该提单是否一定要经过 XYZ CO. LTD.背书? 为什么?

六、案例分析

1. 信用证规定: 提交海运提单, 货物从上海至科威特。交单时, 提单上显示"起运港: 上海,卸货港:科威特",议付行将单寄开证行后的第 4 天收到开证行拒付电称:"COMBINED TRANSPORT B/L WAS PRESENTED WHEREAS ROUTING STATES PORT TO PORT TRANSPORT."

请问: 开证行拒付理由是否成立? 理由是什么?

2. 2023 年, 我国 WK 外贸公司向香港出口一批罐头共 500 箱, 按照 CIF HONGKONG 向保险公司投保一切险。但是因为海运提单上只写明进口商的名称, 没有详细注明其地址, 货物抵达香港后, 船公司无法通知进口商来货场提货, 而且又未与 WK 公司的货运代理联系, 自行决定将该批货物运回起运港天津新港。在运回途中因为轮船渗水, 229 箱罐头受到海水浸泡。货物运回新港后, WK 公司没有将货物卸下, 只是在海运提单上补写进口商详细地址后又运回香港。进口商提货后发现罐头已经生锈, 所以只提取了未生锈的 271 箱罐头, 其余的罐头又运回新港。WK 外贸公司发现货物有锈蚀后, 凭保险单向保险公司提起索赔, 要求赔偿 229 箱货物的锈损。保险公司经过调查发现, 生锈发生在第二航次, 而不是第一航次。投保人未对第二航次投保, 不属于承保范围, 于是保险公司拒绝赔偿。

请对此案例进行分析。

七、操作题

依据下列合同资料缮制提单和保险单。

1. 出口商公司名称: SHANGHAI JINHAI IMP & EXP CORP. LTD.

2. 进口商公司名称: ANTAK DEVELOPMENT LTD.

3. 支付方式: 20% T/T BEFORE SHIPMENT AND 80% L/C AT 30 DAYS AFTER SIGHT

4. 装运条款: FROM SHANGHAI TO SINGAPORE NOT LATER THAN SEP. 30, 2005

5. 价格条款: CIF SINGAPORE

6. 货物描述: MEN'S COTTON WOVEN SHIRTS

货号/规格	装运数量及单位	总金额	毛重/净重(件)	尺码
1094L	700 DOZ	USD19 180.00	33KGS/31KGS	68CM×46CM×45CM
286G	800 DOZ	USD31 680.00	45KGS/43KGS	72CM×47CM×49CM
666	160 DOZ	USD5440.00	33KGS/31KGS	68CM×46CM×45CM

包装情况: 一件一塑料袋装, 6 件一牛皮纸包, 8 打或 10 打一外箱。

尺码搭配: 1094L:

	M	L	XL
	3	3	4=10 打/箱

286G:

	M	L	XL
	1.5	3	3.5=8 打/箱

666:	M	L	XL
	1.5	3.5	3=8 打/箱

7. 唛头由卖方决定(要求使用标准化唛头)。

8. L/C NO. 123456 DATED AUG. 18, 2018 ISSUED BY BANK OF CHINA SINGAPORE BRANCH

ADVISING BANK: BANK OF CHINA，SHANGHAI

9. 船名：HONGHE　V.188

B/L NO.: ABC123　　　　B/L DATE: 2018 年 9 月 20 日

10. S/C NO.:00SHGM3178B　　DATE: AUG. 2, 2018

11. INVOICE NO.: SHGM7056I

12. INSURANCE POLICY NO.: SA05354

13. 保险: 按发票金额的 110%依中国人民保险公司 1981/1/1 的海洋货物运输保险条款投保一切险和战争险，依照仓至仓条款。

第六章 官 方 单 证

【学习指导】

官方单证，是指涉及政府职能部门或外国驻中国使领馆签发的单证，主要包括进出口许可证、海关发票、领事发票、商检单证、原产地证书、报关单、出口收汇核销单、进口付汇核销单等。为使教材内容连贯统一，海关发票、领事发票已在第四章讲解，故本章主要讲述进出口许可证、核销单、商检单证、原产地证书和报关单等单证的相关知识和缮制。

第六章学习
指导.mp4

【导入案例】

中国 A 公司于 2020 年 1 月向新加坡 B 公司以贸易条件 CIF 新加坡出口 1000 台某品牌电视机，B 公司又将该批货物转卖给马来西亚 C 公司。货到新加坡后，B 公司发现这 1000 台某品牌电视机的质量有问题，但 B 公司仍将原货转销至马来西亚 C 公司。其后，B 公司在合同规定的索赔期限内凭马来西亚商检机构签发的检验证书，向中国 A 公司提出退货及索赔要求。请问：中国 A 公司应如何处理？为什么？

第一节 进出口许可证

进出口货物许可证管理，是指国家职能管理部门根据商务部、海关总署等制定和调整的进出口许可证管理货物目录，以签发进出口货物许可证的形式对该目录商品实行的行政许可管理。

进出口许可证.mp4

一、出口许可证

(一)出口许可证的含义

出口许可证(Export Licence)是由国家对外经贸行政管理部门代表国家统一签发的批准某项商品出口的且具有法律效力的证明文件。

凡是国家宣布实行出口许可证管理的商品，出口前均须按规定申领出口许可证，海关凭出口许可证接受申报和验放，无证不得出口。

(二)出口许可证的申领和签发

我国进出口许可证由商务部及其授权机构发证。申领单位向发证机关出示单位公函、出口合同副本或复印件、主管部门(厅、局级)的批准件以及其他证明材料。发证机关收到上述有关申请材料后进行审核，同意后，由领证人按规定要求填写"中华人民共和国出口许可证申请表"。发证机关在申请表送交后的三个工作日内签发"中华人民共和国出口许可证"交领证人，凭以向海关办理货物出口报关和银行结汇等手续。

(三)《出口货物许可证申请表》的缮制

出口货物许可证申请表(Export License Application)由出口企业填制,以中华人民共和国出口许可证申请表(见样单 6.1)和输欧盟纺织品出口许可证/产地证申请表(见样单 6.2)为例,主要内容与缮制方法如下。

样单 6.1 许可证申请表

中 华 人 民 共 和 国 出 口 许 可 证 申 请 表

No.

1. 出口商: Exporter		3. 出口许可证号: Export license No.		
2. 发货人: Consignor		4. 出口许可证有效截止日期: Export license expiry date		
5. 贸易方式: Terms of trade		8. 进口国(地区): Country/Region of purchase		
6. 合同号: Contract No.		9. 支付方式: Payment conditions		
7. 报关口岸: Place of clearance		10. 运输方式: Mode of transport		
11. 商品名称: Description of goods			商品编码: Code of goods	

12. 规格型号 Specification	13. 单位 Unit	14. 数量 Quantity	15. 单价 Unit Price	16. 总值 Amount	17. 总值折合美元 Amount in USD
18. 总计 Total					

初审意见 经办人	备注
处领导意见	申请单位 申请日期

样单 6.2　输欧盟纺织品出口许可证/产地证申请表

1. Exporter(EID, name, full address, country)	2. 申请表号	
	3. 许可证号	
	4. 产地证号	
5. Consignee(name, full address, country)	(Textile products)	
	6. Category number	
	7. Country of origin CHINA	8. Country of destination
9. Place and date of shipment	10. Supplementary details	
11. Description of Goods	12. Quantity(单位)	13. FOB Value(币别)
1)		
2)		
3)		
4)		
5)		
6)		
7)		
14. Marks		
	15. MID CODE	
	16. 许可数量来源：　　□ 招标　　　□ 业绩分配	
	17. 童装标志：　　　　□ 是　　　　□ 否	
联系人： 联系电话： 申请日期： 申请单位盖章	签证机构审批： 经办人：	

商务部配额许可证事务局　监制

1. 出口商

出口商单位及编码一栏填写出口商的全称，并注明在海关注册的企业代码。

2. 发货人

发货单位按信用证或合同规定填写，并与运输单据中显示的托运人相符。

3．出口许可证号

此栏留空，由签证机关填制。

4．出口许可证有效截止日期

"一批一证"填制的商品为 3 个月，其他情况下的商品为 6 个月，应根据装运的实际需要填写。

5．贸易方式

根据实际情况填写贸易方式一栏，如一般贸易、进料加工、来料加工等，与报关单相同项目一致。

6．合同号

合同号一栏应填入该批出口合同的编号，长度不超过 20 字节。

缮制要点参照下文输欧盟纺织品出口许可证。

7．报关口岸

报关口岸栏填写实际装运口岸，与报关单中的"出口口岸"一致，并注明全称。

8．进口国(地区)

进口国(地区)栏中填写目的港(地)国家(地区)的全称。

9．支付方式

按合同支付条款的规定填写支付方式，填报结汇方式的名称或缩写或代码，与报关单中的"结汇方式"一致。

10．运输方式

运输方式栏填写合同或信用证规定的运输方式，如海运、空运等。

11．商品名称及编码

商品名称与发票、装箱单、报关单等一致。商品编码根据《中华人民共和国海关统计商品目录》规定的统一编码填写，未列入的，一律用"9999"表示。

12．规格型号

规格、型号一栏填写实际规格，不同规格应分行表示，计量单位按 H.S.编码规定填写。

13．单位

单位栏填写合同或信用证规定的计量单位名称。

14．数量

数量栏填写实际出运的数量，并与发票的相关内容一致。

15．单价

单价栏按合同成交的单价填制，并与发票的相关内容一致。

16．总值

总值栏按合同成交的总额填写，并与发票的总金额一致。

17．总值折合美元

总值折合美元栏按外汇牌价折算为美元计入。

18．总计

将各栏的合计数分别填入本栏。

19．备注

如有特别要求或说明，应在此栏注明。

20．发证机关盖章及发证日期

发证机关审核无误后盖章，由授权人签名，并注明签证日期。

(四)出口许可证的缮制

1．中华人民共和国出口许可证

中华人民共和国出口许可证(见样单 6.3)的缮制要点参照上文中华人民共和国出口许可证申请表。

样单6.3 出口许可证

中 华 人 民 共 和 国 出 口 许 可 证

EXPORT LICENCE OF THE PEOPLE'S REPUBLIC OF CHINA

No.

1. 出口商： Exporter	3. 出口许可证号： Export license No.
2. 发货人： Consignor	4. 出口许可证有效截止日期： Export license expiry date
5. 贸易方式： Terms of trade	8. 进口国(地区)： Country/Region of purchase
6. 合同号： Contract No.	9. 支付方式： Payment conditions
7. 报关口岸： Place of clearance	10. 运输方式： Mode of transport
11. 商品名称： Description of goods	商品编码： Code of goods

样单 6.3(续)

12. 规格型号 Specification	13. 单位 Unit	14. 数量 Quantity	15. 单价 Unit Price	16. 总值 Amount	17. 总值折合美元 Amount in USD
18. 总计 Total					

19. 备注 Supplementary Details	20. 发证机关签章： Issuing Authority's Stamp & Signature 21. 发证日期： License Date

商务部监制(2006)　　　　　　　　　　　TZ QL No.241-118

2. 输欧盟纺织品出口许可证

样单 6.4 为输欧盟纺织品出口许可证，缮制要点如下。

第 1 栏 出口企业名称、地址、国家：出口企业的全称和详细地址，13 位企业代码。

第 2 栏 证书号码：进口国代码，一律用英文大写。

第 3 栏 年度：货物实际出运年度(当年配额只能当年使用)，以货物离开中国最后一个港口时间为限。年度用全称，不得用简称。

第 4 栏 类别号：实际出口纺织品类别号，一份证只填一个类别号。

第 5 栏 收货人名称、地址、国家：目的国进口商名称和地址。

第 6 栏 原产地国家：已印制。

第 7 栏 目的地国家：货物最终到达的国家名称。

第 8 栏 装运日期、地点、运输方式：实际装运日期(年、月)，具体港口名称，运输方式。

第 9 栏 加注内容：

(1) 4 类童装(小于 130cm)按 5 件童装折 3 件成人装计算，此栏应加注"The conversion rate for garments of a commercial size of not more than 130 cm must be applied"。

(2) 如有遗失加注原许可证证号。

第 10 栏 唛头及包装号、包装种类及件数、商品说明：

(1) 按照发票上的唛头填写完整的图案、文字标志及包装号；如无唛头，须填"N/M"。

(2) 商品名称应具体，并标明协调分类制编码。

(3) 生产厂商代码、名称及地址。

(4) 总计 TOTAL：英文的数量及计量单位要大写。

样单 6.4 输欧盟纺织品出口许可证

1. Exporter(EID, name, full address, country)	ORIGINAL	2. No.CN
	3. Year	4. Category No.
5. Consignee(name, full address, country)	EXPORT LICENCE (Textile products)	
	6. Country of origin CHINA	7. Country of destination
8. Place and date of shipment	9. Supplementary details	

10. Marks and numbers-Number and kind of packages-DESCRIPTION OF GOODS	11. Quantity(1)	12. FOB Value(2)

13. CERTIFICATION BY THE COMPETENT AUTHORITY

I, the undersigned, certify that the goods described above have been charged against quantitative limit established for the year shown in box No.3 in respect of the category shown in box No.4 by the provisions regulating trade in textile products with the European Community.

14. Competent Authority(name,full address,country)	At _____ on _____
	Signature Stamp

第 11 栏 数量：按实际出运货物的数量填写。

第 12 栏 离岸价值：FOB 价，以元为单位，小数保留两位，币种应与发票一致。

第 13 栏 有关当局证明：发证机构所在城市名称。由发证机构经办人手签日期和姓名(签字人员的姓名不再实行备案制)。

第 14 栏 有关当局的名称、地址、国家：发证机构的具体名称和地址。

二、进口许可证

(一)进口许可证概述

实行许可证管理的进口商品除进料加工、来料加工、来件装配、外商投资企业的进口及其他特殊规定外，都必须按国家规定的审批权限进行审批并凭批准文件向发证机关申领进口货物许可证。没有许可证一律不准进口，这就是进口许可证制(Import License System)。

实行进口许可证制，由国家事先公布进口商品管理目录表，凡表中所列商品，进口商须向有关机关提出申请，获得批准后取得许可证，然后凭此办理报关手续。这种制度可以直接控制进口数量和进口国别。凡实行进口管制的商品，企业在签约前，应事先向有关审批机关办理进口许可证的申领手续，并缴纳手续费用，在许可证的有效期内报关进口。如果得不到进口许可证，即使货物按照合同从出口国装运到达进口国，货物在进口地也是不能报关的。

目前，我国实行进口许可证管理的货物品种由商务部会同国务院有关部门制定、调整并公布。

(二)办理进口许可证手续的流程

办理进口许可证手续的流程如下。

(1) 进口商品如果是国家限制进口的，除国家另有规定外，都必须领取进口货物许可证。

(2) 进口商向发证机关提交进口货物许可证申请表(见样单6.5)和有关单证，申请签发进口货物许可证。

(3) 发证机关对其审核无误后，签发进口货物许可证。

(三)进口许可证的填制

进口许可证(见样单6.6)填制的具体要求如下。

(1) 我国对外成交单位(Importer)：我国具备该商品进口经营权、对外签订进口合同的单位名称及其编码。

(2) 收货人(Consignee)：实际收货人名称。

(3) 进口许可证号(Import license No.)：签证机关的指定编号。

(4) 许可证有效截止日期(Import license expiry date)：进口许可证的有效截止日期。

(5) 贸易方式(Terms of trade)：根据国际贸易惯例在合同中使用的贸易方式。

(6) 外汇来源(Terms of foreign exchange)：进口商品所需外汇的获得通道。

(7) 到货口岸(Port of destination)：商品进口时进口商报关的口岸名称。

(8) 进口国(地区)(Country/Region of export)：最初向我国发货，在中转国内不发生任何商业交易的国家或地区。

样单6.5 进口货物许可证申请表

中华人民共和国进口货物许可证申请表

1. 我国对外成交单位及编码 (成交单位或指标单位盖章)	3. 进口许可证编号:				
2. 收货单位:	4. 许可证有效日期: 至____年___月___日止				
5. 贸易方式:	8. 进口国家(地区):				
6. 外汇来源:	9. 商品原产地:				
7. 到货口岸:	10. 商品用途:				
11. 商品名称:	商品编码:				
12. 商品规格. 型号	13. 单位	14. 数量	15. 单价(币制)	16. 总值	17. 总值折合美元
18. 总 计					

填表须知: 1. 本申请表一式两联,由领证人填写,未经盖章本表无效,申领许可证时两联均须交给发证机关。 2. "商品名称"栏,每份申请表只能填写一种商品,或同一品种不同型号的商品。 3. 商品用途: 指自用、生产用、内销、维修、样品、外销。 4. 外汇来源: 指中央、留成、贷款、外资、调剂、劳务、赠送、索赔、无偿援助、不支付外汇。 5. 贸易方式: 指一般、易货、国际租赁、华侨捐赠、友好赠送、经贸往来赠送、外商投资企业进口、补偿贸易、进料加工、对销、国际招标、国际援助、劳务补偿、来料加工、国际贷款、其他贸易。	领证人姓名: 领证人驻京电话: 下次联系日期:

商务部监制

样单 6.6 进口许可证

中华人民共和国进口许可证
IMPORT LICENCE OF THE PEOPLE'S REPUBLIC OF CHINA

1. 我国对外成交单位: Importer			3. 进口许可证号: Import license No.		
2. 收货人: Consignee			4. 进口许可证有效截止日期: Import license expiry date		
5. 贸易方式: Terms of trade			8. 进口国(地区): Country/Region of export		
6. 外汇来源: Terms of foreign exchange			9. 原产国(地区): Country/Region of origin		
7. 到货口岸: Port of destination			10. 商品用途: Use of goods		
11. 商品名称: Description of goods			商品编码: Code of goods		
12. 规格型号 Specification	13. 单位 Unit	14. 数量 Quantity	15. 单价 Unit Price	16. 总值 Amount	17. 总值折合美元 Amount in USD
18. 总 计 Total					
19. 备 注 Supplementary details			20. 发证机关签章: Issuing authority's stamp & signature		
			21. 发证日期: License date		

商务部监制

(9) 原产国(地区)(Country/Region of Origin):根据原产地规则生产或制造商品的国家(地区)。

(10) 商品用途(Use of goods):商品进口后的用途。

(11) 商品名称(Description of Goods)、商品编码(Code of Goods):进口商品的名称和编码根据中华人民共和国商务部公布的商品名称及编码填写。

(12) 规格型号(Specification):进口商品的具体规格型号。

(13) 单位(Unit):进口商品计量单位。

(14) 数量(Quantity):第 12 项下各规格进口商品的数量值。

(15) 单价(Unit Price):第 12 项下各规格进口商品的单位数量价格,括号内填写币种,币种按照国家标准表示。

(16) 总值(Amount):第 12 项下各规格商品的货币金额,括号内填写币种,币种按照国家标准填写。

(17) 总值折合美元(Amount in USD)：由签证机关根据国家定期公布的汇率和统计方法，将商品金额折算成美元金额。

(18) 总计(Total)：进口商品的总数量，金额以及总金额折合美元金额。

(19) 备注(Supplementary Details)：由签证机关使用，作出必要的说明或其他事项。

(20) 发证机关签章(Issuing Authority's Stamp & Signature)：用于签证机关签字盖章。

(21) 发证日期(License Date)：填写签发进口许可证的日期。

第二节 核 销 单

核销单.mp4

一、出口收汇核销单

出口收汇核销管理是我国外汇管理局在海关、银行、税务等有关部门的配合与协助下，以出口货物的价值为标准，核对是否有相应的外汇(或货物)收回国内的一种事后监管措施，是对出口收汇贸易真实性的审核。

除经特别批准，以及援外项目物资、对外实物捐赠、暂时出口和无价样品、广告品等外，所有具有外贸经营权单位的一切出口贸易，均应办理出口收汇核销手续。

出口收汇核销单，系指由国家外汇管理局统一管理、各分支局核发，由出口单位及金融机构填写，海关凭以受理报关、外汇管理部门凭以核销收汇的有顺序编号的重要凭证。

(一)出口收汇核销概述

1. 出口收汇核销的定义

出口收汇核销，是指企业在货物出口后的一定期限内向当地外汇管理部门办理出口收汇核销审核，证实该笔货物出口价款已经收回或按规定使用的一项外汇业务。

2. 出口收汇核销的对象

出口收汇核销的对象如下。

(1) 具有进出口经营权的企业。

(2) 外商投资企业。

3. 出口收汇核销的基本程序

出口收汇核销的基本程序如下。

(1) 出口企业向外汇管理局申领核销单。出口企业须上网向外汇管理局申请所需份数的核销单，再凭操作员的 IC 卡到外汇管理局领取有编号和条形码并加盖"国家外汇管理局监制章"的纸制核销单。

(2) 出口报关时海关在核销单上签注。出口企业报关前须上网向海关进行核销单备案，并于领单 90 天内凭已缮制好的出口收汇核销单、注明核销单编号的出口报关单和其他有关单据向海关报关。海关核准无误后，在核销单"海关签注栏"处加盖"验讫章"，并将核销单、出口报关单(收汇证明联)、出口报关单(出口退税专用联)退还出口企业。

(3) 出口企业于报关后 90 天内将核销单存根联、出口报关单(收汇证明联)、发票等其他规定文件向外汇管理局网上备案。

(4) 出口企业委托银行收汇，收汇后银行出具出口收汇核销结汇水单或收账通知。出口企业在汇票和发票上注明核销单编号，持全套结汇单据向银行办理托收或议付。收汇后银行向出口企业出具注明核销单编号的出口收汇核销结汇水单或收账通知。

(5) 出口企业到外汇管理局办理核销。出口企业持经海关签章的出口收汇核销单、结汇水单或收账通知、出口报关单(出口退税专用联)到外汇管理局办理核销，即期支付的应在出口报关之日起 100 天内办理，远期支付的应在合同规定收付日起 10 天内办理。

外汇管理局在核销单正本和出口退税专用联上盖章确认，并将核销单出口退税专用联、出口报关单(出口退税专用联)退还给企业。

核销完毕后，出口企业凭核销单(经外汇管理局盖章确认的出口退税专用联)、出口报关单(出口退税专用联)、增值税发票、商业发票(现已改为已输入外管软件的光盘)等向税务机关申请退税。

(二)出口收汇核销单的内容及缮制

出口单位在出口报关之前，必须向其注册所在地的外汇管理机构申领出口收汇核销单。出口收汇核销单(见样单 6.7)由存根联、正文联、出口退税专用联三部分组成。出口企业应该按照栏目要求，如实正确填写。

1. 存根部分

出口收汇核销单存根联的填制应以本套出口贸易单证的发票和出口报关单为依据，出口报关后交外汇管理局备案。

(1) 编号：已由国家外汇管理局事先统一印制。

(2) 出口单位：注明合同的出口单位全称，并加盖公章。出口单位名称应与发票和出口报关单的同项内容一致。

(3) 单位代码：此栏填写出口单位的税务登记代码。

(4) 出口币种总价：填写收汇原币金额，通常与发票金额相同。

(5) 收汇方式：按实际填写信用证、托收(D/P 或 D/A)、T/T 等收汇方式。

(6) 预计收款日期：根据具体的收汇方式，将推算出的预计收款日期填入此栏。具体推算方法如下。

① 即期信用证或托收项下：对方属近洋的，为寄单后 25 天；属远洋的，为寄单后 35 天。

② 远期信用证或托收项下：对方属近洋的，为汇票规定付款日后 35 天；属远洋的，为汇票规定付款日后 45 天。

③ 自寄单据项下：自出口报关日起 50 天内结算。

④ 分期付款的：注明每次收款的日期和金额。

⑤ 寄售项下的：在出口报关日起 360 天内必须结汇。

(7) 报关日期：填写海关放行日期。

样单6.7　出口收汇核销单

出口收汇核销单　出口退税专用

（津编号：125885247）

国家外汇管理局 监制章

（出口单位盖章）

出口单位：		
单位代码：		
货物名称	数量	币种总价
报关单编号：		
外汇局签注栏：		
年　月　日（盖章）		

（海关盖章）

出口收汇核销单

（津编号：125885247）

国家外汇管理局 监制章

（出口单位盖章）

出口单位：			
单位代码：			
	类别	币种金额	日期　盖章
银行签注栏			
海关签注栏：			
外汇局签注栏：			
年　月　日（盖章）			

出口收汇核销单　存根

（津编号：125885247）

国家外汇管理局 监制章

出口单位：
单位代码：
出口币种总价：
收汇方式：
预计收款日期：
报关日期：
备注：
此单报关有效期截止到

(8) 备注：填写收汇方面需要说明的事项。如原来的出口商品发生变更，填写原出口收汇核销单的编号；代理出口使用代理出口单位核销单的，代理出口单位在此注明委托单位名称，并加盖代理单位公章；两个或两个以上单位联合出口的，应由其中的报关单位在此栏加注联合出口单位名称和各单位出口金额，并加盖报关单位公章。

2. 正文

正文与存根联相同的项目缮制方法一致。此外，还有以下栏目。

(1) 银行签注栏：由银行填写商品的类别号、货币名称和金额，注明日期，并加盖公章。

(2) 海关签注栏：海关审单放行后签注日期，并加盖报关验讫章。

(3) 外汇局签注栏：由外汇管理局批注有关内容，注明日期，并加盖公章。

3. 出口退税专用联

出口退税专用联与上述两联相同的项目缮制方法一致。此外，还有以下栏目。

(1) 货物名称：按实际出口货物的名称填写，与发票、出口报关单同项内容一致。

(2) 数量：填写出口货物外包装数，与出口报关单、发票同项内容一致。

(3) 币种总价：与存根联的"出口币种总价"一致。

(4) 报关单编号：按实填写出口报关单编号。

二、进口付汇核销单

进口付汇核销制度，是指国家外汇管理部门在海关的配合和外汇指定银行的协助下，对进口付汇企业的对外付汇活动实行逐笔审核，要求进口企业严格按照正常贸易活动的外汇需要来使用外汇，杜绝各种形式的套汇、逃汇、骗汇等违法犯罪行为，维护健康稳定的金融秩序。国家外汇管理局是对整个国家的外汇收支情况和企业使用外汇情况进行宏观管理的政府职能部门。

(一)开证或购付汇手续的办理

进口单位在被列入"对外付汇进口单位名录"并向主管海关领取付汇核销用的 IC 卡后，就可以到外汇指定银行领取《贸易进口付汇核销单(代申报单)》，办理进口开证或付汇手续。进口单位应持以下材料到银行办理开证或购付汇手续。

(1) 进口单位填写进口付汇核销单(见样单 6.8)。

(2) 进口付汇备案表(如果需要)(见样单 6.9)。

(3) 进口合同、发票。

(4) 正本进口货物报关单(货到付款方式)。

办理异地开证或付汇时，进口单位应事前持备案表到付汇地外汇局办理确认手续。付汇地外汇局确认无误并加盖"进口付汇核销专用章"后，进口单位方可持经确认的备案表及上述其他单据到外汇指定银行开证或付汇。被外汇局列入"由外汇局审核真实性的进口单位名单"的进口单位，不予办理异地付汇备案。

办理付汇手续后，将核销单第一联报送外管局，第二联退进口单位，第三联与其他付汇单证指定银行留存备查。

样单6.8　进口付汇核销单

贸易进口付汇核销单（代申报单）

印单局代码：330000　　　**监制章**　　　核销单编号：**00549598**

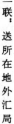

单位代码	单位名称	所在地外汇局名称
付汇银行名称	收汇人国别	交易编码□□□□
收款人是否在保税区：是□ 否□	交易附言	

对外付汇币种　　　　对外付汇总额

其中：购汇金额　　　　　　现汇金额　　　　其他方式金额

　　　人民币账号　　　　　　外汇账号

付汇性质

□正常付汇

□不在名录　　□90天以上信用证　　□90天以上托收　　□异地付汇

□90天以上到货　□转口贸易　　　　□境外工程使用物资　　□真实性审查

备案表编号

预计到货日期 / /	进口批件号	合同/发票号

结算方式

信用证　90天以内□　90天以上□　　承兑日期 / /　付汇日期 / /　期限　天

托收　　90天以内□　90天以上□　　承兑日期 / /　付汇日期 / /　期限　天

	预付货款□	货到付汇（凭报关单付汇）□ 付汇日期 / /
汇	报关单号	报关日期 / / 报关单币种 金额
	报关单号	报关日期 / / 报关单币种 金额
	报关单号	报关日期 / / 报关单币种 金额
款	报关单号	报关日期 / / 报关单币种 金额
	报关单号	报关日期 / / 报关单币种 金额
	（若报关单填写不完,可另附纸。）	

其他　　□	付汇日期 / /

以下由付汇银行填写

申报号码：□□□□□□□ □□□□□ □□ □□□□□ □□□□

业务编号：　　　审核日期：　 / /　　（付汇银行签章）

进口单位签章

注：① 核销单编号为8位顺序号，由各印制本核销单的外汇局自行编制。

②核销单一式三联：第一联送所在地外汇局；第二联退进口单位；第三联外汇指定银行存档。

③本核销单尺寸为16开纸。

样单 6.9　进口付汇备案表

备案类别：		远期付汇：		异地付汇：		真实性审核付汇：	
进口单位			付汇银行				
进口合同号			进口发票号				
商品类别			进口批件号				
购汇付出币种金额：				账户现汇付出币种金额：			
结算方式：信用证　　　托收　　　货到汇款(报关单编号：　　　　币种金额：　　　)其他：							
付汇日期			应到货日期		折美元金额		
本笔付汇已经我局审查备案，请按规定办理付汇手续。							

国家外汇管理局　　　　　　　分局
20　　年　　月　　日

注：① 备案表一式四联：第一联由外汇指定银行付汇后与核销单(第三联)一并存档；第二联由进口单位与核销单(第二联)一并留存；第三联由外汇指定银行在办理付汇后与核销单(第一联)一并报送所在地外汇局；第四联由签发地外汇局留存。
　　② 备案表由各外汇局印刷。
　　③ 备案表编号为 6 位外汇局代码+6 位顺序号。

(二)进口付汇核销业务流程

进口付汇核销业务流程如下。

第一步：进口单位经商务部或其授权单位批准或备案取得进出口经营权。

第二步：进口单位持有关材料向注册所在地外汇局申请列入"对外付汇进口单位名录"。

进口单位在开展进口业务之前，应当凭以下文件到所在地外汇管理局办理手续。

(1) 商务部(委、厅)的批件。

(2) 工商管理部门颁发的执照。

(3) 技术监督部门颁发的企业代码证书。

第三步：外汇局审核无误后，为进口单位办理"对外付汇进口单位名录"手续，没有被列入名录的进口单位不得直接到外汇指定银行办理进口付汇。

第四步：进口单位付汇或开立信用证前，判断是否须向外汇局办理"进口付汇备案表"手续。如需要持有关材料到外汇局办理进口付汇备案手续，领取进口付汇备案表；如不需要，进口单位持有关材料到外汇指定银行办理开证或购汇手续。

第五步：进口单位在有关货物报关后一个月内到外汇局办理进口核销报审手续。报送的单证如下。

(1) 贸易进口付汇到货核销表(见样单 6.10)，一式两联。

(2) 贸易进口付汇核销单第二联。

(3) 进口付汇备案表第二联(若有)。

(4) 进口货物报关单正本。

(5) 贸易进口付汇未到货核销表，一式两联。

样单 6.10 贸易进口付汇到货核销表

20　　年　　月

进口单位名称：			进口单位编码：				核销表编号：					
付汇情况								报关到货情况				
序号	核销单号	备案表号	付汇币种金额	付汇日期	付汇方式	付汇银行名称	应到货日期	报关单号	到货企业名称	报关币种金额	报关日期退汇	与付汇差额其他	凭报关单付汇	备注
付汇合计笔数		付汇合计金额		到货报关合计笔数		到货报关合计金额		退汇合计金额			凭报关单付汇合计金额			
至本月累计笔数		至本月累计金额		至本月累计笔数		至本月累计金额		至本月累计金额			至本月累计金额			

填表人：	负责人：	填表日期：　　年　　月　　日
		本核销表内容无讹。(进口单位盖章)

注：

①本表一式两联，第一联送外管局，第二联进口单位留存；

②本表合计和累计栏金额为折美元金额；

③本表由外汇局印制，供进口单位使用；

④货款汇款项下的付汇在"凭报关单付汇"栏填"对号"；

⑤累计栏为本年年初至本月的累计数；

⑥一次到货多次付汇的，在"付汇情况"栏填写实际付汇情况；在"报关到货情况"栏只填写一次；

⑦一次付汇多次到货的，参照第 6 点处理。

外管局审核后，将贸易进口付汇到货核销表第二联、贸易进口付汇未到货核销表第二联、备案表第二联、各张报关单正本上加盖"已报审"章，与其他所附单证一起退交进口单位留存。

第三节 商检单证与产地证书

出入境检验检疫，是指国家市场监督管理总局作为政府的一个执行部门，以保护国家整体利益和社会效益为衡量标准，以法律、行政法规、国际惯例或进口国的法规要求为准则，对出入境货物、交通运输工具、人员及事项进行检验检疫、管理及认证，并提供官方检验检疫证明、居间公证或鉴定证明的全部活动。

商检单证.mp4

中华人民共和国国家市场监督管理总局及其下属机构是我国唯一的官方检验检疫机构。

一、出境商检单证

根据我国有关出入境检验检疫法规的规定，再结合出口贸易的实际情况，出口单位应在报关出运前及时报检。

(一)出境检验检疫的报检范围

1. 法定检验

凡列入法检目录的商品，以及其他按国家有关法规规定必须进行检验的商品，如食品、冷冻品、动植物、危险品及其容器、船舱、集装箱等须进行法定检验。

2. 公证鉴定

不属法定检验范围，但对外贸易关系人如买方、卖方、承运人、保险人等申请进行检验的出境商品可进行公证鉴定。

3. 委托报检

委托报检，指检验检疫机构接受企业的原材料和成品的化验、检验、测试等申请。

(二)出境检验检疫工作程序及要求

一般情况下先报检，再实施检验检疫，后放行通关。产地和报关地一致，在当地海关报关出境的货物，经检验检疫合格后，检验检疫机构出具《出境货物通关单》或相应的检验检疫证书，不合格的签发不合格通知单；产地和报关地不一致，且在异地海关报关出境的货物，经当地检验检疫机构检验检疫合格后，出具《出境货物换证凭单》，货主或其代理人凭其向报关地检验检疫机构换发《出境货物通关单》或相应的检验检疫证书，不合格的签发不合格通知单。

出境货物的报检由持有报检员证的报检员专门负责。要求报检人预先与检验检疫机构约定检验时间，并提供必要的工作条件。

1. 报检时限和地点

一般货物最迟应在出口报关或装运前 7 天报检，对个别检验检疫周期较长的货物，应留有足够的检验检疫时间。出境货物应在生产地的出入境检验检疫机构报检，并在生产地接受检验。对不宜在产地实施检验的，可在出境前向出口口岸检验检疫机构报检。

2．报检时应提供的单证

报检时除要提交《出境货物报检单》外，还应提供合同(销售确认书或订单等)、信用证、发票及装箱单等必备单证。

(三)出境报检单证

1．出境货物报检单

出境货物报检单由各口岸出入境检验检疫局统一印制，除编号由检验检疫机构指定外，其余各栏由报检单位填制并盖章确认。报检人要认真填写"出境货物报检单"，内容应按合同、发票等单据的内容填写完整、无漏项，字迹清楚，不得涂改，且中英文内容一致，并加盖申请单位公章。填制规范如下所示(见样单6.11)。

样单6.11　出境货物报检单

中华人民共和国出入境检验检疫
出境货物报检单

报检单位(加盖公章)：　　　　　　　　　　　　　　　　　　*编号_____
报检单位登记号：　　　　联系人：　　　电话：　　　报检日期：__年__月__日

发　货　人	(中文)				
	(外文)				
收　货　人	(中文)				
	(外文)				
货物名称(中文/外文)	H.S.编码	产　地	数量/重量	货物总值	包装种类及数量
运输工具名称号码		贸易方式		货物存放地点	
合　同　号		信用证号		用　　途	
发货日期		输往国家		许可证/审批号	
起　运　地		到达口岸		生产单位注册号	
集装箱规格、数量及号码					

合同、信用证订立的检验检疫条款或特殊要求	标记及号码	随附单据(画"√"或补填)	
		□合同	□厂检单
		□信用证	□包装性能结果单
		□发票	□
		□换证凭单	□
		□装箱单	

样单 6.11(续)

需要证单名称(画"√"或补填)		检验检疫费	
□品质证书　　正　　副	□植物检疫证书　正　副	总金额	
□重量证书　　正　　副	□出境货物换证凭单	(人民币元)	
□兽医卫生证书　正　　副	□通关单		
□健康证书　　正　　副	□		
□卫生证书　　正　　副		计费人	
□动物卫生证书　正　　副		收费人	
报检人郑重声明: 1. 本人被授权报检。 2. 上列填写内容正确属实,货物无伪造或冒用他人的厂名、标志、认证标志,并承担货物质量责任。		领取证单	
签名:＿＿＿＿＿＿		日　期	
		签　名	

注:有*号栏由出入境检验检疫机关填写。

(1) 编号:由检验检疫机构报检受理人员填写,前 6 位为检验检疫局机关代码,第 7 位为报检类别代码,第 8、9 位为年代码,第 10~15 位为流水号。

(2) 报检单位:指经国家市场监督管理总局审核,获得许可、登记,并取得其颁发的《自理报检单位备案登记证明书》或《代理报检单位备案登记证明书》的企业。

(3) 报检单位登记号:报检单位在检验检疫机构登记的号码。

(4) 联系人:报检人员姓名。电话:报检人员的联系电话。

(5) 报检日期:检验检疫机构实际受理报检的日期。

(6) 发货人:外贸合同中的发货人,应中英文对照填写。

(7) 收货人:外贸合同中的收货人,应中英文对照填写。

(8) 货物名称(中文/外文):出口货物的品名,应与进出口合同、发票名称一致,如为废旧物应注明。

(9) H.S.编码:出口货物的商品编码。以当年海关公布的商品税则编码分类为准。

(10) 产地:该出口货物的生产地、加工制造地的省、市、县名(中文)。

(11) 数量/重量:以商品编码分类中标准数量/重量为准,应注明数量/重量单位,可以填报一个以上计量单位。按实际申请检验检疫的数量/重量填写,与发票相同内容一致,重量须注明毛/净/皮重。

(12) 货物总值:出境货物的总值及币种,应与合同、发票或报关单上所列的货物总值一致。

需要注意的是,本栏不需要填报贸易术语。

(13) 包装种类及数量:货物实际运输包装的种类及数量,如"200 箱"等,应与发票相同内容一致。

需要注意的是,如同时采用了托盘集中包装,则除了填报托盘种类和数量外,还应填报托盘上小包装数量及包装种类,如"10 pallets of 5 cases each"。

(14) 运输工具名称号码:运输工具的名称和号码,如船名及航次等;报检时运输工具名称号码未定，可笼统填报运输方式，如"船舶"或"飞机"等。

(15) 贸易方式：该批货物出口的贸易方式，应填报与实际情况一致的海关规范贸易方式，如"一般贸易""来料加工贸易""易货贸易""补偿贸易"等。

(16) 货物存放地点：出口货物的生产企业或出口企业存放货物的地点，要填写具体地点，如工厂、仓库等。

(17) 合同号：对外贸易合同、订单或形式发票的号码，应与随附的合同等号码一致。

(18) 用途：本批货物的用途。从以下九个选项中选择：①种用或繁殖；②食用；③奶用；④观赏或演艺；⑤伴侣动物；⑥试验；⑦药用；⑧饲用；⑨其他。

(19) 发货日期：货物实际出境的日期，如实际开船日或起飞日等，按年、月、日的方式填报。

(20) 输往国家：出口货物直接运抵的国家(地区)，是货物的最终销售国，填写输往国家(地区)的中文名称。

(21) 许可证/审批号：按实际填写，无许可证或审批文件的本栏留空。

(22) 起运地：货物的起运口岸，填报出境货物最后离境的口岸或所在地的中文名称，如"上海口岸"等。

(23) 到达口岸：出境货物在境外的最终目的港，最终目的港预知的，填报其中文名称；最终目的港不可预知的，按尽可能预知的到达口岸填报。

(24) 生产单位注册号：出入境检验检疫机构签发给生产单位的卫生注册证书号或加工厂库的注册号等。

(25) 集装箱规格、数量及号码：货物若以集装箱运输应填写集装箱的规格、数量及号码，如"1×20'/TGHU8492998"。

(26) 合同、信用证订立的检验检疫条款或特殊要求：合同中订立的有关检验检疫的特殊条款及其他要求应填入此栏。

(27) 标记及号码：货物的标记及号码，即唛头，应与合同、发票等有关单据保持一致。若没有唛头，则填"N/M"，不可空缺。

(28) 随附单据：在随附单据的种类前画"√"或补填。

(29) 需要证单名称(画"√"或补填)：在需要检验机构签发的单据的种类前画"√"或补填。

(30) 检验检疫费：由检验检疫机构计费人员核定费用后填写。

(31) 签名：由持有报检员证的报检人员手签。

(32) 领取证单：报检人在领取检验检疫机构出具的有关检验检疫证单时填写领证日期并由领证人签名。

2. 检验检疫证书

商检证书是由商检机构对外签发的具有法律效力的证书，是证明交货的品质、数量、包装及卫生条件等是否符合合同规定的依据，当卖方交货品质、数量、包装及卫生条件与合同规定不符时，可作为拒收、索赔和理赔的依据。进口方要求检验的商品必须按其要求实施检验并出具规定的检验证书，证书的名称、内容、签发机构均应符合对方要求。

商检证书的种类很多，主要有品质检验证书(INSPECTION CERTIFICATE OF QUALITY)、重量或数量检验证书(INSPECTION CERTIFICATE OF WEIGHT OR QUANTITY)、兽医检验证书(VETERINARY INSPECTION OF CERTIFICATE)、卫生/健康证书(SANITARY/HEALTH INSPECTION CERTIFICATE)、消毒检验证书(DISINFECTION INSPECTION CERTIFICATE)、熏蒸证书(INSPECTION CERTIFICATE OF FUMIGATION)等。

不同种类的检验证书，其内容、作用和缮制要求均不相同。下面介绍品质检验证书的主要内容和缮制方法。品质检验证书的主要内容和缮制方法见样单 6.12。

样单 6.12　品质检验证书

中华人民共和国上海进出口商品检验局

SHANGHAI IMPORT & EXPORT COMMODITY INSPECTION BUREAU
OF THE PEOPLE'S REPUBLIC OF CHINA

正　本
ORIGINAL

地址：上海市中山东一路 13 号　　　检　验　证　书　　No.
Address: 13. Zhongshan Road　INSPECTION　CERTIFICATE　日期 Date:
(E.1.), Shanghai

电　报：　上海 2914
Cable:　2914, SHANGHAI

电话 Tel: 63211285　　　　　**QUALITY**

发 货 人：
Consignor ....

收 货 人：
Consignee ....

品　　名：　　　　　　　　标记及号码：
Description of goods ....**Marks & No.** ....

报验数量/重量：
Quantity/Weight
Declare ....

检 验 结 果：
RESULTS OF INSPECTION:

We hereby certify that the goods are of the above-mentioned quantity and of sound quality.

主任检验员
Chief Inspector:

(1) 单据名称和编号(Title &No.)：应根据信用证或合同的要求显示具体单据名称，如"CERTIFICATE OF QUALITY""QUALITY CERTIFICATE"等。

(2) 签发日期(Date)：一般不得晚于提单签发日期。

(3) 发货人(Consignor)：信用证项下通常是受益人，除非信用证有"第三方单据可以接受"的条款；托收项下是合同的卖方。

(4) 收货人(Consignee)：信用证项下按其规定填写，除非另有规定，该栏一般不必填写或用"—"表示。若出口商是中间商，此栏可做成"To Whom It May Concern"或"To Order"。托收项下为合同买方。

(5) 品名(Description of Goods)：与发票等一致，可用其他单据无矛盾的统称。

(6) 标记及号码(Marks&No.s)：应与合同、发票等有关单据保持一致。若没有标记号码则填"N/M"，总之不可空缺。

(7) 报验数量/重量(Quantity/Weight Declared)：按实际申请检验检疫的数量/重量填写，与发票相同内容一致，重量须注明毛重/净重/皮重。填写货物实际运输包装的种类及数量，应与发票和提单相应内容一致。散装货物可注明"IN BULK"。

(8) 运输工具(Means of Conveyance)：应填写运输方式和运输工具名称，要求与提单内容一致。如"BY S.S. DONGFENG V. 108"。

(9) 检验结果(Results of Inspection)：证明本批货物的实际品质。若信用证对检验结果有明确规定，则显示的检验结果应符合该规定；若信用证未对检验结果明确规定，但具体规定了商品的质量、成分，则检验结果应与其相符。除非信用证有特别授权，不能接受含有对货物的规格、品质、包装等不利陈述的检验证书。

(10) 印章和签署(Stamp&Chief Inspector)：由检验检疫局盖章并由检验该批货物的主任检验员手签。如果信用证指定检验机构，则应由信用证指定的检验机构盖章并签字；如果信用证没有特别指定检验机构，则任何检验机构均可出具，但须盖章和签署。

3. 通关单

通关单属于法定检验范围的出境货物，无论买方或其他对外贸易关系人是否要求，都必须由国家市场监督管理总局及其授权机构实施检验检疫。经检验合格后，货主或其代理人获得国家市场监督管理总局及下属机构签发的通关单，如此才能凭以报关。

通关单(见样单6.13)的内容和缮制与其他商检单证的相同项目基本一致。

样单6.13 出境货物通关单

中华人民共和国出入境检验检疫出境货物通关单

编号：

1. 发货人		5. 标记及号码
2. 收货人		
3. 合同/信用证号	4. 输往国家或地区	

样单 6.13(续)

6. 运输工具名称及号码	7. 发货日期		8. 集装箱规格及数量
9. 货物名称及规格	10. H.S.编码	11. 申报总值	12. 数量/重量、包装数量及种类

13. 证明

上述货物业已报检/申报，请海关予以放行。

本通关单有效期至　　　　　年　　月　　日

签字：　　　　　　　　　　　　　　日期：　　　年　　月　　日

14. 备注

①货物通关　　　[2-1-1(2007.2)]

二、入境商检单证

(一)入境货物报检单

1. 入境货物报检流程

进口货物到达目的地后，进口企业应及时填写"入境货物报检单"，并随附进口贸易合同书、进口商业发票、装箱单、运输单据以及有关证件向当地出入境货物检验检疫局报检。

如果是法定检验进口商品，检验合格后，商检机构出具入境货物通关单，如果是非法定检验商品，商检机构根据申请单位要求出具相应的检验证书。

除法定检验进口商品外，进口方为及时索赔，下列货物应该在卸货口岸就地报检。

(1) 合同规定须在卸货港检验的。

(2) 货到检验合格后付款的。

(3) 规定的索赔期较短的。

(4) 卸货时已发现有残损、短少或有异状的。

2. 入境货物报检的时限

入境货物报检的时限如下。

(1) 输入微生物、人体组织、生物制品、血液及其制品或种畜、禽及其精液、胚胎、受精卵的应当在入境前 30 天报检。

(2) 输入其他动物的，应在入境前 15 天报检。

(3) 输入植物、种子、种苗及其他繁殖材料的，应在入境前 7 天报检。

(4) 入境货物需对外索赔出证的，应在索赔有效期前不少于 20 天内向到货口岸或货物到达地的检验检疫机构报检。

3. 入境货物报检单填制要求

入境货物报检单的内容如样单 6.14 所示。

(1) 编号：由检验检疫机构报检受理人员填写，前 6 位为检验检疫局机关代码，第 7 位为报检类别代码，第 8、9 位为年代码，第 10～15 位为流水号。

(2) 报检单位登记号：报检单位在检验检疫机构登记的号码。

(3) 联系人：报检人员的姓名。电话：报检人员的联系电话。

(4) 报检日期：检验检疫机构实际受理报检的日期。

样单 6.14　入境货物报检单

中华人民共和国出入境检验检疫

入境货物报检单

报检单位(加盖公章)：　　　　　　　　　　　　　　　　*编　　号＿＿＿＿＿＿＿＿＿＿

报检单位登记号：　　　　　联系人：　　　　电话：　　　　报检日期：　年　月　日

发货人	(中文)		企业性质(画"√")	□合资□合作□外资	
	(外文)				
收货人	(中文)				
	(外文)				
货物名称(中文/外文)	H.S.编码	原产国(地区)	数量/重量	货物总值	包装种类及数量
运输工具名称号码				合 同 号	
贸易方式		贸易国别(地区)		提单/运单号	
到货日期		起运国家(地区)		许可证/审批号	
卸毕日期		起运口岸		入境口岸	
索赔有效期至		经停口岸		目 的 地	
集装箱规格、数量及号码					
合同订立的特殊条款以及其他要求			货物存放地点		
			用　　途		

样单 6.14(续)

随附单据(画"√"或补填)		标 记 及 号 码	*外商投资财产(画"√")	□是□否
□合同	□到货通知		*检验检疫费	
□发票	□装箱单		总金额	
□提单/运单	□质保书		(人民币元)	
□兽医卫生证书	□理货清单		计费人	
□植物检疫证书	□磅码单			
□动物检疫证书	□验收报告			
□卫生证书	□		收费人	
□原产地证	□			
□许可/审批档	□			
报检人郑重声明:			领 取 证 单	
1. 本人被授权报检。			日　期	
2. 上列填写内容正确属实。			签　名	
签名：_____				

注：有"*"号栏由出入境检验检疫机关填写。　　　　　　　◆国家出入境检验检疫局制

(5) 收货人：外贸合同中的收货人，应中英文对照填写。

(6) 发货人：外贸合同中的发货人，应中英文对照填写。

(7) 货物名称(中/外文)：进口货物的品名，应与进口合同、发票名称一致，如为废旧物应注明。

(8) H.S.编码：进口货物的商品编码。以当年海关公布的商品税则编码分类为准。

(9) 原产国(地区)：该进口货物的原产国家或地区。

(10) 数/重量：以商品编码分类中标准重量为准，应注明数量/重量单位。

(11) 货物总值：入境货物的总值及币种，应与合同、发票或报关单上所列的货物总值一致。

(12) 包装种类及数量：货物实际运输包装的种类及数量。

(13) 运输工具名称和号码：运输工具的名称和号码。

(14) 合同号：对外贸易合同、订单或形式发票的号码。

(15) 贸易方式：该批货物进口的贸易方式。

(16) 贸易国别(地区)：进口货物的贸易国别。

(17) 提单/运单号：货物海运提单号或空运单号，有二程提单的应同时填写。

(18) 到货日期：进口货物到达口岸的日期。

(19) 起运国家(地区)：进口货物的起运国家或地区名称。

(20) 许可证/审批号：对需办理进境许可证或审批的进口货物，应填写有关许可证号或审批号，不得留空。

(21) 卸毕日期：货物在口岸的卸毕日期。

(22) 起运口岸：货物的起运口岸。

(23) 入境口岸：货物的入境口岸。

(24) 索赔有效期至：对外贸易合同中约定的索赔期限。

(25) 经停口岸：货物在运输中曾经停靠的外国口岸。

(26) 目的地：货物的境内目的地。

(27) 集装箱规格、数量及号码：货物若以集装箱运输应填写集装箱的规格、数量及号码。

(28) 合同订立的特殊条款以及其他要求：在合同中订立的有关检验检疫的特殊条款及其他要求应填入此栏。

(29) 货物存放地点：货物存放的地点。

(30) 用途：本批货物的用途。从以下九个选项中选择：①种用或繁殖；②食用；③奶用；④观赏或演艺；⑤伴侣动物；⑥试验；⑦药用；⑧饲用；⑨其他。

(31) 随附单据：在随附单据的种类前画"√"或补填。

(32) 标记及号码：货物的标记号码，应与合同、发票等有关外贸单据保持一致。若没有标记号码，则填"N/M"。

(33) 外商投资财产：由检验检疫机构报检受理人员填写。

(34) 签名：由持有报检员证的报检人员手签。

(35) 检验检疫费：由检验检疫机构计费人员核定费用后填写。

(36) 领取证单：报检人在领取检验检疫机构出具的有关检验检疫证单时填写领证日期及领证人姓名。

报检人要认真填写"入境货物报检单"，内容应按合同、国外发票、提单、运单上的内容填写，报检单应填写完整、无漏项，字迹清楚，不得涂改，且中英文内容一致，并加盖申请单位公章。

(二)入境货物通关单和检验证书

法定检验的进口货物入境须经过中华人民共和国出入境商品检验检疫局的法定检验，检验合格后，检验机构出具《入境货物通关单》(见样单 6.15～样单 6.18)，海关凭以验证发放。货物来自世界各重点虫害国家或区域的货物，外包装如是原木的，须在我入境地口岸出具熏蒸灭虫或提供原出境地政府有关机构的熏蒸证明。不是原木包装的，则须提供出境地政府有关机构的非木质包装证明，方可入境。非法定检验的进口货物检验合格后，商检机构出具相应的检验证书。

样单 6.15　入境货物通关单

中华人民共和国出入境检验检疫

入境货物通关单

1. 收货人 　　上海五矿进出口公司		5. 标记及唛码
2. 发货人 TOKYO IMPORT & EXPORT CORPORATION		N/M
3. 合同/提(运)单号 TX200723/XY05111	4. 输出国家或地区 日本	

样单 6.15（续）

6. 运输工具名称及号码 COSCO V.861	7. 目的地 上海		8. 集装箱规格及数量 _____
9. 货物名称及规格 扳手 WRENCH **************	10. H.S. 编码 8204.1100	11. 申报总值 USD105 000.00	12. 数量/重量、包装 数量及种类 6000SETS 60CTNS
13. 证明 上述货物业已报检/申报，请海关予以放行。 签字：赵立			日期：2018 年 9 月 30 日
14. 备注			

样单 6.16 非木质包装证明

PROGRESSIVE TRADING CO., INC.
1032 Irving Street, No. 912
San Francisco, CA 94122U.S.A.
TEL: 415/504-8222
FAX: 415/504-8122

Buyers of All Grades of Scrap   Processors and Brokers

August 21, 2017

To: Whom It May Concern

Re: YMLU4833586   Seal #: 19388560

Commodity: Mixed Metal Scrap   Weight: 18,197 kgs

DECLARATION OF NON-WOODEN PACKING MATERIAL

To the service of China Entry & Exit Inspection & Quarantine:

We hereby declare that all packing materials in this shipment mentioned above are made of non-wooden packing material.

Yours truly,

Lu Biri

样单 6.17　熏蒸证明

Fumigation Services
Pest Control Specialists:

Contact
John McVean
(Day and Night)

GOVERNMENT RECOGNISED HOUSE INSPECTIONS
(Wood Destroying Insects)

"TENT" FUMIGATION - GRAIN AND PRODUCE
FUMIGATION - COCKROACHES - BUGS
WHITE ANTS - RODENTS

Tel: (031) 263 0134 Fax: (031) 263 0135 Cell: 082 550 7760　47 Nelson Road, Berea, Durban

Recognised by the Division of Plant Pest Control for the eradication of Wood-destroying insects.

"TO WHOM IT MAY CONCERN"

FUMIGATION INSPECTION CERTIFICATE
FOR WOOD PACKING MATERIAL

This is to certify that we have fumigated with Methyl Bromide (CH3BR) to the following:

ADDRESS	:	SHANGHAI, CHINA
SHIP	:	"BUXLAGOON" VOY: 010E
CONTAINER NO.	:	CBHU 3267667
SEAL	:	1691228
COMMODITY FUMIGATED	:	1 X 20' GP – COIL
WEIGHT	:	-
FUMIGANT	:	METHYL BROMIDE
DOSAGE RATE	:	48 GRAMS PER M3
TEMPERATURE	:	27 DEG C
FUMIGATION SPACE	:	-
EXPOSURE PERIOD	:	24 HOURS
GRADE MARK(IF ANY)	:	-
DATE FUMIGATED	:	01/05/2018
CONTRACT NO	:	AST04-003
FILE REF	:	UR24695

The above container has been fumigated with Methyl Bromide gas at a dosage rate in accordance with the Health and Safety Notes of Guidance for fumigation. And may be discharged at any time after 17h00 Hours on 02/MAY/2018
SIGNED:

样单 6.18　检验检疫证明

中华人民共和国出入境检验检疫
入境货物检验检疫证明

编号　3207001030004444-1

收货人	浙江五金矿产进出口公司		
发货人	SHOWA TRADING CO.,LTD		
品　名	冷轧钢卷/电镀锌钢卷/热镀锌钢卷/镀铝锌钢卷	报检数/重量	-209-卷-1094090-千克
包装种类及数量	裸装	输出国家或地区	日本
合同号	HKSH20021231	标记及号码 ZMM TAICHANG NO.1-150,152-210 MADE IN JAPAN	
提/运单号	OSTC-1		
入境口岸	太仓口岸		
入境日期	2018.02.19		

证明
　　上述货物业经检验，准予使用。
　　＊＊＊＊＊＊＊＊

签字：　　　　　　　　　日期：　2018

备注　本批货物为二级品

A 1619775　　　　　① 货主收执　　　　　[5-1(2001.1.1)×1]

三、原产地证明书

(一)原产地证明书的含义与作用

1. 含义

原产地证明书(Certificate of Origin，C/O)，是出口商应进口商的要求提供的由公证机构或政府或出口商出具的证明货物原产地和制造地的一种证明文件，是出口产品进入国际贸易领域的"经济国籍"和"护照"。

《中华人民共和国出口货物原产地规则》第二条明确规定："中华人民共和国出口货物原产地证明书(以下简称原产地证)是证明有关出口货物原产地为中华人民共和国的证明文件。"

2. 作用

原产地证明书具有以下作用。

(1) 供进口国海关掌握进出口货物的原产地国别,从而采取不同的国别政策,决定进口税率和确定税别待遇。

(2) 是对某些国家或某种商品采取控制进口额度和进口数量的依据。

(3) 是进口国进行贸易统计的依据。

(4) 是进出口通关、结汇的依据。

(二)原产地证明书的种类

产地证分为一般原产地证、普惠制原产地证、区域性经济集团互惠原产地证、专用原产地证等,如果我国与进口国签订了普惠制关税协定,就应提供普惠制原产地证,签订了其他协议提供的相应的原产地证,否则提供一般原产地证。

1. 一般原产地证明书

一般原产地证书(C/O)是证明货物原产于某一特定国家或地区,享受进口国正常关税(最惠国)待遇的证明文件。它的适用范围是征收关税、贸易统计、保障措施、歧视性数量限制、反倾销和反补贴、原产地标记、政府采购等。其格式由商务部规定。

2. 普惠制原产地证明书

普惠制,全称普遍优惠制(Generalized System of Preferences,GSP),是发达国家对发展中国家出口的初级产品和半成品给予的普遍的、非歧视的、非互惠的优惠关税制度,是在最惠国关税的基础上进一步减税以至免税的一种特惠关税制度。

普惠制原产地证书(GSP FORM A)是具有法律效力的我国出口产品在给惠国享受在最惠国税率基础上进一步减免进口关税的官方凭证。

目前,给予我国普惠制待遇的国家共 38 个:欧盟 26 国(比利时、丹麦、德国、法国、爱尔兰、意大利、卢森堡、荷兰、希腊、葡萄牙、西班牙、奥地利、芬兰、瑞典、波兰、捷克、斯洛伐克、拉脱维亚、爱沙尼亚、立陶宛、匈牙利、马耳他、塞浦路斯、斯洛文尼亚、保加利亚、罗马尼亚)、英国、挪威、瑞士、土耳其、俄罗斯、白俄罗斯、乌克兰、哈萨克斯坦、日本、加拿大、澳大利亚和新西兰。

普惠制原产地证明书有 Form A、Form 59A、 Form Apr(il)三种格式,其中,我国主要使用 Form A,对新西兰提供 Form 59A,对澳大利亚不用任何格式,只需在商业发票上加注有关声明语句即可。到目前为止,我国未使用 Form April(il)。

3. 区域性经济集团互惠原产地证书

目前，区域性经济集团互惠原产地证书主要有《〈中国—东盟自由贸易区〉优惠原产地证明书》《〈亚太贸易协定〉原产地证明书》《〈中国与巴基斯坦优惠贸易安排〉优惠原产地证明书》《〈中国—智利自由贸易区〉原产地证书》等。区域优惠原产地证书是具有法律效力的在协定成员国之间就特定产品享受互惠减免关税待遇的官方凭证。

(1)《中国—东盟自由贸易区优惠原产地证明书》(FORM E)。

自 2004 年 1 月 1 日起，凡出口到东盟的农产品(HS 第一章到第八章)凭借检验检疫机构签发的《中国—东盟自由贸易区(FORM E)优惠原产地证书》可以享受关税优惠待遇。自 2005 年 7 月 20 日起，7000 多种正常产品开始全面降税。中国和东盟六个老成员国(文莱、印度尼西亚、马来西亚、菲律宾、新加坡和泰国)至 2005 年 7 月将原 40%税目的关税降到 0～5%；2007 年 1 月将原 60%税目的关税降到 0～5%。2010 年 1 月 1 日，将关税最终削减为零。老挝、缅甸至 2009 年 1 月，柬埔寨至 2012 年 1 月，原 50%税目的关税降到 0～5%；2013 年将原 40%税目的关税降到零。越南 2010 年将原 50%税目的关税降到 0～5%。2015 年，其他四国(老挝、缅甸、柬埔寨、越南)将关税降为零。

可以签发《中国—东盟自由贸易区优惠原产地证书》的国家有文莱、柬埔寨、印尼、老挝、马来西亚、缅甸、菲律宾、新加坡、泰国、越南 10 个国家。

(2)《亚太贸易协定》原产地证明书。

自 2006 年 9 月 1 日起，《亚太贸易协定》原产地证书(FORM B)生效。可以签发《亚太贸易协定》原产地证书的国家有韩国、斯里兰卡、印度、孟加拉国 4 个国家。降税幅度从 5%到 100%不等。

(3)《中国与巴基斯坦自由贸易区》优惠原产地证明书(FORM P)。

对巴基斯坦可以签发《〈中国与巴基斯坦自由贸易区〉优惠原产地证明书》，2006 年 1 月 1 日起双方先期实施降税的 3000 多个税目产品，分别实施零关税和优惠关税。原产于中国的 486 个 8 位零关税税目产品的关税将在 2 年内分 3 次逐步下降，到 2008 年 1 月 1 日全部降为零，原产于中国的 486 个 8 位零关税税目产品实施优惠关税，平均优惠幅度为 22%。给予关税优惠的商品其关税优惠幅度为 1%～10%。

(4)《中国—智利自由贸易区》原产地证书(FORM F)。

自 2006 年 10 月 1 日起，各地出入境检验检疫机构开始签发《〈中国—智利自由贸易区〉优惠原产地证明书》(FORM F)，该日起，对原产于我国的 5891 个 6 位税目产品关税降为零。

4. 专用原产地证书

专用原产地证书是国际组织和国家根据政策和贸易措施的特殊需要，针对某一特殊行业的特定产品规定的原产地证书。主要有输往欧盟蘑菇罐头原产地证明书、烟草真实性证书等。其格式一般由商务部规定。

(三)原产地证明书的签发机构

根据《中华人民共和国出口货物原产地规则实施办法》(1992 年 4 月 1 日经贸部令第 1

号发布)第十五条规定：凡进口方要求由我官方机构签发一般原产地证的，申请单位应向商检局申请办理；凡进口方要求由我民间机构签发一般原产地证明书的，申请单位应向贸促会申请；未明确要求的，可向商检局或贸促会申请。政府间协议对原产地证明书的签发有特殊规定的，依照协议的规定申请；普惠制原产地证明书向商检局申请。

申请单位必须指定专人申请原产地证明书，申请单位的印章和申领原产地证明书人员的姓名在申请单位注册时应进行登记。签发机构验证后给申领原产地证明书人员颁发"申领员证"。申领原产地证明书人员如有更改，申请单位应及时通知签发机构。

(四)一般原产地证明书的申领及缮制

1．申领的时间和所需文件

根据我国有关规定，出口单位最迟于每批货物报关出运前 3 天向签证机构申请原产地证明书(见样单 6.19)，并按要求提交以下材料。

(1)　《出口货物原产地/加工装配证明书申请书》。

(2)　已缮制好的《出口货物原产地证明书》一套。

(3)　商业发票正本一份。

(4)　合同、装箱单等其他证明文件。

样单 6.19　一般原产地证明书

ORIGINAL

1. Exporter(full name and address)		Certificate　No.　 **CERTIFICATE OF ORIGIN** **OF** **THE PEOPLE'S REPUBLIC OF CHINA**		
2. Consignee(full name, address, country)				
3. Means of transport and route		5. For certifying authority use only		
4. Destination port				
6. Marks and Numbers of packages	7. Description of goods: number and kind of packages	8. H.S. Code	9. Quantity or weight	10.Number and date of invoices

样单 6.19(续)

11. Declaration by the exporter	12. Certification
The undersigned hereby declares that the above details and statements are correct; that all the goods were produced in China and that they comply with the Rules of Origin of the People's Republic of China.	It is hereby certified that the declaration by the exporter is correct.  CHINA COUNCIL FOR THE PROMOTION OF INTERNATIONAL TRADE Shanghai (SHANGHAI)
Place and date. signature and stamp of certifying authority	Place and date. signature and stamp of certifying authority

China Council for the Promotion of International trade is China Chamber of International Commerce.

2．一般原产地证明书的缮制要求

一般原产地证明书的缮制要求如下。

(1) 证号栏：应在证书右上角填上证书编号，不得重号。

(2) 第 1 栏(出口方)：填写出口方的名称、详细地址及国家(地区)，此栏不得留空。出口方名称是指出口申报方名称，一般填写有效合同的卖方或发票出票人。若经其他国家或地区转口须填写转口商名称时，可在出口商后面加填英文 Via，然后再填写转口商名称、地址和国家，但不得直接以转口商作为出口方。

示例：

Sinochem International Engineering & Trading Corp.

No.40, Fucheng Road, Beijing,China

Via Hongkong Daming Co.Ltd

No.656, Guangdong Road, Hongkong

(3) 第 2 栏(收货人的名称、地址、国家)：应填写最终收货方的名称、详细地址及国家(地区)。但由于贸易的需要，信用证规定所有单证收货人一栏要留空，在这种情况下，此栏应加注 "To Whom It May Concern" 或 "To Order"，但不得留空。若需要填写转口商名称，可在收货人后面加填英文 "Via"，然后再填写转口商名称、地址、国家。

示例：

Zhejiang Native Produce & Animal By-Products I/E Corp.

No.368 North Zhongshan Road，Hangzhou，China

Via Hongkong Machinery Co.Ltd

(4) 第 3 栏(运输方式和路线)：应填写从装货港到目的港的详细运输路线。如经转运，应注明转运地。该栏还要填明预定自中国出口的日期，日期必须真实，不得捏造。

例：From Shanghai To Hongkong On Apr.6，2005，Thence Transhipped To Rotterdam By Vessel 或 From Shanghai To Rotterdam By Vessel Via Hongkong.

例：On/After Nov.6，2000 By Vessel From Guangzhou To Hamburg W/T Hong Kong，In

Transit To Switzerland.

(5) 第4栏(目的国家/地区)：应填写货物最终运抵国，一般与最终收货人和最终目的港国别一致，不得填写中间商国别。

(6) 第5栏(签证机构用栏)：为签证机构在签发后发证书、重发证书或加注其他声明时使用。证书申领单位应将此栏留空。

(7) 第6栏(运输标志)：应注意以下几点。

① 内容需完整详细，不可简单地填写"As Per Invoice No…"(按照……号发票)或者"As Per B/L No…"(按照……号提单)。

② 包装无唛头的，应填写"N/M"或者"No Mark"。此栏不得留空。

③ 唛头不得出现中国以外的地区和国家制造的字样，也不能出现"香港""澳门""台湾"原产地字样(如：Made In Taiwan、Hong Kong Products 等)。

④ 如唛头较多，本栏填写不下，可填写在第7、8、9栏的空白处或用附页填写。

(8) 第7栏(商品名称、包装数量及种类)。

例："One Hundred(100)Cartons of Colour Tv Sets"，在英文表述后注明阿拉伯数字。要注意以下几点。

① 如果包装数量上了千，则千与百单位之间不能有"and"连词，否则计算机退回。应填：Two Thousand One Hundred And Fifty(2150)Cartons of Working Gloves。

② 数量、品名要求在一页内打完，如果内容过长，则可以合并包装箱数量，品名合并。例如：One Hundred And Fifty(150)Cartons of Glove，Scarf，Tie，Cap…。

③ 包装数量及种类要按具体单位填写。例如：Polywoven Bag, Drum, Pallet, Wooden Case，不能只填写"Package"。如果没有包装，应填写"Nude Cargo(裸装货)"，"In Bulk(散装货)"，"Hanging Garments(挂装)"。

④ 应填写具体商品名称(具体到能找到相对应的 8 位 H.S.编码)，例如，"Tennis Racket(网球拍)"；不得用概括性表述，如"Sporting Goods(运动用品)""Fabric(织物)"等。

⑤ 商品的商标、牌名(Brand)及货号(Article Number)一般可以不填。

⑥ 商品名称等项列完后，应在下一行加上表示结束的符号"**********"，以防止加填伪造内容。国外信用证有时要求填写合同、信用证号码等，可加填在此栏结束符号后的空白处。

(9) 第8栏(商品编码)：要求填写商品的 H.S.编码。若同一份证书包含几种商品，则应将相应的 H.S.编码全部填写。此栏不得留空。

(10) 第9栏(毛重或其他数量)：应以商品的正常计量单位填，如"只""件""双""台""打"等。如 3200 Doz.或 6270 kgs。以重量计算的则填毛重，只有净重的，填净重亦可，但要标上 N.W.(Net Weight)。

(11) 第 10 栏(发票号码及日期)：应按照申请出口货物的商业发票填写。该栏日期应早于或同于实际出口日期。此栏不得留空。

需要注意以下两点。

① 发票日期的月份必须用英文表示，顺序为月、日、年，如 Aug. 21，2017。

② 发票号码与日期须分行填报：发票号在上，日期在下。

(12) 第 11 栏(出口方声明)：该栏由申领单位已在签证机构注册的申领员签字并加盖单

位中英文印章，填写申领地点和日期。该栏日期不得早于发票日期。

(13) 第 12 栏(签证机构证明)：由签证机构签字、盖章，并填写签证地点、日期。签发日期不得早于发票日期(第 10 栏)和申请日期(第 11 栏)。印章不得与签字重叠。

(五)普惠制原产地证明书的申领及缮制

若对方国家为给惠国，出口受惠商品时，不管对方是否要求，都应该提供普惠制原产地证明书，如样单 6.20 所示。

样单 6.20　普惠制原产地证

1. Goods consigned from(Exporter,s business name, address, country)	Reference No.
	GENERALIZED SYSTEM OF PREFERENCES
	CERTIFICATE OF ORIGIN
	(Combined declaration and certificate)
2. Goods consigned to(Consignee's name, address, country)	**FORM A**
	Issued in　　THE PEOPLE'S REPUBLIC OF CHINA
	(country)
	See Notes overleaf
3. Means of transport and route(as far as known)	4. For official use

5. Item number	6. Marks and numbers of packages	7. Number and Kind of packages; description of goods	8.Origin criterion(see Notes overleaf)	9. Gross weight or other quantity	10. Number and date of invoices

11. Certification	12. Declaration by the exporter
It is hereby certified, on the basis of control carried out, that the declaration by the exporter is correct.	The undersigned hereby declares th at the above details and statements are correct; that all the goods were produced in (country)
	and that they comply with the origin requirements specified for those goods in the Generalized System of Preferences for goods exported to (importing country)
Shanghai 刘影萍	
Place and date. signature and stamp of certifying authority	Place and date. signature and stamp of exporter

1．申领的时间和所需文件

根据我国有关规定，出口单位最迟于每批货物报关出运前 5 天向签证机构申请，并按要求提交以下材料。

(1) 《普惠制原产地证明书申请书》一份。

(2) 已缮制好的《普惠制原产地证明书(FORM A)》一套。

(3) 正式的出口商业发票正本一份，申请单位使用的发票须盖章或手签，发票不得手写，并注明包装、数量、毛重或另附装箱单或重量单。

(4) 含有进口成分的商品，必须提交《含进口成分受惠商品成本明细单》。对以来料加工、进料加工方式生产的出口商品，还应提交有关的进料凭证。

(5) 必要时，申请单位还应提交信用证、合同、提单及报关单等。

2．普惠制原产地证明书的缮制要求

普惠制原产地证明书的缮制要求如下。

(1) 普惠制原产地证明书标题栏(右上角)：填上检验检疫机构编定的证书号。在证头横线上方填写"中华人民共和国"。国名必须填写英文全称，不得简化。

Issued in THE PEOPLE'S REPUBLIC OF CHINA(国内印制的证书，已将此印上，无须再填写)。

(2) 第 1 栏(出口商名称、地址、国家)：此栏出口商公司名称应与注册时相同。必须填写国名、地址。

例：Zhejiang Native Produce & Animal By-Products I/E Corp. No.368 North Zhongshan Road，Hangzhou，China.

(3) 第 2 栏(收货人的名称、地址、国家)：与一般原产地证明书的填法相同。

需要注意的是，此栏须填上给惠国最终收货人名称和国名。

(4) 第 3 栏[运输方式及路线(就所知而言)]：与一般原产地证明书的填法相同。

(5) 第 4 栏(签证机构用栏)：与一般原产地证明书相同。

(6) 第 5 栏(商品顺序号)：如同批出口货物有不同品种即不同的 H.S.Code，则按不同品种分列"1""2""3"，……以此类推。单项商品，此栏填"1"或省略不填。

(7) 第 6 栏(唛头及包装号)：与一般原产地证明书的填法相同。

(8) 第 7 栏(包件数量及种类)：商品的包装数量必须用英文和阿拉伯数字同时表示。与一般原产地证明书的填法相同。

(9) 第 8 栏(原产地标准)：此栏参照证书背面内容填写相应的代码，是国外海关审核的核心项目。对含有进口成分的商品，因情况复杂，国外要求严格却极容易退证查询。应认真审核，仔细填报。一般规定如表 6.1 所示。

(10) 第 9 栏(毛重或其他数量)：与一般原产地证明书的填法相同。

(11) 第 10 栏(发票号码及日期)：与一般原产地证明书的填法相同。

表 6.1 原产地标准代码

填报代码	出口国家	原产地标准
P	所有给惠国家	完全原产品
W+HS CODE	欧盟、挪威、瑞士、日本	产品列入给惠国"加工清单"并符合其加工条件；产品未列入给惠国"加工清单"但产品使用的进口原料和零部件经过充分加工，产品H.S.号不同于原材料和零部件的H.S.号
F	加拿大	有进口成分，但进口成分价值未超过产品出厂价的40%
W+HS CODE	波兰	有进口成分，但进口成分价值未超过产品离岸价的50%
Y+进口成分	(白)俄罗斯、乌克兰、哈萨克斯坦、捷克、斯洛伐克	有进口成分，但进口成分价值未超过产品离岸价的50%
(空白)	澳大利亚、新西兰	

(12) 第 11 栏(签证当局的证明)。

① 此栏填写签证机构的签证地点、日期。例如：

Hangzhou China　Apr.6，2018

② 检验检疫局签证人经审核后在此栏(正本)签名，盖签证印章。印章不得与签字重叠。

需要注意的是，此栏日期不得早于发票日期(第 10 栏)和申报日期(第 12 栏)，但应早于货物的出运日期(第 3 栏)。

(13) 第 12 栏：出口商的申明。

① 在生产国横线上填"CHINA"。进口国横线上填最终进口国，进口国必须与第三栏目的港的国别一致。

② 凡货物运往欧盟 27 国范围内的，进口国不明确时，进口国可填"EU"。

③ 申请单位应授权专人在此栏手签，标上申报地点、日期，并加盖申请单位中英文印章。盖章时应避免覆盖进口国名称和手签人姓名。手签人手迹必须在检验检疫局注册登记，并保持相对稳定。

需要注意的是，此栏日期不得早于发票日期(第 10 栏)(最早是同日)。

④ 本证书一律不得涂改，证书不得加盖校对章。

第四节　报关单证

报关单证.mp4

报关(Customs Declaration)，是指进出口货物的收发货人、进出境运输工具的负责人、进出境物品的所有人，或其代理人向海关办理货物、运输工具、物品的进出境手续及相关海关事务的过程。

一、出口货物报关概述

我国海关法规定，出口货物必须从设有海关的地方出境，报关单位必须是经海关核准注册的进出口货物收、发货人或报关企业，办理报关的人员在取得报关员证件后方可办理报关事宜。

出口货物应当在出口货物运抵海关监管区后且在装货的 24 小时以前向海关申报。否则，海关可以拒绝接受通关申报。

二、出口报关时应提交的单据

出口报关时应提交以下单据。

(1) 出口货物报关单。

(2) 商业发票和装箱单。

(3) 已签注船名的"装货单"。

(4) 出口收汇核销单。

(5) 出境货物通关单。

(6) 限制出口商品，应有出口许可证或配额证明。

(7) 加工贸易项下的商品出口，需要提供加工贸易《登记手册》。

(8) 有时还需提供订舱委托书、合同、产地证、商检证、环保证、监管证明、机电产品登记表、重要工业品登记表、信用证副本等。

三、出口货物报关单

出口货物报关单(The Export Declaration)是由海关总署按统一格式印制的，出口企业在装运前填制，经海关审核、签发后生效的法律文书。出口报关单是海关依法监督货物出口、征收关税、编制海关统计以及处理其他海关业务的重要凭证，如样单 6.21 所示。

样单 6.21　出口货物报关单

中华人民共和国海关出口货物报关单

预录入编号：　　　　　　　　　　海关编号：

出口口岸		备案号	出口日期	申报日期
经营单位		运输方式	运输工具名称	提运单号
发货单位		贸易方式	征免性质	结汇方式
许可证号		运抵国(地区)	抵运港	境内货源地
批准文号	成交方式	运费	保费	杂费

样单 6.21(续)

合同协议号	件数	包装种类	毛重(公斤)	净重(公斤)
集装箱号	随附单据		生产厂家	
标记唛码及备注				

项号	商品编号	商品名称、规格型号	数量及单位	最终目的国(地区)	单价	总价	币制	征免

税费征收情况

录入员	录入单位	兹声明以上申报无讹并承担法律责任	海关审单批注及放行日期(签章)	
报关员			审单	审价
单位地址		申报单位(签章)	征税	统计
邮编	电话	填制日期	查验	放行

进出口报关单的内容和缮制规则如下。

1. 预录入编号

预录入编号，是指申报单位或预录入单位填制录入的报关单的编号，用于该单位与海关之间引用其申报后尚未批准放行的报关单。报关单录入凭单的编号规则由申报单位自行决定。预录入报关单及 EDI 报关单的预录入编号由接受申报的海关决定编号规则，计算机自动打印。

2. 海关编号

海关编号，是指海关接受申报时给予申报单位报关单的编号。海关编号由各海关在接受申报环节确定，应标识在报关单的每一联上。报关单海关编号为 9 位数，由各直属海关统一管理。各直属海关对进口报关单和出口报关单应分别编号，并确保在同一公历年度内，能按进口和出口唯一地标志本关区的每一份报关单。各直属海关的统计、理单部门可以对归档的报关单另行编制理单归档编号。理单归档编号不得在部门以外用于报关单标识。

3. 进口口岸/出口口岸

进(出)口口岸,是指货物实际进(出)我国关境口岸海关的名称。本栏目应根据货物实际进(出)口的口岸海关选择填报《关区代码表》中相应的口岸海关名称及代码。进口转关运输货物应填报货物进境地海关名称及代码,出口转关运输货物应填报货物出境地海关名称及代码。无法确定进(出)口口岸以及无实际进出口的报关单的,填报接受申报的海关名称及代码。

4. 备案号

备案号,是指进(出)口企业在海关办理加工贸易合同备案或征、减、免税审批备案等手续时,海关给予《进料加工登记手册》《来料加工及中小型补偿贸易登记手册》《外商投资企业履行产品出口合同进口料件及加工出口成品登记手册》(以下均简称《登记手册》)《进出口货物征免税证明》(以下简称《征免税证明》)或其他有关备案审批文件的编号。

具体填报要求如下。

(1) 加工贸易报关单本栏目填报《登记手册》编号;少量低价值辅料按规定不使用《登记手册》的,填报"C+关区代码+0000000",不得为空。

(2) 凡涉及减免税备案审批的报关单的,本栏目填报《征免税证明》编号,不得为空。

(3) 无备案审批文件的报关单的,本栏目免予填报。

备案号长度为12位,其中第1位是标记代码。备案号的标记代码必须与"贸易方式"及"征免性质"栏目相协调。例如,贸易方式为来料加工,征免性质也应当是来料加工,备案号的标记代码应为"B"。

5. 进口日期/出口日期

进口日期,是指运载所申报货物的运输工具申报进境的日期,本栏目填报的日期必须与相应的运输工具进境日期一致。出口日期,是指运载所申报货物的运输工具办结出境手续的日期,本栏目供海关打印报关单证明联用,预录入报关单及 EDI 报关单均免予填报。无实际进出口的报关单,填报办理申报手续的日期。本栏目为 6 位数,顺序为年、月、日各两位。

6. 申报日期

申报日期,是指海关接受进(出)口货物的收、发货人或其代理人申请办理货物进(出)口手续的日期。预录入及 EDI 报关单填报向海关申报的日期与实际情况不符时,由审单员按实际日期修改批注。本栏目为 6 位数,顺序为年、月、日各两位。

7. 经营单位

经营单位,是指对外签订并执行进(出)口贸易合同的中国境内企业或单位。本栏目应填报经营单位名称及经营单位编码。经营单位编码为十位数字,指进(出)口企业在所在地主管海关办理注册登记手续时,海关给企业设置的注册登记编号。

特殊情况下,确定经营单位编码原则如下。

(1) 签订和执行合同如为两个单位,填报执行合同的单位。

(2) 援助、赠送、捐赠的货物，填报直接接收货物的单位。

(3) 进(出)口企业之间相互代理进(出)口，或没有进(出)口经营权的企业委托有进(出)口经营权的企业代理进(出)口的，以代理方为经营单位。

(4) 外商投资企业委托外贸企业进口投资设备、物品的，外商投资企业为经营单位。

8．运输方式

运输方式，是指载运货物进出关境所使用的运输工具的分类。本栏目应根据实际运输方式，并按海关规定的《运输方式代码表》选择填报相应的运输方式。

特殊情况下，运输方式的填报原则如下。

(1) 非邮政方式进(出)口的快递货物，按实际运输方式填报。

(2) 进(出)境旅客随身携带的货物，按旅客所乘运输工具填报。

(3) 进口转关运输货物根据载运货物抵达进境地的运输工具填报，出口转关运输货物根据载运货物驶离出境地的运输工具填报。

(4) 无实际进(出)口的，根据实际情况选择填报《运输方式代码表》中运输方式"7"(保税区)、"8"(保税仓库)或"9"(其他运输)。

9．运输工具名称

运输工具名称，是指载运货物进出境的运输工具的名称或运输工具编号。本栏目填制内容应与运输部门向海关申报的载货清单一致。

具体填报要求如下。

(1) 江海运输填报船名及航次，或载货清单编号(注：按受理申报海关要求选填)。

(2) 汽车运输填报该跨境运输车辆的国内行驶车牌号码。

(3) 铁路运输填报车次或车厢号，以及进、出境日期。

(4) 航空运输填报分运单号，无分运单的，本栏目为空。

(5) 邮政运输填报邮政包裹单号。

(6) 进口转关运输填报转关标志"@"及转关运输申报单编号，其中，以铁路运输方式转关的，填报"@"+转关运输申报单编号+"/"+车厢号；出口转关运输只需填报转关运输标志"@"。

(7) 进(出)保税区(运输方式代码"7")填报保税区名称，进(出)保税仓库(运输方式代码"8")填报保税仓库(出口监管仓库)名称。

(8) 其他运输填报具体运输方式名称，例如，管道、驮畜等，无实际进出口的，本栏目为空。

10．提运单号

提运单号，是指进(出)口货物提单或运单的编号。本栏目填报的内容应与运输部门向海关申报的载货清单所列内容一致。

具体填报要求如下。

(1) 江海运输填报进口提单号或出口运单号。

(2) 铁路运输填报运单号。

(3) 汽车运输免予填报。

(4) 航空运输填报总运单号。

(5) 邮政运输填报邮政包裹单号。

(6) 无实际进(出)口的,本栏目为空。

当一票货物对应多个提运单时,应按接受申报的海关规定,或分单填报,或填报一个提运单号和多提运单标志"+"及提运单数,其余提运单号填写打印在备注栏中或随附清单。

11. 收货单位/发货单位

收货单位,是指进口货物在境内的最终消费、使用单位,主要包括以下两种。

(1) 自行从境外进口货物的单位。

(2) 委托有外贸进出口经营权的企业进口货物的单位。

发货单位,是指出口货物在境内的生产或销售单位,主要包括以下两种。

(1) 自行出口货物的单位。

(2) 委托有外贸进出口经营权的企业出口货物的单位。

本栏目应填报收、发货单位的中文名称及其海关注册编码,无海关注册编码的,填报该企业的国家标准标识码。

12. 贸易方式

本栏目应根据实际情况按海关规定的《贸易方式代码表》选择填报相应的贸易方式简称或代码。一份报关单只允许填报一种贸易方式,否则应分单填报。

13. 征免性质

征免性质,是指海关对进(出)口货物实施征、减、免税管理的性质类别。本栏目应按照海关核发的《征免税证明》批注的征免性质填报或根据实际情况按海关规定的《征免性质代码表》选择填报相应的征免性质简称或代码。一份报关单只允许填报一种征免性质,否则应分单填报。

14. 征税比例/结汇方式

征税比例仅用于"非对口合同进料加工"贸易方式下的(代码"0715")进口料、件的进口报关单,填报海关规定的实际应征税比率,例如,5%填报5,15%填报15。

出口报关单应填报结汇方式,即出口货物的发货人或其代理人收结外汇的方式。本栏目应按海关规定的《结汇方式代码表》选择填报相应的结汇方式名称或代码。

15. 许可证号

本栏目用于应申领进(出)口许可证的货物。此类货物必须填报外经贸部及其授权发证机关签发的进(出)口货物许可证的编号,不得为空。一份报关单只允许填报一个许可证号,否则应分单填报。

16. 起运国(地区)/运抵国(地区)

起运国(地区),是指进口货物起始发出的国家(地区);运抵国(地区),是指出口货物直接运抵的国家(地区)。对发生运输中转的货物,如中转地未发生任何商业性交易,则启运、运抵地不变;如中转地发生商业性交易,则以中转地作为起运/运抵国(地区)填报。本栏目应按海关规定的《国别(地区)代码表》选择填报相应的起运国(地区)或运抵国(地区)中文名称或代码。无实际进出口的,本栏目填报"中国"(代码"142")。

17. 装货港/指运港

装货港,是指进口货物境外起始发出港;指运港,是指出口货物运往境外的最终目的港;最终目的港不可预知的,可按尽可能预知的目的港填报。

本栏目应根据实际情况按海关规定的《港口航线代码表》选择填报相应的港口中文名称或代码。进口报关单装货港所属国家(地区)应与起运国(地区)一致,出口报关单指运港所属国家(地区)应与运抵国(地区)一致。在运输中转地换装运输工具但未发生商业性交易的货物,运输单证上的装货港可以与起运地不一致。无实际进出口的,本栏目为空。

18. 境内目的地/境内货源地

境内目的地,是指进口货物在国内的消费、使用地或最终运抵地;境内货源地,是指出口货物在国内的产地或原始发货地。

本栏目应根据进口货物的收货单位、出口货物生产厂家或发货单位所属国内地区,按海关规定的《国内地区代码表》选择填报相应的国内地区名称或代码。

19. 批准文号

进口报关单本栏目暂空。出口报关单本栏目用于填报《出口收汇核销单》编号。

20. 成交方式

本栏目应根据实际成交价格条款按海关规定的《成交方式代码表》选择填报相应的成交方式代码。无实际进(出)口的,进口填报 CIF 价,出口填报 FOB 价。

21. 运费

本栏目用于成交价格中不包含运费的进口货物或成交价格含有运费的出口货物,应填报该份报关单所含全部货物的国际运输费用。可按运费单价、总价或运费率三种方式之一填报,同时注明运费标记,并按海关规定的《货币代码表》选择填报相应的币种代码。运保费合并计算的,运保费填报在本栏目。

运费标记"1"表示运费率,"2"表示每吨货物的运费单价,"3"表示运费总价。例如:
5%的运费率填报为 5/1;
24 美元的运费单价填报为 502/24/2;
7000 美元的运费总价填报为 502/7000/3。

22. 保费

本栏目用于成交价格不包含保险费的进口货物或成交价格中含有保险费的出口货物,应填报该份报关单所含全部货物国际运输的保险费用。可按保险费总价或保险费率两种方式之一填报,同时注明保险费标记,并按海关规定的《货币代码表》选择填报相应的币种代码。运保费合并计算的，运保费填报在运费栏目中。

保险费标记"1"表示保险费率，"3"表示保险费总价。例如：

3‰的保险费率填报为0.3/1；

10 000港元的保险费总价填报为110/10 000/3。

23．杂费

杂费，是指成交价格以外的、应计入完税价格或应从完税价格中扣除的费用，如手续费、佣金、回扣等，可按杂费总价或杂费率两种方式之一填报，同时注明杂费标记，并按海关规定的《货币代码表》选择填报相应的币种代码。

应计入完税价格的杂费填报为正值或正率，应从完税价格中扣除的杂费填报为负值或负率。

杂费标记"1"表示杂费率，"3"表示杂费总价。例如：

应计入完税价格的1.5%的杂费率填报为1.5/1；

应从完税价格中扣除的1%的回扣率填报为-1/1；

应计入完税价格的500英镑杂费总价填报为303/500/3。

24．合同协议号

本栏目应填报进(出)口货物合同(协议)的全部字头和号码。

25．件数

本栏目应填报有外包装的进(出)口货物的实际件数。

26．包装种类

本栏目应填报进(出)口货物的实际外包装种类，如木箱、纸箱、铁桶、裸装、散装等。

27．毛重(公斤)

毛重(公斤)，是指货物及其包装材料的重量之和。本栏目填报进(出)口货物实际毛重，计量单位为公斤。

28．净重(公斤)

净重(公斤)，是指货物的毛重减去外包装材料后的重量，即商品本身的实际重量。本栏目填报进(出)口货物的实际净重，计量单位为公斤。

29．集装箱号

集装箱号，是指装载货物进出境的集装箱两侧标志的全球唯一的编号。本栏目填报装载进(出)口货物的集装箱编号。一票货物多集装箱装载的，填报其中之一，其余集装箱编号在备注栏填报或随附清单。

30．随附单据

随附单据，是指随进(出)口货物报关单一并向海关递交的单证或文件。合同、发票、装箱单、许可证等必备的随附单证不在本栏目填报。本栏目应按海关规定的《监管证件名称代码表》选择填报相应证件的代码，并填报每种证件的编号(编号打印在备注栏下半部分)。

31．用途/生产厂家

进口货物填报用途，应根据进口货物的实际用途按海关规定的《用途代码表》选择填报相应的用途名称或代码。生产厂家指出口货物的境内生产企业。本栏目供必要时手工填写。

32．标记唛码及备注

本栏目下部供打印随附单据栏中监管证件的编号，上部用于选报以下内容。

(1) 受外商投资企业委托代理其进口投资设备、物品的外贸企业名称。

(2) 一票货物多个集装箱的，在本栏目填报其余的集装箱号。

(3) 一票货物多个提运单的，在本栏目填报其余的提运单号。

(4) 标记唛码等其他申报时必须说明的事项。

33．项号

本栏目分两行填报及打印。第一行打印报关单中的商品排列序号；第二行专用于加工贸易等已备案的货物，填报和打印该项货物在《登记手册》中的项号。

34．商品编号

商品编号，是指按海关规定的商品分类编码规则确定的进(出)口货物的商品编号。

35．商品名称、规格型号

本栏目分两行填报及打印。

第一行打印进(出)口货物规范的中文商品名称；第二行打印规格型号。必要时除在中文商品名称及规格型号说明外，还要加注原文的名称或名称的关键说明部分。具体填报要求如下。

(1) 商品名称及规格型号应据实填报，并与所提供的商业发票相符。

(2) 商品名称应当规范，规格型号应当足够详细，以能满足海关归类、审价以及监管的要求为准。禁止、限制进(出)口等实施特殊管制的商品，其名称必须与交验的批准证件上的商品名称相符。

(3) 加工贸易等已备案的货物，本栏目填报录入的内容必须与备案登记中同项号下货物的名称与规格型号一致。

36．数量及单位

数量及计量单位，是指进(出)口商品的实际成交数量及计量单位。本栏目分三行填报及打印。具体填报要求如下。

(1) 进(出)口货物必须按统计法定计量单位填报。海关统计法定第一计量单位及数量打印在本栏目第一行。

(2) 凡海关统计列明第二计量单位的，必须报明该商品第二计量单位及数量，并打印在本栏目第二行。无统计第二计量单位的，本栏目第二行为空。

(3) 当成交计量单位与海关统计计量单位不一致时，还需填报成交计量单位及数量，打印在本栏目第三行。当成交计量单位与海关统计法定计量单位一致时，本栏目第三行为空。

(4) 加工贸易等已备案的货物，成交计量单位必须与备案登记中同项号下货物的计量单位一致，不相同时必须修改备案或转换一致后填报。

37．原产国(地区)/最终目的国(地区)

原产国(地区)，是指进口货物的生产、开采或加工制造国家(地区)。最终目的国(地区)，是指出口货物的最终实际消费、使用或进一步加工制造国家(地区)。本栏目应按海关规定的《国别(地区)代码表》选择填报相应的国家(地区)名称或代码。

38．单价

本栏目应填报同一项号下进(出)口货物实际成交的商品单位价格。无实际成交价格的，本栏目填报货值。

39．总价

本栏目应填报同一项号下进(出)口货物实际成交的商品总价。无实际成交价格的，本栏目填报货值。

40．币制

币制，是指进(出)口货物实际成交价格的币种。本栏目应根据实际成交情况按海关规定的《货币代码表》选择填报相应的货币名称或代码，如《货币代码表》中无实际成交币种，需转换后填报。

41．征免

征免，是指海关对进(出)口货物进行征税、减税、免税或特案处理的实际操作方式。本栏目应按照海关核发的《征免税证明》或有关政策规定，对报关单所列每项商品选择填报海关规定的《征减免税方式代码表》中相应的征减免税方式。

42．税费征收情况

本栏目供海关批注进(出)口货物税费征收及减免情况。

43．录入员

本栏目用于预录入和 EDI 报关单，并打印录入人员的姓名。

44．录入单位

本栏目用于预录入和 EDI 报关单，并打印录入单位的名称。

45．填制日期

填制日期，是指报关单的填制日期。预录入和 EDI 报关单由计算机自动打印。本栏目为 6 位数，顺序为年、月、日各两位。

46．申报单位

本栏目是报关单左下方用于填报申报单位有关情况的总栏目。

申报单位，是指对申报内容的真实性直接向海关负责的企业或单位。自理报关的，应填报进(出)口货物的经营单位名称及代码；委托代理报关的，应填报经海关批准的专业或代理报关企业名称及代码。本栏目应加盖申报单位有效印章。本栏目还包括报关员姓名、单位地址、邮编和电话等分项目，由申报单位的报关员填报。

47．海关审单批注栏及放行日期(盖章)

本栏目是供海关内部作业时签注的总栏目，由海关关员手工填写在预录入报关单上。其中"放行"栏填写海关对接受申报的进出口货物做出放行决定的日期，并加盖公章。

四、进口货物报关概述

进口货物到达目的港后，由进出口贸易企业或委托货运代理公司根据进口单据填写"进口货物报关单"，如委托货运代理公司办理的，进出口贸易企业要提供一份报关委托书(统一格式)，将有关合同和发票内容向海关申报，并随附发票、提单、装箱单，如属法定检验的进口商品，还须附入境货物通关单。有时还须提供国家政府机关规定的各类文件，如进口许可证、原产地证书、3C 证明、进(出)口货物征免税证明、机电产品证明等，最后还须经海关布控实物查验环节，经海关查验物单一致，单证核对无误后才能放行。

进口货物的法定报关时限为自运输工具申报进境之日起 14 天，超过 14 天未向海关申报的，由海关按日征收进口货物 CIF 价的 0.5‰的滞报金。超过 3 个月未向海关申报的，由海关提取变卖，所得价款扣除运费、装卸、仓储等费用和税款后，尚有余款的，自货物变卖之日起 1 年内，经收货人申请予以发还。

五、进口货物报关单

进口货物报关单(The Import Cargo Declaration)，是进口货物的收货人或其代理人向海关申报货物进口的凭证，也是海关验收进口货物的主要依据，如样单 6.22 所示。

样单 6.22 中华人民共和国进口货物报关单

中华人民共和国进口货物报关单

进口口岸		备案号		进口日期		申报日期	
经营单位		运输方式		运输工具名称		提运单号	
收货单位		贸易方式		征免性质		征税比例	
许可证号		起运国(地区)		装货港		境内目的地	
批准文号		成交方式		运费		保费	杂费
合同协议号		件数		包装种类	毛重(千克)	净重(千克)	
集装箱号		随附单据				用途	
标记唛码及备注							

样单 6.22(续)

项号	商品编号	商品名称\规格型号	数量及单位	原产国(地区)	单价	总价	币制	征免

税费征收情况		
录入员　　　录入单位	兹声明以上申报无讹并承担法律责任 申报单位(签章)	海关审单批注及放行日期(签章) 审单　　　审价
报关员		征税　　　统计
单位地址		查验　　　放行
邮编　　　电话		
填制日期		

进口货物报关单的填制参见前述"出口货物报关单"的相关内容。

第五节　技能实训

实训模块一：进口许可证申请表的填制

1. 背景资料

第二章实训模块一的合同，如样单 2.2 所示。

2. 实训要求

根据背景资料填制进口许可证申请表，如样单 6.23 所示。

样单 6.23　中华人民共和国进口货物许可证申请表

1. 我国对外成交单位及编码 (成交单位或指标单位盖章)	3. 进口许可证编号：
2. 收货单位：	4. 许可证有效期： 至_____年___月___日
5. 贸易方式：	8. 进口国别(地区)：
6. 外汇来源：	9. 商品原产地：
7. 到货口岸：	10. 商品用途：
11. 商品名称：	商品编码：

样单 6.23(续)

12. 商品规格. 型号	13. 单位	14. 数量	15. 单价(币制)	16. 总值	17. 总值折美元
18. 总　计					

填表须知：①本申请表一式两联，由领证人填写，未经盖章本表无效，申领许可证时两联均须交给发证机关。
②"商品名称"栏，每份申请表只能填写一种商品，或同一品种不同型号的商品。
③商品用途：指自用、生产用、内销、维修、样品、外销。
④外汇来源：指中央、留成、贷款、外资、调剂、劳务、赠送、索赔、无偿援助、不支付外汇。
⑤贸易方式：指一般、易货、国际租赁、华侨捐赠、友好赠送、经贸往来赠送、外商投资企业进口、补偿贸易、进料加工、对销、国际招标、国际援助、劳务补偿、来料加工、国际贷款、其他贸易。

领证人姓名：

领证人驻京电话：

下次联系日期：

商务部监制

实训模块二：出境货物报检单的填制

1．背景资料

第四章出口货物明细单，如样单 4.4 所示。

2．实训要求

根据背景资料填制出境货物报检单，如样单 6.24 所示。

样单 6.24　出境货物报检单

中华人民共和国出入境检验检疫

出境货物报检单

报检单位(加盖公章)：　　　　　　　　　*编号 _____

报检单位登记号：　　　　联系人：　　电话：　　报检日期：____ 年 __ 月 __ 日

发　货　人	(中文)					
	(外文)					
收　货　人	(中文)					
	(外文)					
货物名称(中/外文)	H.S.编码	产地	数量/重量	货物总值	包装种类及数量	

样单 6.24(续)

运输工具 名称号码		贸易方式		货物存放地点	
合同号		信用证号		用　途	
发货日期		输往国家		许可证/审批号	
起运地		到达口岸		生产单位 注册号	
集装箱规格、数量及号码					
合同、信用证订立的 检验检疫条款或特殊要求		标记及号码		随附单据(画"√"或补填)	
				□合同　　□厂检单 □信用证　□包装性能结果单 □发票　　□ □换证凭单　□ □装箱单	
需要证单名称(画"√"或补填)				检验检疫费	
□品质证书　　正　副 □重量证书　　正　副 □兽医卫生证书　正　副 □健康证书　　正　副 □卫生证书　　正　副 □动物卫生证书　正　副		□植物检疫证书　正　副 □出境货物换证凭单 □通关单 □		总金额 (人民币元)	
				计费人	
				收费人	
报检人郑重声明: 1. 本人被授权报检。 2. 上列填写内容正确属实,货物无伪造或冒用他人的厂名、标志、认证标志,并承担货物质量责任。 签名:_____				领取证单	
				日期	
				签名	

注:有*号栏由出入境检验检疫机关填写。

实训模块三:出口货物报关单的填制

1. 背景资料

第四章样单 4.4 出口货物明细单,如样单 4.4 所示。

2. 实训要求

根据背景资料填制出口货物报关单,如样单 6.21 所示。

同 步 测 试

一、填空题

1. GSP 产地证书原产地标准栏目应根据货物原料进口成分的比例填制，如商品出口至欧盟、日本且含进口成分但符合原产地标准，则该栏目应填入的字母代码是_____。

2. 去外汇管理局办理核销时，外汇管理局在出口收汇核销单的_____栏加盖已核销图章。

3. 出口退税的目的是使出口商品以_____进入国际市场，增强其市场竞争力，扩大产品出口量。

4. 出口收汇核销是指企业在货物出口后的一定期限内向当地外汇管理部门办理_____，证实该笔货物出口价款已经收回或按规定使用的一项外汇业务。

5. 产地和报关地一致的，在当地海关报关出境的货物，经检验检疫合格后，检验检疫机构出具_____或相应的检验检疫证书；产地和报关地不一致的，在异地海关报关出境的货物，经当地检验检疫机构检验检疫合格后，出具_____。

6. 《中华人民共和国出口货物原产地规则实施办法》第十五条规定：凡进口方要求由我官方机构签发一般原产地证的，申请单位应向_____申请办理；凡进口方要求由我民间机构签发一般原产地证的，申请单位应向_____申请；未明确要求的，可向_____或_____申请。

7. 根据我国有关规定，出口单位最迟于每批货物报关出运前____天向签证机构申请一般原产地证，最迟于每批货物报关出运前____天向签证机构申请普惠制原产地证。

8. 出口货物应当在出口货物运抵海关监管区后、在装货的_____小时以前向海关申报。进口货物的法定报关时限为自运输工具申报进境之日起_____天。

二、单项选择题

1. 以下关于出口退税作用叙述错误的是(　　)。
   A. 使出口产品以无税成本进入国际市场
   B. 将本国税收转嫁给外国消费者
   C. 增强本国产品的竞争力
   D. 扩大产品的出口量

2. 根据我国规定，出口企业填制《一般原产地证明书申请书》向签证机构申请办理一般原产地证书的最迟时间是(　　)。
   A. 货物出运后 3 天　　　　　　　　B. 货物出运前 3 天
   C. 货物出运后 5 天　　　　　　　　D. 货物出运前 5 天

3. AAA 公司收购 BBB 贸易公司在 CCC 工厂生产的服装，经上海浦东国际机场出口，出口报关单上发货单位应为(　　)。
   A. AAA 公司　　　　　　　　　　　B. BBB 贸易公司
   C. CCC 工厂　　　　　　　　　　　D. 上海浦东国际机场

4. 信用证规定议付时扣除佣金 100 美元；发票和报关单上显示的收汇金额为 USD10 000.00，实际收汇 USD9800.00(国外扣除费用 USD100.00)，出口收汇核销单上的金额一栏应该填( )。

    A. USD9800.00   B. USD9900.00

    C. USD10 000.00   D. USD101 000.00

5. 出口货物的发货人或其代理人，在办理出口申报、配合查验、缴纳税费、海关放行后，持凭海关加盖( )的出口装货凭证，通知码头、机场等有关单位装运出口货物。

    A. 监管章   B. 放行章

    C. 单证章   D. 验讫章

6. 法定检验检疫的入境货物，海关凭检验检疫机构签发的( )验放。

    A. 入境货物检验检疫证明   B. 入境货物调离通知单

    C. 入境货物通关单   D. 品质证书

7. "出境货物报检单"中的起运地是指( )。

    A. 货物最后离境的口岸   B. 原产地

    C. 装货地   D. 加工地

8. 一般原产地证的商品名称栏目填写完后，在下一行加上( )，表示填写结束。

    A. ***************

    B. -------------------

    C. 。。。。。。。。。。。。。。

    D. ‖‖‖‖‖‖‖‖‖‖‖‖‖‖‖+++

三、多项选择题

1. 产地证明书通常多用于不需提供( )的国家或地区。

    A. 证实发票   B. 领事发票

    C. 海关发票   D. 联合发票

2. GSP 产地证书主要有( )。

    A. 格式 A   B. 格式 59A

    C. 格式 APRIL   D. 格式 NIL

3. 若出口货物产地远离出运口岸，出口货物的发货人办理法定检验的方式一般为( )。

    A. 可以在产地办理法定检验。若检验合格，产地机构发《出境货物换证凭条》，发货人可持此凭条到口岸海关办理出口报关手续

    B. 可以在产地办理法定检验。若检验合格，产地机构发《出境货物换证凭条》，发货人可持此凭条到口岸检验检疫机构办理出境验证，经验证取得《出境货物通关单》，持该通关单，向口岸海关办理出口报关

    C. 可以在产地办理法定检验。发货人取得《出境货物通关单》后，在产地海关报关，再转口岸海关

    D. 可以在口岸检验检疫机构办理法定检验，若检验合格，发货人取得《出境货物通关单》，持该通关单向口岸海关办理出口报关

4. 入境货物报检单上的货物总值应与( )上所列一致。

    A. 报关单   B. 装箱单   C. 合同   D. 发票

5. 我国出口商可以向( )或其下属机构申请原产地证明书。

    A. 中华人民共和国海关   B. 国家市场监督管理总局

    C. 中国国际贸易促进委员会   D. 中华人民共和国商务部

6. 普惠制的原则有( )。

    A. 普遍   B. 非歧视   C. 非互惠

    D. 国民待遇   E. 特惠

7. 进口报验应随附的单证有( )。

    A. 核销单   B. 国外商业发票或装箱单

    C. 运输单据   D. 进口货物通知书

四、判断题

1. 一般原产地证明书的第 3 栏(MEANS OF TRANSPORT AND ROUTE)必须填报运输方式、运输工具、装运港和目的港，但不需要填报中转港的名称。 ( )

2. GSP 产地证格式 A 上必须详细填写本批货物最终目的地收货人的名称、地址、国别。如果有中间商，还应详细填写中间商的名称、地址、国家。 ( )

3. 如信用证未规定 GSP 产地证书的收货人，则可在收货人栏填写中间商。 ( )

4. 我国出口企业对美国出口纺织品时，除了提交原产地证明书外，还需提交 GSP 产地证明书。 ( )

5. 出口退税是各国普遍使用的国际惯例。 ( )

6. 出口收汇核销单上的出口企业公章必须盖在中缝，海关的验讫章则不必。 ( )

7. 一般报关人在进出境货物向海关申报后，还必须配合海关查验、缴纳税费后才被海关放行，放行后就等于结关。 ( )

8. 办理进出口货物的海关申报手续，应当采用纸质报关单和电子数据报关单的形式。 ( )

9. 海关规定的实质性加工是指产品加工后，在海关进出口税则中的税号(四位数一级的税则号)已有改变。 ( )

10. 我国某贸易商把进口布料剪裁缝制为服装，再出口至日本，因为布料是进口的，所以不能申请办理《普惠制原产地证书 FORM A》。 ( )

11. 填报普惠制原产地证中"进口商名称栏"时，如果有中间商，也可以将中间商的名称填入此栏。 ( )

12. 《普惠制原产地证书 FORM A》是证明有关商品的原产地为该受惠国的专门证书，是海关凭以减免关税的证件，因此它是有价值的。 ( )

五、操作题

依据下列合同资料缮制商检证书、核销单、原产地证书。

1. 出口商公司名称：SHANGHAI JINHAI IMP&EXP CORP.LTD.

2. 进口商公司名称：ANTAK DEVELOPMENT LTD.

3. 支付方式：20%T/T BEFORE SHIPMENT AND 80% L/C AT 30 DAYS AFTER SIGHT

4. 装运条款：FROM SHANGHAI TO SINGAPORE NOT LATER THAN SEP.30,2005

5. 价格条款：CIF SINGAPORE

6. 货物描述：MEN'S COTTON WOVEN SHIRTS

货号/规格	装运数量及单位	总金额	毛重/净重(件)	尺码
1094L	700 DOZ	USD19 180.00	33KGS/31KGS	68CM×46CM×45CM
286G	800 DOZ	USD31 680.00	45KGS/43KGS	72CM×47CM×49CM
666	160 DOZ	USD5440.00	33KGS/31KGS	68CM×46CM×45CM

包装情况：1件一塑料袋装，6件一牛皮纸包，8打或10打一外箱

尺码搭配：

1094L:	M	L	XL
	3	3	4=10 打/箱

286G:	M	L	XL
	1.5	3	3.5=8 打/箱

666:	M	L	XL
	1.5	3.5	3=8 打/箱

7. 唛头由卖方决定(要求使用标准化唛头)。

8. L/C NO.123456 DATED AUG.18, 2018 ISSUED BY BANK OF CHINA SINGAPORE BRANCH

ADVISING BANK: BANK OF CHINA，SHANGHAI

9. 船名：HONGHE　V.188

B/L NO. ：ABC123　　　　B/L DATE：2018 年 9 月 20 日

10. S/C NO.00SHGM3178B　　　DATE July 10 2018

11. INVOICE NO.SHGM7056I

12. Insurance Policy No.SA05354

13. 保险：按发票金额的 110%依中国人民保险公司 1981/1/1 的海洋货物运输保险条款投保一切险和战争险，依照仓至仓条款。

第七章 结汇单证

作为外贸单证员，其制单工作主要就是依据合同和/或信用证要求缮制全套用于结汇的单证。无论是哪种支付方式，出口方都应该按进口方的要求提供相符的单据，否则会影响安全收汇和合同的顺利履行，尤其在信用证支付方式下，"相符交单"则更具有重要意义。结汇单证中的发票、装箱单、保险单、提单、原产地证书、商检证书、出口收汇核销单等单证已在前面有关章节作详细讲解，本章不再赘述。本章主要讲述船公司证明、受益人证明或出口方证明等附属单据的有关知识。此外，本章还详细介绍了国际贸易结算票据和结算方式，要求掌握结算票据的含义、内容，重点掌握汇票的使用和缮制；熟练掌握汇付、托收、信用证支付的业务流程，并了解其他支付方式，熟悉不同支付方式的选择运用等技能。

第七章学习指导.mp4

【导入案例】

我国某公司出售一批货物给外国某进口商，合同规定的支付方式是 50%的货款凭不可撤销 L/C 见票后 30 天付款，其余的 50%凭即期 D/P 付款。我方委托当地银行(托收行)转托 A 银行凭单据向进口商收取货款，同时凭进口商通过 A 银行开立的以我方为受益人的 L/C 开出了 50%价款的汇票。其后，A 银行根据进口商要求，按 D/P 支付的 50%货款将全部单据交给了进口商，并将代收的 50%货款拨付给了托收行。不久，A 银行宣布破产，已承兑的汇票在到期向其提示时也遭到退票。我方遂以货物已被进口商全部收取为由，向进口商追偿 50%的货款，进口商借口开证押金收不回来而拒不偿还。为此，我方诉诸法院。你认为此案应如何解决？我方应从中吸取什么教训？

第一节 结汇单证概述

结汇单证.mp4

一、结汇单证综述

结汇单证是指在进出口贸易中，为解决货款收付问题所使用的单据和文件，是买方付款的依据、履约的证明或物权凭证。根据签发单证的机构不同，单证的性质、作用不同，结汇单证大致包括以下四类。

(1) 商业单证：如商业发票、装箱单、保险单、提单等。

(2) 官方单证：如商检证书、原产地证书、出口收汇核销单等。

(3) 金融单证：如汇票、支票、本票等。

(4) 附属单据：如船公司证明、受益人证明或出口商证明等。

二、结汇单证的缮制

前文已详细介绍了其他结汇单证，故本章主要讲述船公司证明、受益人证明或出口商证明等附属单据的有关知识。所谓附属单据，是指进口商要求提供的用以证明出口商履约情况，或便于进口商办理进口手续和销售货物的其他单据。附属单据的内容和格式往往无法律效力。如果进口商要求提供附属单据，则出口商应按其具体要求缮制和提交。

(一)船公司证明

1. 含义及作用

船公司证明(Shipping Company's Certificate)是由船公司出具。进口商为了满足进口国当局的规定或了解货物运输情况，而要求出口商提供的证明货物运输情况或船只情况的单据。

2. 种类

(1) 船龄证明：用以证明船舶的营运期限。一般船龄在 15 年以上的为超龄船，所以进口商往往要求出具说明船龄在 15 年以下的证明。

(2) 船籍和航程证明：用以证明载货船舶的国籍，以说明航程中停靠的港口、航行路线等。

(3) 船级证明：用以说明船舶符合一定的标准，证明其适航适货，能保障安全运输货物。

(4) 集装箱船只证明：用以证明货物由集装箱船只装运。

(5) 船长签发的随船单据的收据：货物装运后，有些单据由船长随船带交收货人，并由船长出具收据。

(6) 运费证明：是承运人签发给托运人的运费收讫凭证。

3. 内容及缮制

船公司证明的内容及缮制要点等按信用证或合同的具体规定；如无特别规定，格式一般由出口方自定，但需要注意以下四点。

(1) 证明内容必须与信用证或合同规定的一致。

(2) 须由与提单一致的承运人或其代理人签署。

(3) 须有与提单相关联的内容信息。

(4) 须注明制作日期，而且该日期必须符合信用证或合同的规定。

(二)受益人证明/受益人声明/出口商证明

1. 含义

受益人证明(Beneficiary's Certificate)/受益人声明(Beneficiary's Statement)/出口商证明(Exporter's Certificate)是由受益人或出口商按 L/C 或合同要求出具的关于已履行某项义务或办理了某项手续或证实某些事项的声明或证明。常见的有寄单寄样证明，包装说明的证明，产品制造方面的证明，环保、人权方面的证明等。

2．内容及缮制

(1) 单据名称：符合 L/C 或合同要求。

(2) 与其他单据的关联：注明发票号(INVOICE NO.)或其他相关单据号码。

(3) 证明内容：内容及缮制要点等按信用证或合同的具体规定；如无特殊规定，格式一般由出口方自定，且通常以函电形式。

如为寄单证明，须列明所寄单据的种类和份数。

(4) 签署：须由受益人或出口商签署。

(5) 签发日期：签发日期必须与证明或声明内容相吻合，且最迟不得晚于交单日。如信用证规定受益人出具证明，说明装船通知已于装船后 2 天内发送给开证申请人，则该受益人证明的签发日期最好在"装船后 2 天内"这个时间段内。

(三)其他证明

其他证明包括保险费收据、借记通知单、佣金折扣说明等。需要再次强调的是，这些附属单据虽无法律依据，但若进口商和信用证或合同要求提供，则这些附属单据即成为结汇的必备单据之一，出口商不得疏忽；其名称、内容、签署、发送日期等都应严格按对方的规定办理。

三、结汇的工作程序

(一)受益人(出口商)缮制汇票

作为结汇单据之一，汇票往往是出单日最迟的单据，而且其出票日一般就是交单日。有关汇票的内容详见本章第二节。

(二)单证审核

找全所有结汇单据后，受益人(出口商)必须在交单前进行仔细的审核，确保单证正确、完整，以能够安全收汇。有关单证审核要点、方法和技巧，详见第八章的相关内容。

(三)交单结汇

1．结汇单证的交付

出口方在结汇单证缮制、审核完毕后，须向有关方面递交，俗称"交单"。因结算方式的不同，交单程序分为以下几种情况。

(1) 汇付：出口商→进口商。

(2) 托收：出口商→托收行→代收行(以进口商付款或承兑为交单条件)→进口商。

(3) 信用证：出口商→出口地银行→保兑行、开证行或付款行(以交付的单证符合银行要求为交单条件)→进口商。

2. 结汇

有关结汇方式、具体业务流程等内容详见本章第三节至第六节。

四、进口单据的审核及付汇赎单

在信用证和托收结算方式下，进口商通过银行收到出口方的全套单据并审核交单相符后，则付款或承兑赎取单据。

进口商对进口货物单据的审核，是进口合同履行的一个重要环节。货物单据不仅是进口商凭以付款的依据，也是用于核对出口商所供货物是否与合同相符的凭证。所以，做好进口货物单据的审核工作至关重要。

在进口业务中，如采用托收和汇付方式，由进口商负责对货物单据进行全面审核；如采用信用证支付方式，则由开证银行和进口商共同对货物单据进行审核，通常由开证行对单据进行初审，进口商进行复审。在交单相符的条件下，开证行和进口商须履行付款责任。

(一)进口单据的审核

1. 开证行审单

我国进口业务大多采用信用证付款方式，国外出口商将货物装运后，即将全套单据和汇票交出口地银行转我方进口地开证行或指定付款行收取货款。按照我国现行的规定，保兑行(如有的话)或开证行收到国外寄来的全套单证以后，应根据信用证条款全面、逐项地审核单据与信用证之间、单据与单据之间是否相符。为了减少不必要的风险，开证行对单证的审核应严格进行，特别要注意以下事项。

(1) 所收单据的种类、份数与信用证要求是否相符，与议付行或寄单行的寄单回函中所列是否相符。

(2) 汇票、发票上的金额是否一致，与信用证规定的最高金额相比是否超额，与议付行或寄单行的寄单回函所列金额是否一致。

(3) 所有单据中对货名、规格、数量、包装等描述是否与信用证要求相符。

(4) 货运单据的出单日及内容是否与信用证相符。

(5) 核对货运单据、保险单据等其他单据的背书是否有效。

《UCP600》第十四条部分规定如下。

a. 按照指定行事的被指定银行、保兑行(如有)以及开证行必须审核交单，并仅以单据为基础，以决定单据在表面上看来是否构成相符交单。

b. 按照指定行事的被指定银行、保兑行(如有)以及开证行，自其收到交单的翌日起算，应各自拥有最多不超过五个银行工作日的时间以决定交单是否相符。该期限不因交单日适逢信用证有效期或最迟提示期或在其之后而被缩减或受到其他影响。

开证行审单无误后，即交进口商进行复审，同时准备履行付款责任。

2. 进口商审单

进口商收到开证行交来的全套货物单据和/或汇票后，应根据合同和信用证的规定认真审核单据。首先，应审核各种单据的内容是否符合信用证要求，单据的种类和份数是否齐全，即单证是否一致。同时，以商业发票为中心，将其他单据与之对照，审核单据是否一致。进口商审单后，如没有提出异议，保兑行(如有的话)或开证行即履行付款或承兑的义务。进口商凭开证行的付款通知与收货单位结算。主要单据的审核要点和方法参见第八章的相关内容。

必须强调的是，《UCP600》从整体上对单据的要求逐渐宽松，广大进(出)口商尤其是进口商应该对《UCP600》的变化给予足够的重视，特别是要注意在处理单据的环节中，是否有不符合新惯例的地方，只有做到未雨绸缪，才能更好地保护自己的利益。如《UCP600》规定：单据中的数据在与信用证、单据本身以及国际标准银行实务参照解读时，无须与该单据本身中的数据、其他要求的单据或信用证中的数据一致，但不得相矛盾。这比《UCP500》要求的"严格相符原则"宽松。又如，对于发票、运输单据、保险单据以外的单据，如果并未规定出具人和单据内容，那么提交满足所要求单据功能的单据即可。这也比《UCP500》要求的"内容与其他单据不冲突"更为宽松。因此对于进口商，在给予开证行开证指示时，一定要注意措辞清晰，至少要明确自己需要的是什么层次的单据。

(二)进口付汇赎单和不符点单据的处理

在议付信用证项下，受益人在发运货物后，将全套单据经议付行寄交保兑行(如有的话)或开证行，保兑行(如有的话)或开证行审单后若认为交单相符，即应予以即期付款或承兑或延期付款。保兑行(如有的话)或开证行向外付款的同时，即通知进口企业付款赎单。进口商付款赎单前，同样需审核单据，若发现交单不符，则有权拒绝赎单。

对于远期信用证或因航程较短货物先于单据到达，进口商可以下列两种方式先行提货。

(1) 信托收据：在进口商尚未清偿信用证项下汇票时(往往指远期汇票)，可向银行开出信托收据，银行凭其将货运单据"借给"进口商，以利其及时提货，然后在汇票到期日偿还货款。

(2) 担保提货：进口货物先于提单到达目的地，进口商可请求银行出具保函，向运输公司申请不凭提单提取货物，如果承运人因此而蒙受损失，由银行承担赔偿责任。

收到不符单据后，进口商应根据《UCP600》的相关规定，考虑不符点性质并作适当的处理。对于性质轻微的不符点，可以采取以下措施。

① 部分付款，部分拒付。

② 验货合格后付款(先报关提货，后付货款)。

③ 凭担保付款(卖方出具货物与合同一致的担保)。

④ 更正单据后付款。

《UCP600》的相关规定如下。

第十六条　不符单据、放弃与通知

a. 当按照指定行事的被指定银行、保兑行(如有)或开证行确定交单不符时，可以拒绝兑付或议付。

b. 当开证行确定交单不符时，可以依据其独立的判断联系申请人放弃有关不符点。然而，这并不因此延长第十四条 b 款中述及的期限。

c. 当按照指定行事的被指定银行、保兑行(如有)或开证行决定拒绝兑付或议付时，必须一次性通知交单人。

通知必须声明：

i. 银行拒绝兑付或议付；及

ii. 银行凭以拒绝兑付或议付的各个不符点；及

iii. a) 银行持有单据等候交单人进一步指示；或

b) 开证行持有单据直至收到申请人通知弃权并同意接受该弃权，或在同意接受弃权前从交单人处收到进一步指示；或

c) 银行退回单据；或

d) 银行按照先前从交单人处收到的指示行事。

d. 第十六条 c 款中要求的通知必须以电信方式发出，或者，如果不可能以电信方式通知时，则以其他快捷方式通知，但不得迟于交单单据日期翌日起第五个工作日终了。

e. 按照指定行事的被指定银行、保兑行(如有)或开证行可以在提供第十六条 c 款 iii 项中的 a)目或 b)目要求提供的通知后，于任何时间将单据退还交单人。

f. 如果开证行或保兑行未能按照本条款的规定行事，将无权宣称单据未能构成相符交单。

g. 当开证行拒绝兑付或保兑行拒绝兑付或议付，并已经按照本条款发出通知时，该银行将有权就已经履行的偿付索取退款及其利息。

需要注意的是，进口商在外汇指定银行办理好付汇手续后，必须向外汇管理局申报核销。详细内容参见第六章第二节。

第二节　国际贸易结算票据

国际贸易货款结算很少使用现金，大多使用非现金，即金融票据来结算国际的债权债务。金融票据是国际通行的结算和信贷工具，是可以流通转让的债权凭证。国际贸易中使用的金融票据主要有汇票、本票和支票，其中最常用的是汇票。

国际贸易结算
票据.mp4

一、汇票

(一)汇票的含义和基本内容

在票据的各种类型中，汇票(Money Order)最具典型意义。其所包含的内容最为全面，各国票据法对汇票的规定也最为详细、具体。

按照《中华人民共和国票据法》(以下简称《票据法》)的解释：汇票是出票人签发的，委托付款人在见票时或者在指定日期无条件支付确定的金额给收款人或者持票人的票据。英国的《票据法》对汇票的定义是，汇票是由出票人向另一人签发的，要求即期、定期或在可以确定的将来时间，向指定人或根据其指示或向来人无条件支付一定金额的书面命

令。

我国《票据法》明确规定，汇票必须记载以下内容。

(1) 标明"汇票"字样。

(2) 无条件支付的付款命令。

(3) 出票人(Drawer)签章。

(4) 受票人(Drawee)即付款人(Payer)的名称。

(5) 受款人(Payee)即收款人名称。

(6) 确定的付款金额。

(7) 出票日期。

未记载上述之一内容的，或与上述内容有差错的，汇票均无效。

《日内瓦统一法》还把付款日期、付款地点和出票地点也作为必须记载的事项。我国《票据法》虽未把这些事项作为汇票的必备内容，但规定：汇票未记载付款日期的，视为即期付款；未记载付款地点的，付款人的营业场所、住所或者经常居住地为付款地；未记载出票地点的，出票人的营业场所、住所或者经常居住地为出票地。

(二)汇票的缮制

汇票无统一格式，卖方可自行设计，也可向银行购买空白汇票。常用的商业汇票具备以下项目，汇票样例如样单 7.1 所示。

样单 7.1　汇票

Bill　Of　Exchange

No..

Exchange for ....　　　　Tianjin , China ,.....................................

At ....sight of this FIRST of Exchange(the SECOND of the same tenor and date being unpaid)

pay to ....

The sum of ....

....

Drawn under ....

....

To ....

....

1."汇票"字样

如"Bill of Exchange""Draft"等。

2. 汇票号码(No.)

汇票号码通常与发票号码相同，也可填其他有利于识别的号码。

3. 汇票的出票日期与地点

(1) 汇票的出票日期：通常在交单时由银行打上交单当天的日期。

(2) 出票地点：关系法律适用的问题(多使用"行为地法律")，原则上应是出口商所在地，一般与日期相连。通常由银行代填。

4. 出票条款

出票条款，又称出票根据或出票依据，表明汇票起源。

(1) 信用证项下的汇票必须有出票条款，包括三部分，分别为开证行名称、信用证号和开证日期。如：

Drawn under 开证行名称 L/C No. 信用证号 Dated 开证日期

(2) 托收项下，如：

Drawn under Contract No. 合同号 against Shipment of 货物名称 for Collection.

5. 金额(大写、小写)

汇票金额必须是确定的金额。

小写(Amount in Figures)：Exchange for USD1000,000.00

大写(Amount in Words)：(the sum of)U.S. dollars one thousand thousand only

如规定了利息，还须注明"Payable with interest @ …%"。

大、小写必须一致，不得涂改(我国规定如不一致，汇票无效；其他国家则以文字为准)。

6. 付款期限

我国的《票据法》和《日内瓦统一法》规定，汇票应当记载汇票付款期限(Tenor)，未记载的视为见票即付。英国的《票据法》认为，到期日不是汇票的必需项目，未记载的按见票即付处理。

(1) 我国的《票据法》和《日内瓦统一法》规定了以下四种付款期限。

① 即期付款：如"At******Sight"(见票即付)或"At----Sight"。

② 见票后付款：如"At 30 Days After Sight"或"At 30 Days' Sight"(见票后30天付款)。

③ 出票后付款：如"At 30 Days After Date"或"At 30 Days' Date"(出票后30天付款)。

④ 定日付款(At A Fixed Date)：如"At Dec. 27, 2007 Fixed"。

此外，美国的《票据法》还规定了以下一种汇票期限，在实务中也常见。

⑤ 延期付款(Deferred Payment)——某一说明日期后定期付款，具体如下。

a. 提单(签发)日/交单日/其他特定日期后定期付款。如：

"At 30 Days After Date Of Bill Of Lading"

"At 30 Days After Date Of Presentation"

"At 30 Days After Date Of Shipment"

b. 汇票注明日期后定期付款。在实务处理中，如果合同或信用证规定了这种付款期限，我们作为出口方在缮制汇票时，为避免出现与我国《票据法》规定的付款期限不一致的情况，可以把该提单日/交单日/装船日等特定日期或"汇票注明日期"做成出票日期，而付款期限则做成出票后付款即可。

(2) 计算到期日的方法要按照文义和国际惯例。

① 《UCP600》规定，"从……开始(from)"及"在……之后(after)"等词用于确定到期日期时不包含提及的日期。

② "月"为日历月，以月为单位计算付款期限的，不考虑每月的具体天数，一律以相应月份的同一天为到期日，若当月无对应日期，以当月最后一天代替。如汇票见票日为1月12日，则见票后3个月后付款的到期日为4月12日。又如汇票见票日为1月31日，则见票后1个月、2个月、3个月后付款的到期日分别为2月28日(闰年为2月29日)、3月31日、4月30日。

③ 先算整月，后算半月，半月按15天计算。如汇票出票日为1月12日，则出票后3个半月付款的到期日为4月27日(出票后3个月为4月12日，再加15天为4月27日)。

④ 到期日如遇节假日等非营业日，则顺延至其后的第一个营业日。

7. 受款人及无条件支付命令

(1) 受款人，即汇票抬头人，是出票人指定的接受票款的当事人，有以下三种表示方法。

① 指示性抬头(To order)：此种抬头的汇票最普遍。如：

"付××公司或其指定人"(Pay to ×× Co. Or order 或 Pay to the order of ×× Co.)

"付××银行"(Pay to bank of ×× Or order.)

这样的汇票经过背书，可以转让。

② 限制性抬头(Restrictive Payee)。

"Pay to …(公司名称或人名) only/not transferable"。如：

"仅付××公司"(Pay to ×× Co. Only)

"付××公司不准转让"(Pay to ×× Co. Not Transferable)

这种抬头的汇票则不能流通转让。

需要注意的是，如无"only"或"not transferable"或其他类似的限制性词语时，则视同指示性抬头，可背书转让。

③ 来人式抬头/持票式抬头(To Bearer/Holder)。如："付给来人"(Pay to bearer 或 Pay to holder)，这种抬头的汇票无须持票人背书，仅凭交付即可转让。我国《票据法》规定，此种抬头的汇票无效。

需要注意的是，

① 在国际结算业务中，汇票的受款人一般都是以银行指示为抬头的。

② 信用证如无特别规定，应以议付行为受款人；无证托收的汇票，一般以托收行为受款人。

(2) 无条件支付命令。

汇票从定义上就规定了它是出票人指示受票人支付一定的款项给受款人的无条件支付

命令书。该无条件支付命令有两层含义：其一，此命令的执行不能以任何其他行为的履行或事件的发生为先决条件，例如，ABC 公司交付的货物符合规定，即支付其金额 100 000 美元(Please pay to ABC company USD100 000.00 provided ABC company shipped goods as scheduled)等附加条件或限制的汇票无效；其二，它是一个命令而非请求，所以出现诸如"Would you please pay to ABC company USD100 000.00？"类似语句的也属于无效汇票。像"(Please) pay to ABC company USD100 000.00."的支付语句，才是无条件支付命令。

8. 付款人

付款人(Payer/Drawee 受票人)一般位于汇票左下角，即"To:(付款人)"。

(1) 信用证项下：付款人由信用证规定，一般是信用证的开证行或其指定的付款行；如未规定，开证行为付款人。信用证中相应的付款人表示为"Drafts drawn on..."《UCP600》规定，信用证不应开立以开证申请人为付款人的汇票。

(2) 托收项下：付款人一般是进口商。

9. 出票人

出票人(Drawer)包括公司名称、公司盖章和负责人签字。一般位于汇票的右下角。通常为出口人或信用证的受益人。汇票必须有签字。

10. 关于付一不付二和付二不付一

为防遗失，商业汇票通常一式两份，分别寄发，但付款人只对其中的一份承兑或付款，当对其中的一份承兑或付款后，另一份随即作废。须在汇票上注明以下内容。

第一联："At ... of this FIRST of Exchange(SECOND of Exchange being unpaid)."
"……日后付款，本汇票之第二联未付。"

第二联："At ... of this SECOND of Exchange(FIRST of Exchange being unpaid)."
"……日后付款，本汇票之第一联未付。"

(三)汇票的种类

汇票按其内容和特征可以分为以下几种。

(1) 按出票时有无附属单据，汇票分为光票和跟单汇票。光票(Clean Bill)，是指出具的汇票不附任何货运单据；反之，如出具的汇票附有货运单据，则称为跟单汇票(Documentary Bill)。国际贸易中使用的大多是跟单汇票。

(2) 按付款时间的不同，汇票分为即期汇票和远期汇票。凡汇票上规定付款人见票后应立即付款的称为即期汇票(Sight Draft)。凡汇票上规定付款人在未来的特定日期付款的称为远期汇票(Time Bill；Usance Bill)。远期汇票的规定办法常见的有三种：①付款人见票后若干天付款，如见票后 30 天、60 天、90 天等(At××days after sight)；②出票后若干天付款(At××days after date)；③提单签发日或装船日后若干天付款(At××days after B/L date 或 At××days after shipment)。

(3) 按出票人的不同，汇票分为银行汇票和商业汇票。银行汇票(Banker's Draft)，是指汇票的出票人是银行，受票人也是银行。如果汇票的出票人是非银行的工商企业或个人，则称为商业汇票(Commercial Bill)。

(4) 按承兑人不同，汇票分为商业承兑汇票和银行承兑汇票。由非银行的工商企业或个人承兑的远期汇票，称为商业承兑汇票(Commercial Acceptance Bill)；由银行承兑的远期汇票，称为银行承兑汇票(Banker's Acceptance Bill)。

一张汇票往往可以同时具备几个特征，如一张商业汇票可以同时又是远期的跟单汇票。

(5) 根据汇票的流通地域，汇票分为国内汇票和国际汇票。国内汇票(Inland Bill/Domestic bill)，是指出票地与付款地处于同一国家的汇票。国际汇票，也称外国汇票(International Bill/Foreign Bill)，是指出票地与付款地分别处于两国的汇票。这一区分的意义在于：①遭遇退票时制作拒绝证书(拒绝承兑或付款时)的必要性不同，前者由有关各方决定是否出具，后者则须由公证人出具拒绝证书(Pretest)；②运用的法律不同，前者受本国法律约束，而后者按冲突法规处理；③份数不同，国内汇票通常出具单份(Solo)，国际汇票通常两份或多份。银行汇票通常只签发一份。

(四)汇票的使用

汇票的使用程序随其是即期汇票还是远期汇票而有所不同。即期汇票一般要经过出票、提示和付款程序，远期汇票则经过出票、提示承兑和付款程序。如需转让，还要经过背书，如遭拒付，则有追索环节。其中出票是"主票据行为"，其他为从票据行为。

1．出票

出票(Draw 或 Issue)由两部分组成：①出票人写成汇票并签字；②交付，即出票人将汇票交付给收款人。只有经过交付，汇票才开始生效。

出票人第一个在汇票上签名，在付款人签字前是汇票的主债务人，他以签发汇票的形式创设了一种债权，并将其赋予持票人。出票人承担保证该汇票得到承兑和/或付款的责任，若汇票得不到承兑和/或付款，出票人应当向持票人清偿被拒付的汇票金额和自到期日或提示付款日至清偿日止的利息，以及取得拒付证书等费用。

付款人在其未签字前并不对付款承担责任，因为汇票只是由出票人担保的"信用货币"，收款人的债权完全依赖出票人的信用。

2．提示

提示(Presentation)，是指持票人(Holder)将汇票提交付款人，要求承兑或付款的行为。付款人看到汇票叫"见票"(Sight)。如果是即期汇票，即提示付款(Presentation for Payment)，付款人见票后立即付款；若是远期汇票，则有两次提示，持票人须先提示承兑(Presentation for Acceptance)，付款人办理承兑手续后，于汇票到期日持票人再提示付款，付款人才付款。

关于提示的期限，各国规定不同，具体如下。

(1) 《日内瓦统一法》：出票日起 1 年内。

(2) 英国《票据法》：合理的时间内。

(3) 我国《票据法》：a.见票即付和见票后定期付款的，自出票日后 1 个月内；b.定日付款或出票日后定期付款的，汇票到期日前。

对已承兑的远期汇票的提示付款期限，各国的规定如下。

(1) 《日内瓦统一法》：到期日或其后两个营业日内。

(2) 英国《票据法》：付款到期日当天。

(3) 我国《票据法》：自到期日起10日内。

3. 承兑

承兑(Acceptance)，是指付款人对远期汇票表示承担到期付款责任的行为，也由写成和交付两部分组成。承兑写成手续一般由承兑人(付款人)在汇票正面写上"承兑"(Accepted)字样，并注明承兑日期并签名。汇票一经承兑，就不可撤销。承兑的交付分两种方式：一种为实际交付(Actual Delivery)，即付款人承兑后将汇票交还持票人留存，到期持票人再持已承兑的汇票提示付款；另一种为推定交付(Constructive Delivery)，即付款人承兑后汇票仍由承兑人保管，在承兑当日发出承兑通知书给正当持票人，到期持票人持承兑通知书提示付款。目前，在国际银行业务中，后一种做法较多见。

一经承兑，付款人即成为承兑人(Acceptor)，并取代出票人成为汇票的主债务人，而出票人便成为汇票的从债务人。承兑的手续如下。

(1) 付款人写"承兑"(Accepted)字样。

(2) 注明承兑日期(我国规定，未注明的，从收到提示承兑的汇票之日起的第三天为承兑日期)。

(3) 签名。无(1)而仅有(3)者视为承兑。

关于承兑的考虑时间，具体规定如下。

(1) 《日内瓦统一法》：从第一次提示后之次日至第二次提示日为止。

(2) 英国《票据法》：在提示的次一个营业日营业时间终了之前。

(3) 我国《票据法》：收到承兑的汇票之日起3天内承兑或拒绝。

承兑的种类(方式)有以下两种。

(1) 普通承兑(General Acceptance)，是指承兑人对汇票内容一概接受，且无条件地承兑。如"Accepted Dec.11，2015(Signed)"。

(2) 限制承兑(Qualified Acceptance)，又称保留性承兑，是指承兑人承兑时外加一些对汇票内容的修改。常见的有以下几种。①有条件承兑(Conditional Acceptance)：须完成承兑人所提出的条件后才予以承兑。②部分承兑(Partial Acceptance)：只承兑汇票金额的一部分。③地方性承兑(Local Acceptance)：承兑时指明仅在某地支付，如"Payable at Hongkong …"。④改变付款时间承兑(Qualified Acceptance Time)：例如，原来是出票日后3个月付款的汇票，承兑时写明6个月付款。⑤改变当事人承兑(Parties Qualified Acceptance)。这是当一份汇票由两个或以上的付款人共同付款时，少了一个或数个的签名而由其中一个或几个付款人付款承兑。

我国《票据法》明确规定：承兑附有条件的，视为拒绝承兑。

另有一种参加承兑(Acceptance for Honor)的票据行为，是指票据在提示后遭到付款人拒绝承兑，或因付款人死亡，逃避或其他原因而无法获得承兑时，由第三者即参加承兑人(Acceptor for Honor)对汇票承兑；当汇票到期时，若付款人拒不付款，则由参加承兑人负责付票款。参加承兑的目的是保全票据上有关债务人的信用，所以又称"荣誉承兑"。参加承兑人的法律地位是次债务人(仅对被参加承兑人及其后手承担义务)。我国未对参加承兑作规定。

4. 付款

付款(Payment)，是指付款人或承兑人向持票人清偿汇票金额。当付款人付清款额后，持票人在汇票上要记载"收讫"字样并签名。汇票上的一切债务责任即告结束，汇票注销(Discharge)。

付款人的责任有两个，即应正当付款和应支付金钱。

(1) 应正当付款，有以下三层含义。

① 应在到期日或以后付款，若提前，付款人自担风险。

② 应付款给合法持票人：付款人应验明提示人的身份并审核背书的连续性。

③ 应善意付款：付款人应按照行业惯例利用专业信息调查持票人是否有任何权利缺陷。

(2) 应支付金钱。只能支付金钱而不是其他替代物，但可按付款日市场汇率将汇票指定货币兑换成本币支付给持票人。

还有一种参加付款(Payment for Honor)的票据行为，指当票据被付款人拒绝付款时，参加付款人(Drawee for Honor)对票据进行付款的行为。我国未对此作规定。

5. 背书

背书(Endorsement)是转让汇票权利的一种手续，指汇票的抬头人(受款人)在汇票背面签上自己的名字，或再加上受让人即被背书人(Endorsee)的名字(此为写成)，并把汇票交受让人的行为(此为交付)。背书后，汇票的收款权利便转移给受让人。

在国际金融市场上汇票是一种流通工具，经过背书后可以不断转让。汇票在转让过程中便形成了"前手"和"后手"，对受让人来说，所有在他以前的背书人包括原出票人皆是"前手"；对出让人来说，所有自他出让以后的受让人都是"后手"。前手对后手负有担保汇票必须被承兑或付款的责任。

背书的类型主要有以下几种。

(1) 限制性背书，即不可转让背书。如"Pay to A Co only /not transferable/not to order"。

英国《票据法》规定：限制性背书的汇票只能由指定的被背书人凭票取款，且不能将汇票再行转让或流通。我国《票据法》第三十四条规定：背书人在汇票上记载了"不得转让"字样后，其后手再背书转让的，原背书人对后手的被背书人不承担保证责任。《日内瓦统一法》对此也作了相同规定。在国际贸易结算中，限制性背书较少使用。

(2) 特别背书，又称"记名背书""正式背书""完全背书"，是指背书人先作被背书人记载，然后再签字。如：

Pay to the order of A Co..

Pay to A Co. or order.

(3) 空白背书，又称"无记名背书""不记名背书"，是指背书人只在汇票背面签字/盖章，而不作被背书人记载。空白背书的汇票可自由流通，无须背书即可再行转让。我国不允许作空白背书。

(4) 带有条件背书,指支付给被背书人的指示是带有条件的。根据票据法的一般规则,背书不得附有条件,附有条件的,该条件不具效力,但背书仍然有效,部分背书除外。但某些国家(如美国)的法律规定,付款人、承兑人履行付款的责任取决于条件的完成。

(5) 托收背书,指要求被背书人按委托代收票款的指示处理汇票。例如,"For collection pay to the order of C bank ." 由于受委托收款的被背书人(如上例"C bank")得到的是代理权而不是债权,故不能以背书方式转让本不属于他的汇票权利,但可再作托收背书,再委托他人收款。背书应当连续,我国法律规定,后手应对其直接前手背书的真实性负责。在实际业务中,持票人通常将汇票背书转让给银行以贴现。

6. 拒付

拒付(Dishonor),也称退票,是指汇票在提示付款或提示承兑时遭到拒绝。我国《票据法》规定,持票人提示承兑或提示付款被拒绝的,承兑人或付款人必须出具拒绝证明,或出具退票理由书。值得注意的是,汇票的拒付行为并不局限于付款人正式表示不付款或不承兑,在付款人或承兑人拒不见票、死亡、宣告破产、因违法被责令停止业务活动或无资格等情况下,使付款在事实上已不可能时,也构成拒付。当付款人拒付时,出票人应根据原契约与之进行交涉。

7. 追索

追索(Recourse),是指汇票被拒付时,持票人对其前手(背书人、出票人、承兑人)或其他的汇票债务人(如保证人)要求清偿汇票金额及费用(包括利息及制作"拒付通知书"和"拒付证书"的费用)的行为。汇票被拒付,持票人除了可以向承兑人或付款人追索外,还有权向所有"前手"(包括背书人、出票人)追索。持票人行使追索权时,应将拒付事实书面通知"前手"。一般应请求拒付地的法定公证人或其他有权做拒付证书的机构做拒付证书。汇票的出票人或背书人为避免承担被追索的责任,可在背书时加注"不受追索"字样。但带有这种批注的汇票在市场上是很难流通转让的。

行使追索权有以下三个条件。

(1) 须在法定期限内提示汇票。

(2) 须在法定期限内发出退票通知(拒付通知)。

(3) 外国汇票遭到退票,须在法定期限内制成拒绝证书。

只有符合这三个条件,才能保留和行使追索权。

保留追索权的期限各国规定也有所不同。英国《票据法》规定为 6 年;《日内瓦统一法》规定,持票人对前一背书人或出票人行使追索权的期限为 1 年,背书人对其前手背书人则为 6 个月。我国《票据法》规定,持票人对出票人和承兑人行使追索权的期限为出票日起 2 年,清偿持票人对前手的再追索权是自拒付之日起 6 个月。

8. 保证

保证(Guarantee),是指由保证人(汇票债务人以外的第三者)承担保证付款的责任。其手续是在汇票上或粘单上注明以下内容。

(1) "保证"字样。

(2)　被保证的人——出票人、背书人、承兑人、参加承兑人。

(3)　保证人的名称住所及日期(无日期者出票日期即为保证日期)。

(4)　签名。

关于(2)，我国《票据法》规定，已承兑的，承兑人为被保证人；未承兑的，出票人为被保证人。

保证不得附条件，附有条件的，也不影响对汇票的保证责任。票据保证与一般保证的不同点是，保证人有与被保证人完全相同的责任。实际业务中，当付款人是被保证人，银行为保证人(如保兑行)时，保证银行就直接承担汇票到期付款的责任，其清理汇票债务后，可以行使持票人对被保证人及其前手的追索权。

二、本票

(一)本票的含义及基本内容

英国《票据法》关于本票(Promissory Note)的定义是，本票是一个人向另一个人签发的，保证见票时或定期或在可以确定的将来时间，对某人或其指定人或持票来人无条件支付一定金额的书面付款承诺。

我国《票据法》规定："本票是出票人签发的，承诺自己在见票时无条件支付确定金额给收款人或者持票人的票据。"也就是说，在我国只有即期付款的本票。根据我国《票据法》的规定，本票的必要记载内容有六个方面："本票"字样、无条件支付的承诺、确定的金额、收款人名称、出票日期和出票人签章。以上条款缺一不可，否则本票无效。本票比汇票少了一个必要项目——付款人。关于付款地、出票地等事项的记载也应清楚、明确，不过没有记载也不影响本票的效力。我国《票据法》规定，本票未记载付款地的，出票人的营业场所为付款地；未记载出票地的，出票人的营业场所为出票地。

《日内瓦统一法》规定，本票应包括"本票"字样、无条件支付一定金额的承诺、付款期限、付款地点、收款人、出票地点与日期和出票人签字的内容。

(二)本票的种类

本票分为商业本票和银行本票。由工商企业或个人签发的称为商业本票或一般本票，由银行签发的称为银行本票。商业本票有即期和远期之分。银行本票都是即期的。在国际贸易结算中使用的本票，大都是银行本票。

我国《票据法》规定，本票仅限于银行本票，而且金融机构的出票人资格须由中国人民银行审定。

三、支票

(一)支票的含义与主要内容

支票(Cheque/Check)，是指银行存款户向银行签发的即期无条件支付命令。英国《票据法》给支票下的定义是，支票是以银行为付款人的即期汇票。我国《票据法》的定义是："支票是出票人签发的，委托办理支票存款业务的银行或者其他金融机构在见票时无条件支付确定的金额给收款人或持票人的票据。"

支票必须记载以下事项：表明"支票"的字样、无条件支付的委托、确定的金额、付款人名称、出票日期和出票人签章。以上内容缺一不可，否则支票无效。不过，支票上的金额可以由出票人授权补记。除必要项目外，收款人、付款地、出票地都是支票的重要内容。支票未记载收款人名称的，经出票人授权可以补记；未记载付款地的，付款人的营业场所为付款地；未记载出票地的，出票人的营业场所、住所或者经常居住地为出票地。

《日内瓦统一法》规定，支票应包括的条款有"支票"字样、无条件支付一定金额的命令、付款人、付款地、出票日期与地点和出票人签名的内容。

(二)支票的种类

支票有以下4种。

1. 只有即期无远期

支票都是即期的。我国《票据法》规定，支票限于见票即付，不得另行记载付款日期。

2. 记名支票与不记名支票

这里的记名不记名，是指支票上收款人这一栏内的行文。凡记名支票，必须在这一栏写明××人为收款人；凡不记名支票，这一栏就写成持票人。

3. 划线支票与不划线支票

所谓划线支票，就是在支票的正面有两条平行线，以此表明该支票不能在付款行的柜台提现，而只能付到收款人的账户入账。根据是否在平行线中记载收款银行的名称，分为普通划线支票和特殊划线支票，前者未记载收款银行的名称，通过任何银行向付款行收款；后者则只能通过在平行线中记载的银行收款入账。划线支票因为不能提现而只能入账，相当于转账支票。划线的目的是安全，一旦支票遗失被人冒领，还有可能通过银行代收的线索追回票款。与此相反的是"未划线支票"，这种支票既可转账，又可提现，称为现金支票。

4. 保付支票

保付支票，是指付款银行在其上加注了"保付"字样并签章的支票。这种支票由银行承担付款责任，其他债务人一概免责；持票人可以不受付款提示期的限制，在支票过期后提示，银行仍然要付款。

(三)支票的提示期限

按《日内瓦统一法》规定，出票人和付款人在同一国内的支票，提示期为8天。我国《票据法》规定，支票的提示期限是自出票日起10天，同地使用的支票，其提示期限按中国人民银行规定。超过提示期限的，付款人可以不予付款，但出票人仍应对持票人承担票据责任。

第三节 商业信用结算方式——汇付与托收

国际货款结算方式可分为两大类：第一类为商业信用结算方式，以工商企业或个人的信用为基础，银行仅充当中介，为买卖双方办理收付款业务，不提供银行信用，如汇付、托收；第二类为银行信用结算方式，以银行信用为基础，银行不仅提供中介服务，而且为结算双方提供信用，使买卖双方获得了信用与融资的便利，如信用证、银行保函、备用信用证等。其中，汇付、托收和信用证结算方式最为常用。本节具体介绍第一类的汇付和托收两种方式。

汇付与托收.mp4

一、汇付

汇付(Remittance)，又称汇款，是指付款人主动将货款通过银行付给出口人。国际贸易货款的收付如采用汇付，一般是由买方按合同约定的条件(如收到单据或货物)和时间，将货款通过银行，汇交给卖方。

(一)汇付业务的当事人

1. 汇款人

汇款人(Remitter)是委托银行汇出款项的人，国际贸易中通常是进口商或债务人。

2. 收款人

收款人(Payee)是接受汇款方所汇款项的人，国际贸易中通常为出口商或债权人。

3. 汇出行

汇出行(Remitting Bank)是接受汇款人的委托，办理汇出款项业务的银行。

4. 汇入行

汇入行(Paying Bank)，也称解付行，是受汇出行的委托，解付汇入款项给收款人的银行，通常是收款人所在地的银行。

以上是汇款业务中的主要当事人。但在汇出行与汇入行之间没有建立直接账户关系的情况下，还会涉及转汇行。

5. 转汇行

转汇行是代汇出行拨付或偿付汇款资金给汇入行，或代汇入行收款入账或索取该款项的银行。

(二)汇付方式

1. 汇付按采用工具的不同分为信汇、电汇和票汇

(1) 信汇(Mail Transfer，M/T)，是指汇款人将货款交给汇出行，委托汇出行以信汇委

托书(M/T Advice)或支付通知书(Payment Order)作为结算工具，通过航空信件方式寄发给汇入行，并委托其将款项解付给指定的收款人。

(2) 电汇(Telegraphic Transfer，T/T)与信汇类似，只是汇出行使用的不是航空邮寄方式，而是以电报、电传、传真、环球银行间金融电信网络等电信方式发出付款委托通知给汇入行，委托其将款项解付给指定的收款人。采用电汇方式的费用高于信汇，但出口人可以迅速收到货款。电汇、信汇的具体业务流程如图7.1所示。

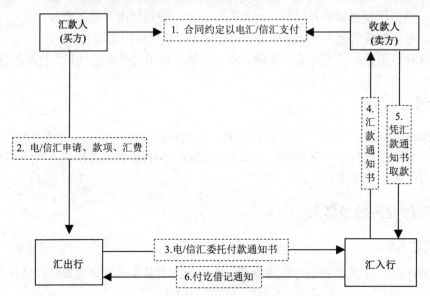

图 7.1　电汇、信汇流程

(3) 票汇(Demand Draft，D/D)是一种以银行即期汇票作为结算工具的汇付方式。指汇出行应汇款人的申请，开立以其分行或代理行或其他往来银行为付款人的汇票，交由汇款人自行寄交给收款人，收款人凭以向汇票上指定的付款行取款的一种汇款方式。近年来，票汇使用本票、支票的日益增多。票汇具体业务流程如图7.2所示。

2. 按时间的不同分为预付货款和货到付款

(1) 预付货款(Payment in Advance)，是指进口商先将货款的一部分或全部汇交出口商，出口商在收到货款后，在规定的时间内发运货物。在预付货款的情况下，进口商为避免货款两空，可采取凭单付汇(Remittance against Documents)的做法，即汇款人可以指示汇入行解付货款时，要求收款人提供某些指定单据。

(2) 货到付款(Payment after Arrival of Goods；Payment On Delivery)，是指出口商先将货物发运，进口商在收到全部合格的货物后才支付货款。

(三)汇付方式评价

汇付是一种简便、快速的支付方式，但此方式的使用完全取决于进、出口双方的相互信任，因此属于商业信用。在汇付方式下，卖方在收到货款后是否交货，买方在收到货物后是否付款，完全靠买、卖双方的商业信用。可见，在这种支付方式下，总存在着一方要占用资金、损失利益，并承担货与款两空的风险。国际贸易中，这种方式主要用于金额较小的预付货款、支付定金、分期付款、延期付款、小额交易的支付货款、待付货款的尾数、费用差额的支付以及佣金的支付等。

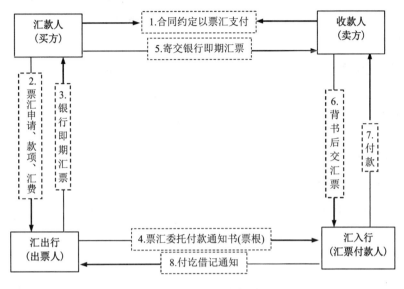

图7.2 票汇流程

二、托收

托收(Collection)，是指债权人(出口人)出具汇票委托银行向债务人(进口人)收取货款的一种支付方式。它是一种仅次于信用证结算方式的较为常用的国际结算方式。在我国，为了把它和信用证方式区别开来，习惯上把托收称为无证托收，连同汇款结算业务统称为无证结算业务，而把信用证结算业务称为有证结算业务。

(一)托收方式的当事人

1．委托人

委托人(Principal)，是指委托银行办理托收业务的客户，通常是指出口人。

2．托收行

托收行(Remitting Bank)，是指接受委托人的委托，办理托收业务的银行。

3．代收行

代收行(Collecting Bank)，是指接受托收银行的委托向付款人收取票款的进口地银行。代收银行通常是托收银行的国外分行或代理行。

4．付款人

付款人(Payer，Drawee)，指汇票中指定的付款人，也就是银行向之提示汇票和单据的债务人，一般是指进口商。

5．提示行

提示行(Presenting Bank)指应托收银行或代收银行的委托，向付款人提示单据和汇票，代为索款的付款人所在地银行。一般情况下，代收行就是提示行。如果有需要，代收行可指定另外的银行为提示银行(当付款人与代收行不在同一地或无业务往来关系处理不便时)，但前提是托收行未指定提示行。

6．需要时的代理

需要时的代理(Principal's Representative In Case-of-need)，又称委托人的代表，是指委托人指定的在付款地代为照料货物、存储、转售、运回或改变交单条件等事宜的代理人。

(二)托收的种类

根据是否随附商业单据，托收分为光票托收和跟单托收，国际贸易中货款的收取大多采用跟单托收。在跟单托收的情况下，根据交单条件的不同，又分为付款交单和承兑交单两种。

1．付款交单

付款交单(Documents against Payment，D/P)是指出口方的交单是以进口方的付款为条件。即出口方发货后，取得装运单据，委托银行办理托收，并在托收书中指示银行，只有进口方付清货款后，才能把装运单据交给进口方。

按付款时间的不同，付款交单又可分为即期付款交单和远期付款交单两种。

(1) 即期付款交单，是指出口方发货后开具即期汇票连同货运单据，通过银行向进口方提示，进口方见票后立即付款，进口方在付清货款后向银行领取货运单据。即期付款交单流程如图7.3所示。

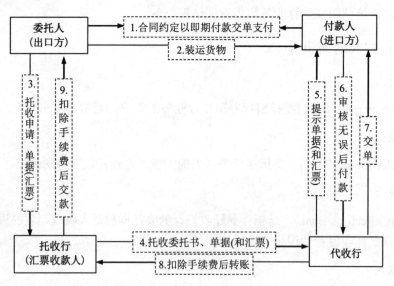

图7.3　即期付款交单流程

(2) 远期付款交单，是指出口方发货后开具远期汇票连同货运单据，通过银行向进口方提示，进口方审核无误后即在汇票上进行承兑，且于汇票到期日付清货款后再领取货运单据。远期付款交单流程如图 7.4 所示。

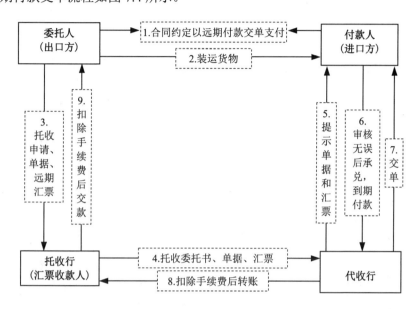

图 7.4 远期付款交单流程

2．承兑交单

承兑交单(Documents against Acceptance，D/A)，是指出口方的交单以进口方在汇票上承兑为条件，即出口方在装运货物后开具远期汇票，连同货运单据，通过银行向进口方提示：进口方承兑汇票后，代收银行即将货运单据交给进口方，进口方在汇票到期时方履行付款义务。承兑交单方式只适用于远期汇票的托收。在承兑交单方式下，进口方在汇票上承兑之后即可取得货运单据，凭以提取货物。也就是说，出口方已交出了物权凭证，其收款的保障完全依赖进口方的信用，一旦进口方到期不付款，出口方便会遭受货、款两空的损失。因此，出口方对这种方式的采用持很慎重的态度。

承兑交单流程如图 7.5 所示。

3．其他交单方式

其他交单方式，是指不用汇票而要提供担保的承诺付款交单。

(三)跟单托收方式下的资金融通

1．托收出口押汇

托收出口押汇(Collection Bill Purchased)，是指由托收银行买入出口方提供的跟单汇票和单据从而向出口方提供资金融通的一种方式。其具体做法是，出口方发运货物后，开出以进口方为付款人的汇票，并将汇票及所附货运单据交托收银行委托收款；由托收银行买入汇票及所附货运单据，按照汇票金额扣除从付款日(即买入汇票日)至预计收到票款日的利息和手续费，并将款项先行付给出口方。按照一般的托收流程，必须在单据和汇票到达进口方后，托收银行收到付款人款项，然后再转给出口方。而在托收出口押汇的条件下，出口方在交单给托收银行时就能获得款项。所以，托收出口押汇实质是托收银行对出口方的一种垫款，也是以汇票和单据作为抵押品的一种贷款，有利于出口方加速资金周转和扩大业务量。

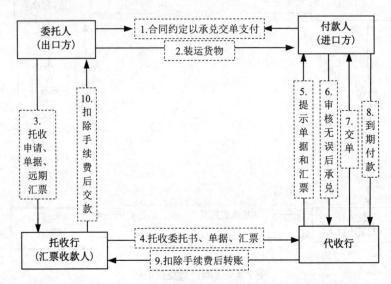

图7.5 承兑交单流程

托收银行续作托收出口押汇，缺乏第三者对进口方付款的担保，有较大风险，故在实际业务中，只有出口方尤其是进口方资信可靠，市场行情、政治经济情况都良好的情况下，银行才酌情开展这样的业务。与此同时，我国银行也有此做法。

2．凭信托收据借单

凭信托收据借单，又称进口押汇，是代收银行给进口方的凭信托收据提货便利的一种凭单，向进口方融通资金的方式。其具体做法是当进口方欲在汇票到期或在付款前先行提货时，可在承兑汇票后出具信托收据，凭以向代收银行借取货运单据并提取货物。货物售出后所得的货款在汇票到期后偿还代收银行，收回信托收据。信托收据是一种书面信用担保文件，用以表示出票人愿意以委托人身份代为提货、报关、存储、保险、出售，同时承认货物的所有权仍属银行。

这种做法纯粹是代收行自己向进口方提供信用便利，与出口方和托收银行无关，若非出口商授权，代收行须承担汇票到期不能收款的风险。但若出口方通过托收银行授权代收行办理凭信托收据借单(出口方授权的凭信托收据借单简称 D/P.T/R)，则由出口商自行承担此风险，此种做法类似于承兑交单。

(四)托收方式的性质和利弊

托收的性质是商业信用。银行办理托收业务时，只是按委托人的指示办事，并不提供信用。

托收，不论是付款交单，还是承兑交单，出口方都是先发货后交单收款，其实质是对进口方的资金融通。总的来讲，这种方式对出口方非常不利，尤其是承兑交单方式，出口商稍有不慎就有可能货、款两空。跟单托收对出口人虽有一定的风险，但对进口方却很有利，它不但可免去申请开立信用证的手续，不必预付银行押金，减少费用支出，而且有利于资金融通和周转。由于托收对进口方有利，因此在出口业务中采用托收，这不仅有利于调动进口商采购货物的积极性，还有利于促进成交和扩大出口，故许多出口方都把采用托收作为推销库存货和加强对外竞争的手段。

(五)托收统一规则

国际商会为调和有关托收当事人之间的矛盾，促进商业和金融活动的开展，于 1967 年拟定了《商业单据托收统一规则》(Uniform Rules for Collection of Commercial Paper)，并建议各国银行采用。以后国际商会对该规则一再进行修订，并改名为《托收统一规则》。《托收统一规则》现行版本国际商会第 522 号出版物(Uniform Rules for Collection,ICC Publication No.522，URC522)，已于 1996 年 1 月 1 日起正式实施，全文共 26 条，分为总则与定义，托收的形式和结构，提示的方式，义务和责任，付款，利息、手续费以及其他条款等。以下是该规则所涉及的部分内容。

(1) 在托收业务中，银行除了检查所收到的单据是否与委托书所列一致外，对单据并无审核的责任。但银行必须按照委托书的指示行事，如无法照办，应立即通知发出委托书的一方。

(2) 未经代收行事先同意，货物不能直接发给代收行。如未经同意就将货物发给银行或以银行为收货人，该行无义务提取货物，仍由发货人承担货物的风险和责任。

(3) 托收不应含有远期付款的汇票。若托收含有远期付款的汇票，托收委托书必须指明单据是凭承兑还是凭付款交单。如未指明，银行只能凭付款交单。

(4) 银行对于传递中发生的遗失或差错概不负责。

(5) 提示行对任何签字的真实性或签字人的权限不负责任。

(6) 托收费用应由委托人负担。

(7) 委托人应受国外法律和惯例规定的义务和责任约束，并对银行承担该项义务和责任，且负赔偿职责。

(8) 如委托人指定了一名"需要时的代理"，须在指示书中明确其权限，否则银行将不接受该代理的任何指示。

(9) 遭遇拒付时，提示行(代收行)必须毫不迟延地发出拒付通知，委托行(托收行)也须对如何处理单据作出指示。提示行如在发出通知 60 天内未收到指示，可将单据退回发出指示的银行，且不负任何责任。

(六)使用托收方式应注意的问题

托收方式中的承兑交单方式，是有利于进口方而对出口方非常不利的。但正因如此，出口商往往用其作为吸引客户、促进成交、扩大出口和提高市场竞争力的手段。我国外贸企业在出口贸易采用托收方式时，为保障安全收汇，必须注意以下事项。

(1) 认真调查进口方的资信情况、经营能力和经营作风。托收方式没有银行信用的主要保证，银行虽参与其间，也只是提供服务，并无非收妥不可的保证，这对委托人而言是致命的弱点。因此在托收结算方式中，付款人的信誉是最重要的。只有在对付款人做充分的调查，在认可付款人信誉的基础上，才能考虑以托收结算。

(2) 代收行一般不能由进口人指定，以防代收行信用不佳。

(3) 出口合同应争取按 CIF 或 CIP 条件成交，也可投保出口信用保险(保障因国外进口商的商业风险或政治风险而给本国出口人造成的收不到货款的损失)。不采用 CIF 或 CIP 条件时，应投保卖方利益险(承保的是在 CFR 或 FOB 等条件下，若货物运输途中受损，买方未投保而又不付款赎单时会给卖方造成的损失)。

(4) 出口方应慎重选择远期付款交单，因为有些国家如拉美的一些国家会把远期付款交单当作承兑交单处理。

(5) 与对贸易管制和外汇管制较严的国家的客户做交易时，应确保对方取得了相应许可证后才予以发货。

(6) 运输单据应做成空白抬头并加背书，如需做代收行抬头，应事先征得其同意。

(7) 严格按合同规定装运货物和制作单据，以防被买方找到借口拒付货款。

(8) 为降低风险，可与其他支付方式如预付款、信用证方式等相结合。

第四节　银行信用结算方式——信用证

一、信用证的含义

信用证(Letter of Credit，L/C)是开证银行根据开证申请人的请求和指示，向受益人开立的在一定金额和一定期限内凭规定的单据承诺付款的凭证。简言之，信用证就是银行开立的一种有条件承诺付款的书面文件(信用证文本的具体内容详见第三章)。这里的条件，是指受益人必须提交符合信用证规定的各种单据。

信用证的含义
和特点.mp4

《UCP600》第二条对信用证的定义如下。

Credit means any arrangement, however named or described, that is irrevocable and there by constitutes a definite undertaking of the issuing bank to honour a complying presentation.

信用证意指一项约定，无论其如何命名或描述，该约定不可撤销并构成开证行对于相符交单予以兑付的确定承诺。

相符交单(Complying Presentation)，是指与信用证条款、本惯例的相关适用条款以及国际标准银行实务一致的交单。

承付(Honour)有以下三种。

(1) 如果信用证为即期付款信用证，则即期付款。

(2) 如果信用证为延期付款信用证，则承诺延期付款，并在承诺到期日付款。

(3) 如果信用证为承兑信用证，则承兑受益人开出的汇票并在汇票到期日付款。

二、信用证的当事人

信用证结算是三大结算方式中手续最复杂的一种，而且其涉及的当事人也最多。

1. 开证申请人

开证申请人(Applicant)，是指向银行申请开立信用证的人，即进口方或实际买主，在信用证中又称开证人(Opener)。

2. 开证银行

开证银行(Issuing Bank)，是指接受开证申请人的委托开立信用证的银行，它承担保证付款的责任。开证行一般是进口方所在地银行。

3. 通知银行

通知银行(Advising Bank)，是指接受开证行的委托，将信用证转交出口方的银行。它只鉴别信用证的表面真实性，不承担其他义务。通知行一般是出口方所在地的银行。

4. 受益人

受益人(Beneficiary)，是指接受信用证并享受其利益的一方，即出口方或实际供货人。

5. 议付银行

议付银行(Negotiating Bank)，是指根据开证行的授权买入或贴现受益人开立和提交的符合信用证规定的汇票和单据的银行。议付银行既可以是指定的银行，也可以是非指定的银行，由信用证条款来规定。

6. 付款银行

付款银行(Paying Bank)，是指开证银行指定代付信用证项下款项或充当汇票付款人的银行，一般是开证行，也可以是它指定的另一家银行，这要根据信用证条款的规定来决定。

7. 保兑银行

保兑银行(Confirming Bank)，是指根据开证行的请求在信用证上加具保兑的银行。保兑银行在信用证上加具保兑后，即对信用证独立负责，承担必须付款或议付的责任。

《UCP600》新增了指定银行的概念："Nominated bank means the bank with which the credit is available or any bank in the case of a credit available with any bank."指定银行，是指信用证可在其处兑用的银行，如信用证可在任一银行兑用，则任何银行均为指定银行。根据其解释，该指定银行在议付信用证下，即为议付行，在其他信用证项下，则为指定付款行、保兑行或开证行。

三、信用证支付的业务程序

采用信用证方式结算货款，从进口方向银行申请开证，一直到开证行付款后又向进口方收回垫款，经过许多环节，并办理各种手续。加上信用证种类不同，信用证条款也有不同的规定，这些环节和手续也有简有繁，其基本收付程序如下。

1. 申请开立信用证

进口人按合同规定向当地银行提出申请，并交付保证金或提供其他担保，要求银行(开证行)向出口人开出信用证。

2. 开立信用证

开证行接受进口方的开证申请后，开出信用证，并将信用证正本寄给出口方所在地的分行或代理行(通知行)。

3. 通知或转递信用证

通知行将信用证转给出口方(受益人)。

4. 交单

出口方接到信用证后认真核对是否符合合同规定，如发现不符的地方，可以要求进口方通过开证行修改，或拒收信用证。如信用证无误，出口方即据此进行装货及准备齐全的单据。受益人将信用证规定的整套单据(和汇票)和信用证(和修改通知书)在规定的交单期内，向信用证指定的银行办理承付或议付。

5. 承付或议付

指定银行在审查单据相符后，即承付或议付，如发现交单不符，可拒付。

议付是指银行(议付行)在扣除相关的利息和手续费后，买入受益人提供的汇票和单据，俗称"买单"，或称"出口押汇"，是受益人获得资金融通的一种方式。《UCP600》对议付的定义是："议付是指定银行在相符交单下，在其应获偿付的银行工作日当天或之前向受益人预付或者同意预付款项，从而购买汇票(其付款人为指定银行以外的其他银行)及/或单据的行为。"议付可以追索，即当议付行给受益人议付后，若其得不到偿付或付款，可以向受益人追索议付款，除非受益人在汇票上事先已注明"Without Recourse To Drawer"。与托收行托收出口押汇相比，议付行得到开证行付款较有保障。

6. 索偿(寄单索汇)

索偿，是指定银行接受单据并承付或议付后，应将单据寄送开证行或其指定的收件人，同时向开证行或其指定的代偿付银行索偿。单据通常分正、副两批先后寄发，以免中途遗失。

7. 偿付

开证行收到单据后，要核对是否相符，如无不符，即对指定银行(索偿行)付款。

8. 提示

开证行对索偿行偿付后，即向开证申请人提示单据，并要求付款赎单。

9. 付款赎单

开证申请人审核单据，若单证相符、单单相符(相符交单)则在付清货款和相关费用后取得单据；若有不符，可拒付。

此时整个信用证流程结束。开证申请人可向承运人凭单提货。议付信用证流程如图 7.6 所示。

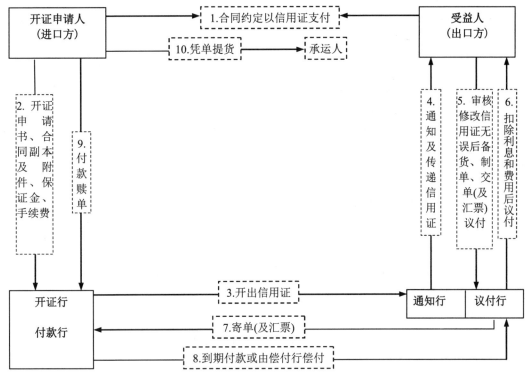

图 7.6 议付信用证流程

在我国的国际贸易实际业务中，议付信用证的出口结汇方式有收妥结汇、定期结汇、出口押汇三种。

(1) 收妥结汇，又称"先收后结"，是指议付银行对受益人提交的单据审核无误后，将单据寄给付款行索偿，待付款行将货款划给议付行，议付行再按当日外汇牌价折算成人民币贷记受益人账户或交付给受益人。

(2) 定期结汇，是指议付银行对受益人提交的单据审核无误后，并将单据寄给付款行索偿，同时根据向付款行索偿所需的时间，预先确定一个固定的结汇期限，该期限届满时，议付行不管是否收妥货款，都应主动将应收款项按当日外汇牌价折算成人民币贷记受益人账户或交付给受益人。

(3) 出口押汇，又称"买单议付"，是指议付银行对受益人提交的单据审核无误后，按信用证条款买入受益人的汇票和单据，并按照票面金额扣除从议付日到估计收款日的利息，将净数按议付日外汇牌价折算成人民币贷记受益人账户或交付给受益人。之后，议付行再凭汇票和单据向付款行索偿。出口押汇是议付行给予受益人的资金融通，可加速出口商资金的周转，有利于扩大出口业务量。

四、信用证的特点

按照《跟单信用证统一惯例》的规定，信用证主要有以下几个特点。

(1) 信用证是一种银行信用。

信用证支付方式是以银行信用作保障的。因此，开证行应承担第一性的付款责任。按《跟单信用证统一惯例》的规定，在信用证业务中，开证行对受益人的付款责任是首要的、独立的。即使开证人事后丧失偿付能力，只要出口方提交的单据相符，开证行也必须承担付款责任。而保兑是保兑行在开证行承诺之外作出的承付或议付相符交单的确定承诺。

《UCP600》第七条开证行的承诺规定如下。

a. 倘若规定的单据被提交至被指定银行或开证行并构成相符交单，开证行必须按下述信用证所适用的情形予以兑付：

i. 由开证行即期付款、延期付款或者承兑；

ii. 由被指定银行即期付款而该被指定银行未付款；

iii. 由被指定银行延期付款而该被指定银行未承担其延期付款承诺，或者虽已承担延期付款承诺但到期未付款；

iv. 由被指定银行承兑而该被指定银行未予承兑以其为付款人的汇票，或者虽已承兑以其为付款人的汇票但到期未予付款；

v. 由被指定银行议付而该被指定银行未予议付。

b. 自信用证开立之时起，开证行即不可撤销地受到兑付责任的约束。

(2) 信用证是一项自足的文件。

信用证是依据买卖合同开立的，一经开立，即成为独立于买卖合同之外的契约。信用证各当事人的权利和责任完全以信用证条款为依据，不受买卖合同的约束。

《UCP600》第四条信用证与合同规定如下。

a. 就性质而言，信用证与可能作为其依据的销售合同或其他合同，是相互独立的交易。即使信用证中提及该合同，银行亦与该合同完全无关，且不受其约束。因此，一家银行作出兑付、议付或履行信用证项下其他义务的承诺，并不受申请人与开证行之间或与受益人之间在已有关系下产生的索偿或抗辩的制约。

受益人在任何情况下，不得利用银行之间或申请人与开证行之间的契约关系。

b. 开证行应劝阻申请人将基础合同、形式发票或其他类似文件的副本作为信用证整体组成部分的做法。

(3) 信用证是一种单据的买卖。

信用证业务是"单据业务"。银行处理的是单据，而不是单据可能涉及的货物、服务或履约行为。银行仅基于单据本身确定其是否在表面上构成相符交单，从而决定是否付款。

五、信用证的种类

《UCP600》明确规定信用证是不可撤销的。根据其性质、期限、流通方式等特点，信用证可作如下分类。

(一)跟单信用证和光票信用证

根据是否附有货运单据，信用证分为跟单信用证和光票信用证。跟单信用证(Documentary Credit)，是指凭跟单汇票或仅凭单据付款的信用证。单据是指代表货物所有权或证明货物已交运的单据。光票信用证(Clean Credit)，是指凭不附单据的汇票付款的信用证。国际贸易中通常使用的都是跟单信用证。

(二)保兑信用证和不保兑信用证

根据信用证有无其他银行保兑，信用证分为保兑信用证和不保兑信用证。保兑信用证(Confirmed L/C)，是指出口方为了保障安全收汇，要求开证银行开出的信用证必须经另一家银行保证兑付。保兑，是指保兑行在开证行承诺之外作出的承付或议付相符交单的确定承诺。保兑行是指根据开证行的授权或要求对信用证加具保兑的银行。保兑行一经保兑，就承担和开证银行同样的付款责任。保兑行通常是通知行，有时也可以是出口地的其他银行或第三国的银行。未经另一家银行加具保兑的信用证就是不保兑信用证(Unconfirmed L/C)。

(三)即期信用证、延期付款信用证、承兑信用证与议付信用证

《UCP600》明确规定，信用证必须规定其是以即期付款、延期付款，承兑还是议付的方式兑用。

1. 即期信用证

即期信用证(Sight Payment L/C)，是采用即期兑现方式的信用证，通常不要求受益人开立即期汇票。也就是说，指定的付款银行收到符合信用证条款的即期汇票(或无汇票)和装运单据后，立即付款。这是国际货款结算时较为普遍使用的一种信用证。

2. 延期付款信用证

延期付款信用证(Deferred Payment L/C)，是一种不需要汇票的远期信用证，又称迟期付款信用证或无承兑远期信用证，是指受益人提示符合信用证条款规定的单据，在规定的期限内被指定银行履行付款责任。其远期付款的计算方法有"自运输单据出单日期后若干天"和"自单据到达开证行之日起若干天"两种。由于没有汇票，故受益人无法利用金融市场进行贴现融通资金。

3. 承兑信用证

承兑信用证(Acceptance L/C)是一种要求提供远期汇票的信用证，是指付款行在收到符合信用证条款规定的远期汇票和单据后不立即付款，而是办理承兑手续，待远期汇票到期

后再付款。

有时进口商或开证行为获得比银行放款利率更低的优惠贴现率，会利用金融市场融通资金，在即期付款的买卖合同下要求开立"假远期信用证"，该信用证上一般注明："The usance draft is payable on a sight basis, discount charges and acceptance commission are for buyer's account(远期汇票即期付款，所有贴现费和承兑费由买方负担)。"由于"假远期信用证"下的付款对买方是远期，但对卖方是即期，故这种信用证也被称为"买方远期信用证"。其与一般的承兑信用证的区别是，后者是基于远期付款的买卖合同，远期汇票贴现时的利息和费用都由卖方自己承担，所以承兑信用证也被称为"卖方远期信用证"，在我国俗称"真远期信用证"。

4. 议付信用证

根据《UCP600》的规定，议付，是指指定银行在相符交单下，在其应获偿付的银行工作日当天或之前向受益人预付或者同意预付款项，从而购买汇票(其付款人为该指定银行以外的其他银行)及/或单据的行为。

议付信用证(Negotiation L/C)，是指开证行在信用证中邀请其他银行即议付行买入汇票及/或单据，即允许受益人向某一指定银行或任何银行交单议付的信用证。如果信用证不限制某银行议付，可由受益人(出口商)选择任何愿意议付的银行，提交汇票及/或单据给所选银行请求议付，这种信用证被称为自由议付信用证(Freely Negotiation L/C)或公开议付信用证(Open Negotiation L/C)。限制议付信用证(Restrict Negotiation L/C)是开证行在信用证中指定某一家银行对信用证进行议付。在信用证中，开证行通常通过"Available with ××× bank by negotiation"或"Negotiation under this credit is restricted with ××× bank"或类似语句来表明限制议付信用证。

(四)可转让信用证与不可转让信用证

根据是否可转让，信用证分为可转让信用证和不可转让信用证。

1. 可转让信用证

可转让信用证(Transferable L/C)，是指特别注明"可转让"(Transferable)字样的信用证。可转让信用证可应受益人(第一受益人)的要求转为全部或部分由另一受益人(第二受益人)兑用。适用于第一受益人为中间商，转售他人(第二受益人)货物的情况。转让行(Transferring Bank)，是指办理信用证转让的指定银行，或当信用证规定可在任何银行兑用时，指开证行特别授权并实际办理转让的银行。开证行也可担任转让行。已转让信用证，是指已由转让行转为可由第二受益人兑用的信用证。

除非转让时另有约定，有关转让的所有费用(如佣金、手续费、成本或开支)需由第一受益人支付。只要信用证允许部分支款或部分发运，信用证可以分部分转让给数名第二受益人。已转让信用证不得应第二受益人的要求转让给任何其后受益人。第一受益人不视为其后受益人。任何转让要求需说明是否允许及在何条件下允许将修改通知第二受益人。已转让信用证需明确说明该项条件。如果信用证转让给数名第二受益人，其中一名或多名第二受益人对信用证修改的拒绝并不影响其他第二受益人接受修改。对接受者而言，该已转让信用证即被相应修改；而对拒绝修改的第二受益人而言，该信用证未被修改。

已转让信用证须准确转载原证条款，包括保兑(如果有的话)，但下列项目除外。

(1) 信用证金额、单价、截止日期、交单期限、最迟发运日或发运期间中的任何一项或全部均可减少或缩短。

(2) 必须投保的保险比例可以增加，以达到原信用证或本惯例规定的保险金额。

(3) 可用第一受益人的名称替换原证中的开证申请人名称。如果原证特别要求开证申请人名称应在除发票以外的任何单据出现时，已转让信用证必须反映该项要求。第二受益人或代表第二受益人的交单必须交给转让行。

2. 不可转让信用证

凡信用证未注明"可转让"字样，即受益人不能将信用证的权利转让给他人的信用证，都是不可转让信用证(Untransferable L/C)，实际业务中多数是这种信用证。

(五)其他形式的信用证

1. 背对背信用证

背对背信用证(Back to Back L/C)，也称"从属信用证"，是指中间商(原证受益人)收到进口商开来的信用证后(原证 Original Credit)，要求该证的原通知行或其他银行以原证为基础，另开立一张内容近似的新证(背对背 L/C)给实际供货人(新证受益人)，且由实际供货人直接发货给进口商。

具体要求是，①正式供货人成为新证的受益人；②原证的受益人成为新证的开证申请人；③金额、价格作相应变动(低于原证)；④装运期应早于原证；⑤原证不可撤销。

背对背信用证适用于以下情况。

(1) 中间商转售他人货物。

(2) 原证两国不能直接办理进出口贸易时，通过第三者以此种方式来沟通贸易。

2. 循环信用证

循环信用证(Revolving L/C)，是指当受益人全部或部分用完信用证的金额后，其金额能恢复到原金额，再次供受益人使用，甚至可以多次使用，直至达到规定次数或累计总金额为止。循环信用证与一般信用证的不同之处就在于前者可多次循环使用，而后者则在一次使用后即告失效。循环信用证适用于分批均匀交货的长期供货合同。

按各期金额是否可累积使用分为积累循环信用证和非积累循环信用证。

(1) 积累循环信用证(Cumulative Revolving L/C)，是指上一循环未用完的余额，可以移至本循环期一并使用，即受益人在某一批货物因故未交时，可以在下一批补交，并可连同下一批货物一起议付。此种循环信用证对出口方较为有利。

(2) 非积累循环信用证(Non-cumulative Revolving L/C)，即受益人因故未能及时发运的部分以及原来规定的以后各循环批次货物，未经开证行允许，均不能再使用。

循环信用证按循环的计算方式，又可分为按时间循环和按金额循环的信用证。

3. 对开信用证

(1) 对开信用证(Reciprocal L/C)，是指两张信用证的开证申请人互以对方为受益人，开立的金额相等或大体相等的不可撤销信用证。

(2) 运用情况：当交易双方进行互有进出和互有关联的对等或基本上对等的交易，如易货贸易、补偿贸易、来料加工、来件装配时，双方皆担心对方只办理出口而不履行相应的进口义务，于是采取相互开立信用证的办法，将出口和进口联系起来。

第一张信用证的受益人就是第二张信用证的开证申请人；第一张信用证的通知行往往就是回头证的开证行，两证金额大体相等。

(3) 对开 L/C 的生效方法。

① 两张 L/C 同时生效，即第一张开出的信用证暂不生效，等对方开来回头证，经第一证的受益人接受回头证后通知对方银行，此时两证同时生效。

② 分别生效，第一张信用证开立后立即生效，回头证以后另开；或者第一张信用证的受益人在交单议付时附一份担保书，保证在若干时间开出以第一张信用证的开证申请人为受益人的回头证。这种分别生效的对开信用证，只有在某些贸易中双方相互信任的情况下才会开立。否则，先开立信用证的一方要承担对方不开证的风险。

在实际操作中，大多数银行接受开立对开信用证的条件系以收到原证为前提，并在开出的远期信用证中加注下列条款：

This is a reciprocal L/C. It is interrelated with L/C NO.××for××dated××issued by××.

Upon receipt of documents complied with the terms and conditions of××under the reciprocal L/C ,we shall effect the payment.

4. 预支信用证

预支信用证(Anticipatory L/C)，是指开证行授权代付行凭受益人的光票向受益人预付信用证金额的全部或一部分，由开证行保障偿还并负担利息。其特点在于开证行付款在先，受益人交单在后。由于这种预支条款往往用红字打印，所以也称"红条款"L/C(Red Clause L/C)。

有时开证行会要求受益人必须将预支货款下的货物，并以开证行的名义存放在出口国海关仓库，受益人凭"栈单"和以后补交单据的声明书，预支部分货款。

5. 备用信用证

备用信用证(Standby L/C)，是银行保证性质的特殊信用证，又称为担保信用证或保证信用证(Guarantee L/C)。该信用证规定若买方不能按期付款，凭受益人的声明书开证行将负责向受益人支付货款。如果买方已履行了有关义务，且支付了货款，该备用 L/C 就成为"备而不用"的 L/C。

《UCP600》明确规定：……适用于所有的其文本中明确表明受本惯例约束的跟单信用证(在其可适用的范围内，包括备用信用证)。

六、信用证的国际惯例

《跟单信用证统一惯例》(《Uniform Customs and Practice for Documentary Credits，UCP》)是国际商会 1929 年拟定的，作为国际商会 74 号出版物，建议各国银行采用，以调解信用证各有关当事人之间经常发生的争议。UCP 历经 1951 年、1962 年、1974 年、1983 年、1993 年等共七次修订，现行版本于 2006 年 10 月 25 日通过，2007 年 7 月 1 日起实施。

有关《跟单信用证统一惯例》国际商会第 600 号出版物，简称《UCP600》的详细内容，参见附录一。

第五节　其他结算方式

在国际贸易结算方式中，除了以汇款、托收、信用证作为主要结算方式以外，国际保理和银行保函也越来越多地被运用到国际贸易和国际承包工程结算中，特别是银行保函以其信用程度高、运用范围广泛、针对性强等特点而越来越多地被引入金融、贸易、劳务等经济活动中，并发挥着重要的保障作用，使国际结算手段更灵活，资金划拨更安全、快捷，也更有保障。

一、银行保函

(一)保函的定义和性质

保函(Letter of Guarantee，L/G)，又称保证书，是银行、保险公司或其他机构或个人以书面形式出具的凭提交与承诺条件相符的书面索款通知和其他类似单据即行付款的保证文件。银行保函(Banker's Letter of Guarantee)，是银行向受益人开立的保证文件，由银行作为担保人，以第三者的身份保证委托人如未对受益人履行某项义务时，由担保银行承担保证书所规定的付款责任。

(二)保函的内容

银行保函无形式条款方面的限制，当事人的责权利以条文为准。其内容一般包括以下几点。

(1) 委托人、受益人和担保人完整的名称和地址。

(2) 需要开立保函的背景交易。

(3) 承诺的责任，这是银行保证书的最主要内容。

(4) 应付最高金额及币种。

(5) 保函失效日期及/或失效事件。

(6) 索赔条款。

(7) 保函金额递减的有关规定。

(三)保函的当事人及其权责

1. 委托人

委托人(Principal)，是指向银行或保险公司申请开立保函的人。委托人的权责如下。

(1) 在担保人按照保函规定向受益人付款后，立即偿还担保人垫付的款项。

(2) 负担保函项下的一切费用及利息。

(3) 担保人如果认为需要，应预支部分或全部押金。

2. 担保人

担保人(Guarantor)是保函的开立人。担保人的权责如下。

(1) 在接受委托人申请后，依委托人的指示开立保函给受益人。

(2) 保函一经开出就有责任按照保函承诺条件，合理、审慎地审核提交的包括索赔书在内的所有单据，并向受益人付款。

(3) 在委托人不能立即偿还担保行已付款项的情况下，有权处置押金、抵押品、担保品。如果仍不足抵偿，则担保行有权向委托人追索不足部分。

3. 受益人

受益人(Beneficiary)是有权按保函的规定出具索款通知或连同其他单据，并向担保人索取款项的人。

受益人的权利是，按照保函规定，在保函有效期内提交相符的索款声明，或连同有关单据向担保人索款，并取得付款。

(四)保函的种类

1. 出口类保函

出口类保函有投标保函(Tender Guarantee)、履约保函(Performance Guarantee)、预付金保函(Advance Payment Guarantee)和保留金保函(Retention Money Guarantee)四种。

1) 投标保函

银行接受投标方的请求，并向招标方保证，如投标方中标后擅自修改报价、撤销投标书，或者在规定时间不签订招投标项下的合同，银行将根据招标方的索赔，按照保函约定承担保证责任。

2) 履约保函

银行接受债务人的请求，并向债权人保证，如债务人不履行合同约定的义务，银行将根据债权人的索赔，按照保函约定承担保证责任。

3) 预付金保函

银行接受预收款人的请求，并向预付款人保证，如预收款人没有履行合同或未按合同约定使用预付款，银行将根据预付款人的退款要求，按照保函约定承担保证责任。

4) 保留金保函

银行接受船方或运输公司的请求，并向扣船国法院或港务当局保证，如因船方或运输公司责任，造成货物短缺、残损，使货主遭受损失，或因碰撞等其他事故造成货主或他人

损失，在确定赔偿责任前船舶被外国法庭下令扣留，并须缴纳保释金方予以放行时，由银行向外国法庭提供保障。

2. 进口类保函

进口类保函包括付款保函(Payment Guarantee)、补偿贸易进口保函(L/G opened for compensation trade)和加工装配业务进口保函(L/G opened for assembly processing)三种。

1) 付款保函

在凭货付款的货物买卖中，银行接受进口方的请求，并向出口方保证，如货到后经检验与合同相符，进口方未支付货款，银行将根据出口方的索赔，按照保函约定承担保证责任。

2) 补偿贸易进口保函

银行接受设备进口方的请求，并向设备出口方(或设备供给方)保证，如进口方收到与合同相符的设备后未按合同约定将产品交付给设备出口方(设备供给方)或由其指定第三者，又不能以现汇偿付设备款及附加的利息时，银行将根据设备出口方(或设备供给方)的索赔，按照保函约定承担保证责任。

3) 加工装配业务进口保函

银行接受进料方或进件方的请求，并向供料方或供件方保证，如进料方或进件方收到与合同相符的原料或元件后，未按合同约定将成品交付给供料方或供件方，且又不能以现汇偿付来料或来件的价款及附加的利息时，银行将根据供料方或供件方的索赔，按照保函约定承担保证责任。

二、国际保理业务

(一)国际保理业务概述

国际保理(International Factoring)，又叫承购应收账款业务，是指在使用托收、赊销等非信用证方式结算货款时，保理商(Factor)向出口商提供的一项集买方资信调查、应收款管理和追账、贸易融资及信用管理于一体的综合性现代金融服务。其具体做法是，在以商业信用出口货物时，出口商按照与保理商事先商定的协议，向进口商交货后把应收账款的发票和装运单据转交给保理商，如此即可得到保理商的资金融通，并取得应收账款的全部或大部分货款。日后一旦发生进口商不付款或逾期付款，则保理商承担相关风险责任。

现代保理业务的发展始于 20 世纪 30 年代的美国，20 世纪 60 年代保理服务传遍英国及欧洲大陆各国，70 年代在亚太地区被采用，目前已遍及欧美、俄罗斯、东欧、日本及东南亚诸国。随着保理业务的发展，世界上先后建立了几个国际性的保理组织机构，其中最大的是 1968 年成立的国际保理商联合会(FCI)，目前已有 100 多家会员公司，1993 年中国银行和中国交通银行也加入了该组织。

(二)国际保理业务的当事人和运作流程

国际保理业务有四个当事人，即出口人(或称供应商)、进口人(或称债务人)、出口保理商和进口保理商。国际保理业务运作流程如下。

(1) 出口人对债务人资信进行调查。

(2) 出口人与出口保理商签订保付代理协议。

(3) 出口人与进口人签订买卖合同。

(4) 出口保理商向进口保理商提出正式额度申请。

(5) 出口人按合同交货、制单。

(6) 出口人将应收账款转让给出口保理商。

(7) 出口保理商向进口保理商提出委托。

(8) 进口保理商到期向进口人索取应收账款。

(三)国际保理业务的主要特点和作用

国际保理业务的主要特点和作用如下。

(1) 手续方便、简单、灵活,并可节省时间、提高效率。

对出口商而言,采用保理业务可以免除一般单证交易的烦琐手续,并不受信用证条款的约束,可随时根据进口商的需求和运输情况以及市场行情办理交货手续。对进口商而言,批准信用额度后,购货手续简化,进货迅速,可得到提早进货和抢行赶市的便利。

(2) 增加买、卖双方的交易机会和扩大营业额。

对出口商而言,给新的或现有的客户提供更有吸引力的承兑交单或赊销付款条件有利于拓展海外市场,增加出口额。而采取保理业务可以消除出口商对市场、国外贸易规章、客户资信的后顾之忧,不失时机地促成出口交易。对进口商而言,优惠的承兑交单或赊销付款条件可使其以有限的资金,购买更多商品,加快资金流动,扩大购买力,增加营业额。

(3) 免除商业信用风险。

对出口商而言,由于有保理商批准的信用担保额度做保证,可以减少出口逾期账款,防止坏账,使收汇安全、可靠。对进口商而言,凭公司自身良好的信誉和财务表现,可获得保理商的信用担保额度,无须抵押。

(4) 降低管理和经营成本。

由于买方资信调查、账务管理和货款追收等项工作都由保理机构负责处理,这样可减轻出口商的业务负担,相应地节省了管理成本。与信用证方式相比,保理业务的收费偏高,但因给予了进口商优惠的付款条件,可以考虑适当提高单价,由进口商承担保理费用或共同承担。对进口商而言,采用保理方式可以免开信用证,省去了开证押金和费用以及其他相关费用。

(四)国际保理业务的选择

国际保理业务可对出口商提供综合性的金融服务,有利于出口商的资金周转,扩大出口。因此,出口商在下列情况下可酌情选择国际保理业务。

(1) 出口商对进口商国家的有关法规、外汇管制、关税政策等缺乏了解,在出口交易中遇到实际困难。

(2) 希望扩大出口,同时又希望尽量减少收汇风险。

(3) 采用托收或赊销等非信用证方式，可能发生逾期或拖欠货款的情况。

(4) 遇到良好出口机会，但进口商不愿开立信用证。

(5) 出口商有融资要求。

(6) 对进口商资信情况及清偿能力存在顾虑，希望解除账面管理和应收账款风险，以避免坏账损失。

(五)使用国际保理业务时的注意事项

使用国际保理业务时，出口商应注意以下两点。

(1) 保理公司只承担信用额度的风险担保。因此，贸易合同金额不应超出保理公司建议的信用额度。

(2) 因货物质量、数量和交货期不符合合同规定等违约行为所引起的拒付、少付，保理公司不予担保。因此，出口商要严格遵守买卖合同，以避免因合同纠纷而失去保理权利。

三、包买票据

国际保理业务是由国际保理商向供应商提供的非信用证支付方式下 180 天以内短期的保证或融资服务，而包买票据则是一种信用证支付方式下收款时间超过 180 天的包买商向出口商提供的保障和融资服务。

(一)含义

包买票据(Forfaiting)，又称福费廷，是指包买商向出口商无追索地购买已经由债务人所在地银行承兑或担保的远期汇票或本票的业务。包买商买入出口商的票据后，出口商必须放弃对所出售债权凭证的一切权益，而包买商也必须放弃对出口商的追索权。

(二)包买商承担的风险

福费廷业务因金额大、融资期限长，包买商要承担汇价风险、利率风险、信用风险和资金风险等，必须由第三者提供担保。福费廷业务可以在信用证项下或银行担保项下做中长期贸易融资。

(三)福费廷业务的当事人及流程

一笔福费廷业务涉及四个当事人，即出口人、出口地的包买商、远期汇票的承兑或担保银行(通常是信用证的开证行)和进口人。其基本业务流程如下。

(1) 出口人联系包买商安排信贷。

(2) 进、出口双方签订买卖合同，约定采用中长期信用证支付方式，且规定出口商须取得开证行承兑的远期汇票。

(3) 出口人与包买商签订包买协议。

(4) 开立信用证并通知。

(5) 出口人制单，交单，汇票及单据寄开证行，远期汇票(或本票)经开证行承兑(或担保)后返还出口人。

(6) 出口地银行(通知行)通知包买商票已承兑(或担保)。

(7) 包买商无追索权地买入出口人签发的汇票或开证行的本票，同时出口商放弃所有已出售的债权。

(8) 开证行到期向包买商付款。

(四)福费廷业务的利、弊分析

(1) 对出口人。

利：①获得融资，不被追索。

②手续简便。

③保密性强。

弊：①需保证汇票被承兑或担保。

②难以找到包买商。

③费用高于纯信用证业务。

(2) 对进口人。

利：①手续简便。

②获得出口人的中长期贸易融资。

弊：①仍需支付开证费等。

②只能因单证不符拒付，却不能因货物本身的瑕疵拒付。

③出口人可能将福费廷业务费用转嫁(产品成本)。

(3) 对包买商。

利：①手续简便。

②可自行选择任何可自由兑换货币买入票据。

③可通过转让票据获得资金融通。

④收益高。

弊：①无任何追索权，风险大。

②需调查进口人(包括开证行)资信。

(五)福费廷业务的特点

福费廷业务具有以下特点。

(1) 福费廷业务是一种买断行为。

(2) 福费廷业务多限于资本商品，并逐步扩大到非资本性商品。

(3) 福费廷业务属于中长期融资业务，其期限一般在 18 个月至 10 年，其中以 5 年居多。

(4) 福费廷业务有二级市场。

目前，在实际业务中，福费廷业务使用不多，我国已有银行开始提供这项业务。

第六节　不同结算方式的选择

在国际贸易业务中，一笔交易的货款结算可以只使用一种结算方式(通常如此)，也可根据不同的交易商品、不同的交易对象、不同的交易做法，将两种或以上的结算方式结合使用，以利于平衡双方利益，促成交易，或有利于安全及时收汇，或有利于妥善处理付汇。

一、汇付、托收和信用证三种结算方式的比较

选用结算方式要综合考虑风险、资金占用、费用、手续繁简等因素。其中，风险是应考虑的关键因素。三大结算方式的风险度对进、出口双方来说各有不同，如汇付方式的预付款方式，进口方风险最大(占用资金、利息损失)，可采用凭单付汇降低风险；总的来讲，托收不利于出口方，尤其是承兑交单方式，出口方要慎用；信用证是进、出口双方利益和风险负担最均衡的，我国目前的国际贸易业务中超过50%的使用信用证结算。汇付、托收、信用证三种结算方式综合比较如下。

1. 汇付

汇付手续简单，收费低，资金负担不平衡。
预付款：买方风险最大，卖方风险最小。
货到付款：卖方风险最大，买方风险最小。

2. 托收

托收手续较烦琐，且收费较高，资金负担不平衡。
付款交单：买方风险较小，卖方风险较大。
承兑交单：买方风险极小，卖方风险极大。

3. 信用证

信用证手续最烦琐，且收费最高，资金负担较平衡。
买方风险较大，卖方风险较小。
除此之外，选择结算方式还应考虑客户信用、货物销路、贸易术语、运输方式等因素。

二、不同结算方式的选择

常见的不同结算方式结合使用的形式有信用证与汇付结合、信用证与托收结合、汇付与银行保函或备用信用证结合等。

(一)信用证与汇付结合

信用证与汇付结合，是指部分货款用信用证方式支付，部分货款用汇付方式结算。这种方式一般用在成交数量大、交货数量机动幅度也比较大的商品上。其主要部分用信用证方式支付，超过信用证部分采用汇付方式支付。有些交易的预付款用汇付方式支付，其余

部分则采用信用证支付。

案例：信用证与装船前汇付结合使用的风险

【案情】中国某出口商A公司与印度进口商B公司签订一份出口合同。货物(一次性打火机)装入一个20英尺的集装箱，机身大小和形状要与客户提供的样品一致，总价值为4.80万美元。付款方式为70%的由即期信用证支付，剩余30%的货款不得晚于货物装船前十天以电汇方式支付。B公司不日内即开来相关信用证，经我方审核且确定可以被接受后，A公司即投入生产备货，在货物即将生产完毕之前，预定了船期并随后通知B公司，B公司始终未办理汇付，A公司手中虽有一份70%的货款信用证，但无法如期装运，又因此批打火机是根据客户的特殊要求生产的，一时无法转售其他客户，只得积压在库，给A公司带来了巨大的经济损失。

【分析】造成这起损失案的主要原因是出口商采用"信用证与装船前汇付结合"的支付方式。一般的出口合同中支付方式规定，X%的货款由信用证支付，剩余的Y%(一般为20%～30%)货款应由进口商在不晚于货物装船前若干天通过汇付方式支付给出口商。一般情况下，进口商会先开来信用证，然后在货物装船前若干天办理汇付，出口商收到货款或汇出行出具的汇付收据后将货物按时装船，然后向银行递交全套单据办理议付。但是，如果进口商借故不办理汇付，出口商将无法按时发货，导致信用证过期失效，已生产完毕的货物积压，从而使出口商遭受重大的经济损失。

(二)信用证与托收结合

信用证与托收结合，是指部分货款用托收方式支付，部分货款用信用证方式支付。一般的做法是，来证规定出口方出立两张汇票，信用证部分凭光票付款，全套货运单据附在托收部分汇票项下按付款交单方式收取。为保障安全足额收汇，信用证必须注明"在发票金额全部付清后方可交单"的条款。

例如，买方应通过为卖方所接受的银行于装运月份前30天开出不可撤销的即期信用证，规定50%的发票金额采用即期光票支付，其余50%的发票金额即期付款交单。100%发票金额的全套装运单据随附托收项下，买方付清发票的全部金额后交单。若买方不付清全部发票金额，则货运单据须由开证行掌握，凭卖方指示处理。

(The Buyer shall open through a hank acceptable to the Seller an irrevocable Sight Letter of Credit to reach the Seller 30 days before the month of shipment,stating that 50% of the invoice value available against clean draft at sight while the remaining 50% on D/P at sight. The full set of the shipping documents of 100% of invoice value shall accompany by the collection item and shall only be released after full payment of the invoice value. If the Buyer fail to pay full invoice value,the shipping documents shall be held by the issuing bank at the Sellers disposal.)

(三)汇付与银行保函或备用信用证结合

汇付与银行保函或信用证结合使用的形式常用于成套设备、大型机械和大型交通运输工具(飞机、船舶等)等货款的结算。这类产品交易金额大，生产周期长，往往要求买方以汇付方式预付部分货款或定金，其余大部分货款则按工程进度和交货进度由买方以备用信用证方式或加开保函分期付款或延期付款。

1．分期付款

分期付款(Progression Payment)，是买、卖双方在合同中规定，在产品投产前，买方可采用汇付方式预付部分定金，其余货款根据商品制造进度或交货进度，买方开立不可撤销信用证，即期付款。全部货款在货物交付完毕时付清或基本付清，货物所有权则在付清最后一笔货款时转移。实际上，分期付款是一种即期交易。按分期付款成交，买方预付定金时，通常要求卖方通过银行出具保函或备用信用证，以保障买方预付金的安全。

2．延期付款

延期付款(Deferred Payment)，是买、卖双方在合同中规定，买方在预付一部分定金后，其余大部分货款在卖方交货后相当长时间内分期摊付。延期付款的部分货款可采用远期信用证方式支付，并加开银行保函。延期付款实际上是卖方向买方提供的商业信贷，它具有赊销赊购的性质。因此，买方应承担延期付款的利息。

分期付款与延期付款两者既有相似之处，又有所区别，主要表现在以下几个方面。

(1) 付清货款的时间不同。分期付款的货款在交货时付清或基本付清；而延期付款，其货款是在交货后相当长的时间内分期摊付。

(2) 货物所有权的转移时间不同。采用分期付款时，货物所有权在付清最后一笔货款时转移；而采用延期付款时，货物所有权一般在交货时转移，是物权转移在先，货款付清在后。

(3) 有关利息负担不同。分期付款属即期交易，不存在利息负担问题；而延期付款由于买方利用了卖方的资金，所以买方需向卖方支付利息，货价一般稍高。延期付款是买方利用外资的一种形式。

第七节 技 能 实 训

实训模块一：汇票缮制

1．根据以下信用证资料缮制汇票

(1) 信用证。

BANK OF CHINA SINGAPORE	Singapore, 11 OCTOBER 2016
IRREVOCABLE LETTER OF CREDIT	N0.104975 For USD9,139.20

To: Tianjin TIFERT Textiles Import & Export Corp.

86,ZHUJIANG Road, HeXI District,

Tianjin, China

We beg to inform you that we have established our Irrevocable Letter of Credit in your favour, for account of Overseas Trading Co. LTD.，100 Julan Sultan #01-20 Sultan Plaza Singapore for a sum or sums not exceeding a total of UNITED STATES DOLLARS NINE THOUSAND ONE HUNDRED AND THIRTY-NINE 20% and available by your drafts on us at 30 days after sight for 100% of the Invoice value, accompanied by the following documents.

(1) Signed Invoices(combined form acceptable)

(2) CERTIFICATE OF ORIGIN

(3) Weight/Packing List

(4) Full set clean shipped on board Bills of Lading marked Freight prepaid made out to order of shipper and endorsed in blank, notifying Buyer

(5) Insurance Policy/Certificate covering All risks and War Risk for 110% of invoice values as per CIC with claims payable in Singapore

Evidencing shipment of:

6,300 yard of bleached shirting to be packed in bales as per SC300762 GIF SINGAPORE.

From TIANJIN TO Singapore not later than.20 November 2016.

partial shipments are allowed transhipment is not allowed.

This Credit is valid for payment/negotiation in China until 5TH DECEMBER 2016

OTHER INSTRUCTIONS:

5% more or less in value and quantity acceptable.

Shipper must cable ADVICE buyer shipment particulars in brief immediately after shipment,

One copy of signed invoices and non-negotiable B/L to be airmailed in advance to buyer.

All Drafts drawn under this credit must contain the clause "DRAWN UNDER BANK OF CHINA, SINGAPORE Credit No. 104975 dated 11 OCTOBER 2016," THIS credit is issued subject to Uniform Customs & practice for Commercial Documentary Credits publication No.600(2007 Revision).

We hereby undertake to honor all drafts drawn in accordance with the terms of this credit. One complete set of documents is to be sent by airmail to us in one lot. Upon your receipt of documents in conformity with the terms & conditions of the credit, you may reimburse yourselves by T/T through us by crediting our Head Office's US Dollars account with us.

(2) 汇票。

Bill   Of   Exchange

No

Exchange for.................   Tianjin , China ,.....................

At....................sight of this FIRST of Exchange(the SECOND of the same tenor and date being unpaid)

pay to...

The sum of

Drawn under...

To...

----

2. 根据下述合同资料缮制汇票

（1）资料：宁波玩具进出口贸易公司受上海某公司的委托，从日本 ARICA TRADING CORPORATION 进口儿童全棉 T-SHIRTS。为此，双方进行了洽谈，并签订了购货合同书，采取远期 30 天付款交单支付方式。具体内容如下。

① Buyer：NINGBO TOY IMPORT &EXPORT TRADE CORPORATION

13 NFNXIANG ROAD NINGBO CHINA

TEL：021-76085678 FAX：021-76085678

② Seller：ARICA IMPORT & EXPORT CORPORATION

82-324 SKURA MACH OSAKA,JAPAN

TEL：028-789-655 FAX：028-789-654

③ DESCRIPTIONS OF GOODS：100% COTTON T-SHIRTS

④ QUANTITY：　　RT123　1,000SET USD 10.00/SET

　　　　　　　　RT234　1,000SET USD 11.00/SET

　　　　　　　　RT456　1,000SET USD 12.00/SET

　　　　　　　　RT789　1,000SET USD 15.00/SET

　　　　　　　　FOB OSAKA

⑤ PACKING：PACKED IN 1 CARTON OF 40 SET EACH

⑥ TERMS OF SHIPMENT：LATEST DATE OF SHIPMENT 061120

⑦ PORT OF LOADING：OSAKA JAPAN

⑧ PORT OF DESTINATION：NINGBO CHINA

⑨ TERMS OF PAYMENT：D/P 30 DAYS AFTER SIGHT

⑩ PARTIAL SHIPMENTS：ALLOWED

⑪ TRANSSHIPMENT：NOT ALLOWED

⑫ DOCUMENTS：THE SELLER SHALL PRESENT THE FOLLOWING DOCUMENTS TO THE PAYING BANK FOR NEGOTIATION：

a. THREE COPIES OF SIGNED COMMERCIAL INVOICE INDICATING CONTRACT NUMBER OF TX06238

b. THREE COPIES OF PACKING LIST

c. TWO COPIES OF CERTIFICATE OF QUALITY/QUANTITY ISSUED BY MANUFACTURER

⑬ H.S CODE：8548.2800

(2) 汇票。

```
                        Bill  Of  Exchange

No...............................................
Exchange for.............................        ..................................................
At.......................sight of this FIRST of Exchange(the second of the same tenor and date being unpaid) pay
to.................................................................................................
The sum of  ......................................................................................
.......................................................................................................
Drawn under ....................................................................................
.......................................................................................................
To ..................................................................................................
                                      ....................................................
```

实训模块二：根据信用证条款更正汇票内容

(1) 信用证。

TO: 2153 23BKCHCNBJA94094610

FM:1453 23 IRVTUS3N×××46343

　IRVTUS3N××××

　*BANK OF NEW YORK

　*NEW YORK

MT: 700　01

SEQUENCE OF TOTAL	27:	1/1
FORM OF DOCUMENTARY CREDIT	40A:	IRREVOCABLE TRANSFERABLE
DOCUMENTARY CREDIT NUMBER	20:	1234
DATE OF ISSUE	31C:	170112
DATE AND PLACE OF EXPIRY	31D:	170401 CHINA
APPLICANT	50:	XYZ COMPANY, NEW YORK
BENEFICIARY	59:	ABC COMPANY, NANJING
CURRENCY CODE,AMOUNT	32B:	USD35,000.00
AVAILABLE WITH...BY...	41D:	NY BANK BY NEGOTIATION
DRAFTS AT	42C:	AT 90 DAYS AFTER SHIPMENT DATE FOR 100PCT OF INVOICE VALUE
DRAWEE	42D:	BANK OF NEW YORK NEW YORK
PRESENTATION PERIOD	48:	21 DAYS AFTER SHIPMENT DATE

发票金额为：USD35,000.00

提单显示 ON BOARD DATE: MARCH 16,2017,DATE OF ISSUE:MARCH 16,2017.

汇票显示如下，请指出错误并更正。

A.

NO.AB12   NANJING,MARCH 16,2017

DRAWN UNDER BANK OF NEW YORK,NEW YORK IRREVOCABLE L/C NO.1234 DATED 170112 FOR USD35,000.00 AT 90 DAYS AFTER SIGHT OF THIS FIRST OF EXCHANGE PAY TO THE ORDER OF BANK OF CHINA THE SUM OF U.S.D THIRTY FIVE THOUSAND ONLY.

TO:BANK OF NEW YORK,NEW YORK

XYZ COMPANY,NEW YORK

JOHN DOE(Authorized signature)

B.

NO.AB12   NANJING,MARCH 16,2017

DRAWN UNDER BANK OF NEW YORK,NEW YORK IRREVOCABLE L/C NO.1234 DATED 040112 FOR USD35,000.00 AT 90 DAYS AFTER SHIPMENT DATE(MARCH 16,2004) OF THIS FIRST OF EXCHANGE PAY TO THE ORDER OF BANK OF CHINA THE SUM OF U.S.D THIRTY FIVE THOUSAND ONLY.

TO:BANK OF NEW YORK,NEW YORK

ABC COMPANY, NANJING

WANG LIANG(Authorized signature)

C.

NO.AB12   NANJING,MARCH 15,2017

DRAWN UNDER BANK OF NEW YORK,NEW YORK IRREVOCABLE L/C NO.1234 DATED 170112 FOR USD35,000.00 AT 90 DAYS AFTER SHIPMENT DATE(MARCH 16,2017) OF THIS FIRST OF EXCHANGE PAY TO THE ORDER OF BANK OF CHINA THE SUM OF U.S.D THIRTY FIVE THOUSAND ONLY.

TO:BANK OF NEW YORK,NEW YORK

ABC COMPANY, NANJING

WANG LIANG(Authorized signature)

D.

NO.AB12   NANJING,MARCH 16,2017

DRAWN UNDER BANK OF NEW YORK,NEW YORK IRREVOCABLE L/C NO.1234 DATED 170112 FOR USD35,000.00 AT 90 DAYS AFTER SHIPMENT DATE(MARCH 16,2017) OF THIS FIRST OF EXCHANGE PAY TO THE ORDER OF BANK OF CHINA THE SUM OF U.S.D THIRTY FIVE THOUSAND ONLY.

TO:BANK OF NEW YORK,NEW YORK

ABC COMPANY, NANJING

WANG LIANG(Authorized signature)

(2) 信用证条款。

FROM：KOREA EXCHANGE BANK, SEOUL, KOREA

TO： BANK OF CHINA, JINGSU BRANCH

L/C NO.：1234 DD 170401

BENEFICIARY：ABC COMPANY, NANJING

APPLICANT：XYZ COMPANY, KOREA

AMOUNT：ABOUT USD19,000.00

DRAFTS AT 90 DAYS AFTER SIGHT FOR 100PCT OF INVOICE VALUE DRAWN ON OUR NEW YORK BRANCH.

USANCE DRAFTS TO BE NEGOTIATED ON SIGHT BASIS.

ACCEPTANCE COMMISSION AND DISCOUNT CHARGES ARE FOR THE ACCOUNT OF THE APPLICANT.

信用证未对交单期限作出规定。

提单显示装运日期为 2017 年 4 月 15 日。

发票显示金额为 USD20,000.00。

汇票显示如下，请指出错误并更正。

A.

NO.A1666 　　　　　　　　　　　　　NANJING,MAY 1,2017

DRAWN UNDER KOREA EXCHANGE BANK，SEOUL，KOREA L/C NO.1234 DATED 170401 EXCHANGE FOR USD20,000.00 AT 90 DAYS AFTER SIGHT OF THIS FIRST OF EXCHANGE PAY TO THE ORDER OF BANK OF CHINA THE SUM OF U.S.DOLLARS TWENTY THOUSAND ONLY.

TO：KOREA EXCHANGE BANK，NEW YORK

　　　　　　　　　　　　ABC COMPANY, NANJING

　　　　　　　　　　　WANG LIANG(Authorized signature)

B.

NO.A1666 　　　　　　　　　　　　　NANJING,MAY 1,2017

DRAWN UNDER KOREA EXCHANGE BANK，SEOUL，KOREA L/C NO.1234 DATED 170401 EXCHANGE FOR USD20,000.00 AT SIGHT OF THIS FIRST OF EXCHANGE PAY TO THE ORDER OF BANK OF CHINA THE SUM OF U.S.DOLLARS TWENTY THOUSAND ONLY.

TO：KOREA EXCHANGE BANK，NEW YORK

　　　　　　　　　　　　ABC COMPANY, NANJING

　　　　　　　　　　　WANG LIANG(Authorized signature)

C.

NO.A1666 　　　　　　　　　　　　　NANJING,MAY 1,2017

DRAWN UNDER KOREA EXCHANGE BANK，SEOUL，KOREA L/C NO.1234 DATED 170401 EXCHANGE FOR USD20,000.00 AT 90 DAYS AFTER SIGHT OF THIS FIRST OF

EXCHANGE PAY TO THE ORDER OF BANK OF CHINA THE SUM OF U.S.DOLLARS TWENTY THOUSAND ONLY.

　　TO：KOREA EXCHANGE BANK，SEOUL

XYZ COMPANY, SEOUL

WANG LEE ONG(Authorized signature)

D.

NO.A1666　　　　　　　　　　　　　NANJING,MAY 1,2017

　　DRAWN UNDER KOREA EXCHANGE BANK，SEOUL，KOREA L/C NO.1234 DATED 170401 EXCHANGE FOR USD19,000.00 AT 90 DAYS AFTER SIGHT OF THIS FIRST OF EXCHANGE PAY TO THE ORDER OF BANK OF CHINA THE SUM OF U.S.DOLLARS TWENTY THOUSAND ONLY.

　　TO：KOREA EXCHANGE BANK，SEOUL

ABC COMPANY, NANJING

WANG LIANG(Authorized signature)

实训模块三：案例分析

　　1.　承兑交单(D/A)项下产生的拖欠。

　　【案情】我国沿海一家进出口集团公司与澳大利亚 B 公司已有三年多的合作经历，双方一直保持着良好的贸易关系。合作初期，B 公司的订单量不大，但是该公司的订货很稳定，且付款情况也较好。后来，随着双方的相互了解和熟悉，我进出口公司为 B 公司提供了优惠付款条件，由最初的信用证即期、D/P 即期、D/A60 天到 D/A90 天，而双方的贸易额也由每年的六七万美元增加到七八十万美元。

　　2016 年 9 月，B 公司又给我进出口公司下了一批订单，货物总值 25 万美元，价格条件为 CIF 墨尔本，而我进出口公司在未对该客户进行严格信用审核的情况下，就同意给予对方 D/A 180 天的信用条件。2016 年 11 月，全部货物如期出运，我进出口公司也及时向银行议付了单据。

　　2016 年 12 月，汇票承兑日到期时，B 公司以市场行情不好，大部分货物未卖出为由，要求延迟付款。之后，我进出口公司不断给 B 公司发传真、E-mail 等，要求该公司付款或退货。B 公司对延迟付款表示抱歉，并答应尽快偿付。B 公司以资金困难为由，暂时只能偿付我进出口公司 3 万美元。我进出口公司表示同意，并要求马上汇款。即便这样，B 公司又一会儿说其财务人员有病，一会儿又称其主要负责人休假，仍继续拖欠付款。

　　2017 年 1 月，B 公司总经理 K 先生辞职，在此之前，我进出口公司与 B 公司的所有交易都是经由 K 先生达成的。以后，B 公司对我进出口公司的所有函件均没有任何答复。2017 年 3 月，我进出口公司与 B 公司失去联系。

　　2017 年 5 月，东方国际保理中心受理此案，通过调查得知，B 公司已于 2017 年 3 月申请破产。东方国际保理中心为我进出口公司及时申请了债权，尽力争取把其损失降到最低。但是根据当地清算委员会的最初报告，保理中心了解到，B 公司债务总额为其资产总额的三倍，且该公司 90%以上的资产已经抵押给银行。不言自明，我进出口公司将蒙受巨大的坏账损失。

请对此案进行分析。

2. 信用证欺诈判例。

【案情】2015 年 3 月 4 日，原告厦门某保税区中包物资进出口有限公司(以下称中包公司)与被告香港千斤一国际有限公司(以下称千斤一公司)签订了一份购销，总价值 225 万美元，75 X，480 00 吨热轧卷板的合同。合同约定起运港黑海港，目的港中国镇江港，采用分批装运方式履行。合同签订后，中包公司于同年 7 月 1 日依约开出受益人为千斤一公司、金额为 60 万美元增减 5%、代号为 FIBXM96698-XG 的远期不可撤销信用证，信用证规定货物装运时间不迟于 2015 年 7 月 15 日，付款日期为 2016 年 1 月 14 日，后更改信用证交货地点为中国福州马尾港。

被告千斤一公司在议付期内向议付行交付了全套单据。原告于 2015 年 7 月 18 日向开证行福建兴业银行厦门分行保证承兑并取得了全套单据，该行于同月 25 日对外承兑。千斤一公司取得承兑汇票后转让给了英国伦敦的一家公司。原告中包公司取得的海运提单载明：承运船舶为被告里舍勒公司所属"卡皮坦·坡克福斯基"(KAPITAN POLKOVSKIY)轮，发货人"ALKORADVANCED LTD."，数量 165 捆，重量 2149.50 吨，价值 644 850 美元，装运港依切利夫斯克(ILYICHEVSK)，目的港为中国福州马尾港，装船期是 2015 年 6 月 26 日，提单签发日期为 2015 年 6 月 26 日。该提单表明，是被告香港永威船务有限公司(以下简称永威公司)代被告里舍勒公司签发，但不是里舍勒公司的格式提单，提单的抬头名称也不是永威公司。"卡皮坦·坡克福斯基"轮到达福州马尾港后，原告持上述提单前往提货，但该轮并无该票货物。原告中包公司认为被告方提供的装运单据和提单都是虚假的，故起诉至厦门海事法院，请求判令其与千斤一公司的购销合同及海运单据无效，并撤销信用证，且不予支付信用证项下款项，并由千斤一公司连带赔偿其损失。

【判决摘要】厦门海事法院经审理查明：里舍勒公司系在利比亚登记的航运公司，"卡皮坦·坡克福斯基"轮为其所有(该轮在本案诉讼期间因另案被扣押于马尾港)。该公司未委托永威公司为其代理船舶，也未授权永威公司代其签发提单。"卡皮坦·坡克福斯基"轮于 2015 年 5 月 24 日至 6 月 30 日在依利切夫斯克港装运 24 860.627 吨货物，但未装载原告所持提单上的货物。"卡皮坦·坡克福斯基"轮本航次福州代理称其未接到有关收货人为原告的委托。

厦门海事法院认为，原告中包公司为购买钢材与被告千斤一公司签订购货合同，依约向开证行申请开立信用证其合法权益应受法律保护。千斤一公司不按合同约定向原告提供货物，而在没有交货的情况下，串通永威公司伪造已装船清洁提单，并将提单及其他伪造单证提交议付行，企图骗取货款，这些行为都是千斤一公司与永威公司对原告的蓄意欺诈。据此，中包公司与千斤一公司签订的购销合同及其相关的提单等单据无效，原告据此开立的以千斤一公司为受益人的信用证项下款项应当停止支付。千斤一公司和永威公司应对由此给中包公司造成的损失负连带赔偿责任。被告里舍勒公司未参与欺诈，故与本案无关，不应承担责任。2015 年 12 月 21 日判决如下。1. 原告中包公司与被告千斤一公司签订的购货合同无效，被告永威公司 2015 年 6 月 26 日签发的 9A 号提单等相关单证无效。中包公司申请开立的千斤一公司为受益人的 FIBXM96698-XG 号信用证项下款项不予支付。2. 千斤一公司和永威公司连带赔偿中包公司开立和更改信用证的银行费用为人民币 9103.03 元，限于本判决生效后十日内支付。3. 驳回中包公司对里舍勒公司的诉讼请求。

请问：法院的判决是否合理？从此案能吸取哪些经验和教训？

同 步 测 试

一、填空题

1. 汇票的当事人分别是_____、_____和_____。

2. 银行汇票，是指出票人是_____，受票人是_____的汇票。

3. T/T、M/T 和 D/D 的中文含义分别为_____、_____和_____，它们是_____方式中的三种形式。

4. 托收按交单条件不同，可分为_____和_____两种，其中，就卖方风险而言，_____比_____风险小些。

5. 信用证支付方式的特点为：信用证是_____，是_____，是_____。

6. 银行保证书按进口类可分为_____保证书、_____保证书和_____保证书三种。

7. 如汇票金额为 About Nine Thousand Dollar，则该汇票是_____汇票。

8. 用电汇方式收取出口货款的优点是_____，缺点是_____。

9. 可转让信用证只能转让_____，转让费应由_____负责。

10. 保兑信用证只有在_____时才能加以保兑。

11. 以托收方式出口的交易都应争取以_____为价格条件。

12. 信用证金额为 Maximum USD60 000，出口棉布 about 5000 PCs @ USD12/pc，需一次装，最多可装_____匹，最少可装_____匹。

13. 汇票持有人如想在付款人付款之前取得票款，可以通过_____将汇票转让给银行。

14. 汇票的使用一般有_____、_____、_____和_____等程序。

15. 在国际贸易中，汇票的"收款人"在汇票中的写法，通常有三种即_____、_____和_____。

16. 国内某公司出口货物一批，合同规定采用托收方式付款，设寄单邮程为 10 天，请填写表 7.1。

表 7.1　正确的期限

支付条款	托收日期	提示承兑日	付款日	交单日
D/P 即期	9 月 1 日			
D/P at 30 days after sight	9 月 1 日			
D/A at 30 days after sight	9 月 1 日			

二、单项选择题

1. 如 L/C 上未明确付款人，则制作汇票时，受票人应为(   )。
   A. 开证申请人   B. 开证行   C. 议付行   D. 通知行

2. 出口商要保障信用证项下安全收汇，必须做到(   )。
   A. 提交单据与合同相符且单单相符
   B. 提交单据与信用证相符
   C. 当 L/C 与合同不符时，提交单据以合同为准
   D. 提交单据与合同、信用证均相符

3. 当受益人审证时发现信用证与合同不符时，可要求(   )。
   A. 开证行改证   B. 开证人改证   C. 通知行改证   D. 付款行改证

4. 如付款方式为 L/C 和 D/P 即期各半，为收汇安全起见，应在合同中规定(   )。
   A. 开两张汇票，各随付一套等价的货运单据
   B. 开两张汇票，L/C 下为光票，全套货运单据随付在托收汇票下
   C. 开两张汇票，托收项下为光票，全套货运单据随付在 L/C 汇票项下
   D. 只开一张汇票，并随付一套等价的货运单据

5. 在 L/C、D/P 和 D/A 三种支付方式下，就买方风险而言，按由大到小顺序排列，正确的是(   )。
   A. L/C>D/A>D/P   B. L/C>D/P>D/A
   C. D/A>D/P>L/C   D. D/P>D/A>L/C

6. 银行审单议付的依据是(   )。
   A. 合同和信用证   B. 合同和单据
   C. 单据和信用证   D. 信用证和委托书

7. 运输单据出单日期后最长(   )天内必须提交银行议付，否则银行拒绝付款。
   A. 30   B. 20   C. 21   D. 15

8. 承兑交单的起算日应为(   )。
   A. 出票日   B. 付款人见票承兑日   C. 付款日   D. 托收日

9. 在 L/C 业务中，偿付行(   )。
   A. 不负责审单   B. 负责审单   C. 只对受益人负责   D. 负责验货

10. 以下远期付款的条款，哪种对出口方最为有利？(   )
    A. Payment at ×× days sight
    B. Payment at ×× days after date of acceptance
    C. Payment at ×× days from date of shipment B/L
    D. Payment at ×× days after 60 days of acceptance

11. 信用证开立的依据是(   )。
    A. 汇票   B. 发票   C. 合同   D. 本票

12. 采用托收的支付方式时，汇票的付款人应填写(   )。
    A. 托收行   B. 国外进口方   C. 代收行   D. 出口方

13. 采用托收方式支付时，除个别另有规定外，汇票的受款人应填(　　)。
    A. 托收行　　　　B. 代收行　　　　　　C. 进口方　　　　　　D. 出口方

14. 采用信用证支付时，除个别另有规定外，汇票的受票人应填(　　)。
    A. 托收行　　　　B. 通知行　　　　　　C. 议付行　　　　　　D. 开证行

15. 使用假远期 L/C，实际上是(　　)。
    A. 买方套用卖方资金　　　　　　　　　B. 买方套用开证行资金
    C. 开证行套用金融市场资金

三、判断题

1. 汇票金额大、小写数目不一致时，为保护出口商的利益，应以数目大的为准。
　　　　　　　　　　　　　　　　　　　　　　　　　　　　　　　(　　)

2. 指示性汇票可经过背书做多次转让。　　　　　　　　　　　　　　(　　)

3. 托收业务中，提单的收货人应为代收行。　　　　　　　　　　　　(　　)

4. 如信用证上未注明"不可转让"字样，则此信用证可视为可转让信用证。(　　)

5. 可转让信用证与汇票一样，可以多次转让。　　　　　　　　　　　(　　)

6. 信用证转让后，第一受益人也将按时交货或交单的责任转移给了第二受益人。
　　　　　　　　　　　　　　　　　　　　　　　　　　　　　　　(　　)

7. 备用信用证与跟单信用证一样均属银行信用。　　　　　　　　　　(　　)

8. 对国外开来的信用证，如其中不符合合同规定，一律需要修改。　　(　　)

9. 采用托收时，一般应选用 FOB 价格术语。　　　　　　　　　　　(　　)

10. 在承兑交单条件下，进口商由于承兑了汇票，即可从代收行取得货运单据，出口商也即可从银行得到货款。　　　　　　　　　　　　　　　　　　(　　)

11. 在票汇情况下，买方向银行购买银行汇票自行寄给卖方，由卖方持票人向指定银行取款，这种通过银行汇付货款的做法属于银行信用。　　　　　　　　(　　)

12. 对卖方来说，采用托收方式比采用 L/C 方式更安全、可靠。　　　　(　　)

13. 买、卖双方按 D/P.T/R 条件成交时，如日后汇票到期收不回货款，若非出口商授权，代收行应对卖方负责。　　　　　　　　　　　　　　　　　　(　　)

14. 在进出口业务中，支付票据主要是支票。　　　　　　　　　　　　(　　)

15. 所有的汇票都可以背书转让，特殊的可以连续背书，多次转让。　　(　　)

16. 银行保函与跟单信用证一样均属银行信用。　　　　　　　　　　　(　　)

17. 循环信用证可省去开证申请人多次开证的麻烦和费用支出，因此适用于分批均匀交货的合同。　　　　　　　　　　　　　　　　　　　　　　　　(　　)

18. 信用证只能按原证规定的条款转让，因此，有关信用证金额、到期日、交单日、最迟装运期等项目均不可改变。　　　　　　　　　　　　　　　　　(　　)

19. 除非 L/C 另有规定，可转让信用证的第一受益人可要求将信用证的权益分别转让给本国或另一国家的一个或几个第二受益人。　　　　　　　　　　　(　　)

20. 在信用证支付方式的交易中，由于开证行承担第一性付款责任，所以这种结算方式比托收方式对进口商更为有利。　　　　　　　　　　　　　　　(　　)

四、名词解释

1. Remittance
2. Collection
3. Letter of Credit，L/C
4. D/P
5. D/A

五、问答题

1. 为什么汇付和托收分别属于顺汇和逆汇，其性质都属商业信用？
2. D/P、T/R 与 D/A 托收方式有何异同？
3. D/P at 30 days after sight 与 D/A at 30 days after sight 两者有何区别？
4. 简述信用证与买卖合同的关系。
5. 目前，我国信用证方式下的出口结汇方式有哪几种？试分析比较其利弊。

六、案例分析

1. 某外贸公司受国内用户委托，以本公司名义与国外某公司签订一项进口某商品的合同，支付条件为"即期付款交单"。在履行合同时，卖方未经该公司同意，就直接将货物连同单据都交给了国内用户，但该国内用户在收到货物后由于财务困难，无力支付货款。在这种情况下，国外卖方认为，我外贸公司作为合同的买方，根据本买卖合同的支付条款，须由我公司支付货款。请问：外贸公司是否有义务支付货款？

2. 某公司接到客户发来的订单上规定交货期为当年5月，不久收到客户开来信用证，该信用证规定："Shipment must be effected on or before June,2016."于是我方在5月10日装船并顺利结汇。大约过了一个月，客户却来函要求因迟装船的索赔。请问：(1)我方为什么能顺利结汇？(2)客户提出索赔有无道理？为什么？

七、操作题：根据信用证资料和补充资料缮制汇票

1. 信用证资料

TO：2153 23BKCHCNBJA94094610
FM：ABM AMRO BANK N.V.
　　　BRUSSELS

FORM OF DOCUMENTARY CREDIT：	IRREVOCABLE
DOCUMENTARY CREDIT：	8888
DATE OF ISSUE：	171230
DATE AND PLACE OF EXPIRY：	180630 CHINA
APPLICANT：	XYZ COMPANY，BRUSSELS
BENEFICIARY：	ABC COMPANY，BRUSSELS
CURRENCY CODE，AMOUNT：	USD100,000.00
AVAILABLE WITH…BY…：	ANY BANK
	BY NEGOTIATION

DRAFTS AT: AT 30 DAYS AFTER SHIPMENT DATE
                                        FOR 80PCT OF INVOICE VALUE
                                        AT SIGHT FOR 20PCT OF INVOICE VALUE
DRAWEE: OUR NEW YORK BRANCH
PARTIAL SHIPMENTS: NOT ALLOWED
PRESENTATION PERIOD: 15 DAYS AFTER SHIPMENT DATE

附加信息:

发票号码: SU1266

发票金额: USD100,000.00

受益人向当地议付行 BANK OF CHINA，JIANGSU BRANCH 交单的日期为 2018 年 1 月 20 日，运输单据上显示的装运日期为 2018 年 1 月 16 日，汇票日期同受益人交单日期，受益人的有权签字人为王焱，议付行的条件是要求受益人将议付行做成汇票上的收款人。

2. 汇票样式

No._____   Nanjing,China _____

Drawn under _____

L/C No. _____ dated _____

Exchange for _____ payable with interest @   % per annum

At _____ of this FIRST of exchange(Second of exchange being payed)

Pay to the order of _____

The sum of _____

To: _____

                    _____
                            Authorized Signature

第八章　国际贸易单证的操作

【学习指导】

单证业务是国际贸易业务的重要组成部分，从签订合同开始，到履行合同的整个过程，每一个环节都需要单证的缮制、处理、交换和传递。整个过程的单证业务不能存在丝毫差错，否则就有可能给企业造成经济损失。因此，单证员缮制单证时必须达到正确、完整、及时、简洁和清晰等基本要求，及时检查核对，并依合法程序交付。通过本章的学习，需要掌握国际贸易单证制作的依据和方法，单证审核的基本要求以及各类单据审核的具体方法，交单的方式等技能。

第八章学习
指导.mp4

【导入案例】

有一份信用证规定的货物描述为："Clock Movement 'O.K.' BRAND QUARTZ CLOCK MOVEMENT WITH SWITCH。" 而后来提交的发票及其他单据上的货物描述只显示了"'O.K.' BRAND QUARTZ CLOCK MOVEMENT WITH SWITCH"，把前半部分"Clock Movement"省去了。国际商会认为，这不构成不符。理由是信用证的描述中"Clock Movement"出现了两次，推定为一次是概述，另一次是对货物进行更详细的描述。尽管发票及其他单据省去了作为概述的"Clock Movement"，但包含了详细的货物描述，已经满足了信用证的要求。思考：关于货物描述，《UCP600》有哪些具体规定？如何按信用证的规定正确制单？

第一节　单证的制作

单证员缮制单证时必须做到正确、完整、及时、简洁、清晰，尤其在信用证结算方式下，银行在处理信用证业务时坚持"四不管"，即不管货物、不管当事人、不管合同、不管审核单据的真伪。在这种情况下，受益人就必须按单证一致、单单一致的要求制单。《UCP600》将单证一致、单单一致的银行审单标准改为相符交单，否则难以向银行主张权利。

单证制作的要求.mp4

国际贸易单证员根据销售合同和信用证条款审核、制作各种贸易结算单据和证书，到银行办理议付手续或委托银行办理收付款等单证业务，其中，主要的国际贸易结算业务中所应用的单据、证书和文件——包括发票、装箱单、提单、保险单、汇票等的制作、处理、传递和交付。

一、单证制作的依据

1. 有关法律、惯例和规定

《联合国国际货物销售合同公约》《海商法》《民法典》《票据法》《对外贸易法》

《保险法》以及在国际贸易领域影响巨大的《UCP600》《ISBP》《URC522》《URR525》《INCOTERMS2020》等规定都对规范制单工作具有指导作用。

2. 依据合同、信用证和货物的实际情况

在国际贸易单证业务实践中，单证的制作要做到单证(单据与信用证)、单同(单据与合同)、单货(单据与货物)的一致，且单据一定要如实反映货物的情况。有时为了满足信用证要求，不得不制作并出具根本不应该出现的单据，如货物不能在规定的装运期内装船，为了满足信用证对装运期和交单期的要求，而由托运人向船公司出具保函并进行通融，以换取清洁提单向银行交单结汇，实践中应尽量避免类似现象，否则可能给企业造成严重的信誉损害和经济损失。

3. 各行业、部门的特殊要求

国有国法，家有家规，每个行业都有其特定的规矩。例如，出口到信仰伊斯兰教国家的禽类产品，进口商有时会提出由出口地的伊斯兰教协会出具有关证明；AMS 舱单由美国开始使用，现已扩展到加拿大、澳大利亚等许多国家；农药产品出口到美国、欧盟等国和地区时，进口商通常会要求出口方提供所出口的农药产品的 MSDS(危险数据资料卡)等，出口企业应按规定的格式和要求将相关数据填写完整并予以提交。凡此种种不再一一叙述。

二、单证制作的程序

1. 制单步骤

单证制作的
步骤.mp4

《UCP600》规定，单据日期可以早于信用证的开立日期，但不得晚于交单日期。单据日期的先后顺序须合理、可行，并符合《UCP600》的相关规定。在了解合同、信用证等条款的基础上，一般的制单程序如下。

(1) 先制作商业发票，有的企业先制作出口货物明细单或货物出仓单，再填制发票。

(2) 根据合同、信用证等要求，以发票为基础，制作包装单据、托运单、报检单、报关单、投保单、原产地证明、许可证，取得保险单、装运单据，出具汇票等。

(3) 如有需要，可制作出口商证明、装船通知、船公司证明等。

2. 制单注意事项

制单时，应注意以下事项。

(1) 发票日期应在合同日期之后，在其他单据日期之前。

(2) 提单日期既不能超过信用证规定的最晚装运期，也不得早于信用证规定的最早装运期。

(3) 保险单据的签发日期应早于或等于提单日期，除非保险单注明保单生效始于提单日之后，但不能早于发票日期。

(4) 装箱单应等于或迟于发票日期，但必须在报关单、提单日之前。

(5) 产地证不早于发票日期，不迟于提单日。

(6) 商检证日期不晚于提单日期，但也不能太早于提单日，尤其是新鲜或容易变质的

商品。

(7) 船公司证明日期等于或早于提单日。

第二节　单证的审核

单证的审核是将已经缮制、备妥的单据对照信用证(在信用证付款的情况下)或合同(非信用证付款方式)的有关内容进行审核,发现问题,并及时纠正,以达到安全收汇的目的。

一、单证审核的基本要求

1. 及时性

及时审核有关单据,可以对一些单据上的差错及时发现、及时更正,有效地避免因审核不及时造成各项工作的被动。

单证审核的
要求.mp4

2. 全面性

应当从安全收汇和全面履行合同的高度来重视单据的审核工作。一方面,我们应对照信用证和合同认真审核每一份单证,不放过任何一个不符点;另一方面,应能够解决所发现的问题,加强与各有关部门的联系和衔接,使发现的问题得到及时、妥善的处理。

3. 单证相符,单单相符,单同相符,单货相符

在信用证结算的方式下,按照《UCP600》的规定,单证相符、单单相符是安全收汇的前提和基础,所提交的单据中存在的任何不符,哪怕是细小的差错都会造成一些难以挽回的损失。与此同时,我们还要做到单同相符、单货相符,如此才能在安全收汇的同时,保障出口合同的顺利履行。在汇付、托收方式下,单同相符、单单相符、单货相符也是安全收汇和顺利履行合同的保障。

二、单证审核的基本方法

单证审核的方法有以下几种。

1. 纵横审单法

(1) 纵向审核法,即以信用证或合同为基础对出口单据的发票进行逐字逐句的审核,再将其他单据与信用证的相关条款核对。要求有关单据的内容严格符合信用证和合同的规定,做到"单证一致","单同相符"。

(2) 横向审核法,即在纵向审核的基础上,以商业发票为中心逐一审核其他规定的单据,使所有有关的单据内容与发票相互一致,做到"单单相符"。

2. 按装运日期审单法

出口业务量大、批次多的企业,单证员应该按照出口货物的装运日期顺序和紧急程度,先装的先审,严谨有序,以确保及时审单,按时交单,安全收汇。

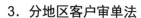

3．分地区客户审单法

不同国家、地区，不同的进口商对出口单证的要求不同，而同一国家、地区或同一客户对出口单据的要求往往相近。为了提高工作效率和质量，单证业务量大的企业可以采取分地区客户审单法。

4．先读后审法

先读后审法，即先将信用证从头至尾通读一遍，熟悉条款，记住要点，然后按信用证条款依主次逐项对照审单。

5．先审后读法

先审后读法，即先按信用证条款依主次审完单据后，再通读信用证全文，以确保每一条款没被遗漏。

三、单证审核的重点和要点

1．单证审核的重点

单证审核，是进口商保障安全付汇和收货的关键环节，单证审核的重点有以下5点。

(1) 检查 L/C 规定的单证份数，是否要求全套，正本、副本各多少份等。

(2) 检查附加条款对单证的特别要求，如是否要求注明信用证号码、合同号码等。

(3) 检查所提供的文件名称和类型是否符合要求，如是否需要认证、出单人是否符合要求等。

(4) 单证之间的各项描述是否完全一致，如计价货币、金额大小写、计量单位等。

(5) 单证出具或提交的日期是否符合要求，如保险单日期、GSP FORM A 出单期等。

2．分类审核的要点

(1) 汇票的审查要点如下。

① 汇票的付款人名称、地址是否正确。

② 汇票上金额的大写、小写以及货币名称和代号必须一致且规范。

③ 付款期限要符合信用证或合同规定。

④ 检查汇票金额是否超出信用证金额，如在信用证金额前有"大约"一词，可按10%的增减幅度掌握。

⑤ 出票人、受款人、付款人都必须填写正确，符合信用证或合同的规定。

⑥ 出票条款是否正确、完整。

⑦ 汇票是否由出票人进行了签字或盖章。

⑧ 汇票份数是否正确如"只此一张"或"汇票一式二份，有第一汇票和第二汇票"。

(2) 商业发票的审查要点如下所示。

① 抬头人必须符合信用证和合同规定，一般应是进口商的名称和详细地址。

② 签发人必须是受益人和/或出口人。

③ 商品的描述必须完全符合信用证和合同的要求。

④ 商品的数量必须符合信用证和合同的规定。

⑤ 单价和价格条件必须符合信用证和合同的规定。

⑥ 发票的正本、副本份数必须符合信用证和合同的要求。

⑦ 信用证要求表明和证明的内容不得有遗漏。

⑧ 发票的金额不得超出信用证的金额，如信用证中数量、金额均有"大约"，可按10%的增减幅度掌握。

(3) 保险单据的审查要点如下。

① 保险单据必须由保险公司、保险人或他们的代理人出具。

② 投保加成必须符合信用证和合同的规定。

③ 保险险别必须符合信用证和合同的规定，并且无遗漏。

④ 保险单据的类型应与信用证和合同的要求相一致，除非信用证另有规定，保险经纪人出具的暂保单银行不予接受。

⑤ 保险单据的正、副本份数应齐全，如保险单据注明出具一式多份正本，除非信用证另有规定，否则所有正本都必须提交。

⑥ 保险单据上的币种应与信用证和合同上的币种相一致。

⑦ 包装件数、唛头等必须与发票和其他单据相一致。

⑧ 运输工具、起运地及目的地都必须与信用证和合同及其他单据相一致；如转运，保险期限必须包括全程运输。

⑨ 除信用证另有规定，保险单据一般应做成可转让的形式，以受益人为投保人，由投保人背书。

⑩ 除非信用证另有规定，保险单的签发日期不得迟于运输单据的签发日期。

(4) 运输单据的审查要点如下。

① 运输单据的类型须符合信用证和合同的规定，起运地、转运地、目的地须符合信用证和合同的规定。

② 装运日期/出单日期须符合信用证和合同的规定，收货人和被通知人须符合信用证和合同的规定。

③ 商品名称可使用货物的统称，但不得与信用证上货物说明的写法相抵触。

④ 运费预付或运费到付须正确说明。

⑤ 正本、副本份数应符合信用证和合同的要求。

⑥ 运输单据上不应有不良批注。

⑦ 包装件数须与其他单据相一致。

⑧ 唛头须与其他单据相一致。

⑨ 全套正本都须盖妥承运人的印章及签发日期章。

⑩ 应加背书的运输单据，须加背书。

(5) 其他单据的审查要点。

其他单据如装箱单、重量单、产地证书、商检证书等均须先与信用证和合同的条款进行核对，再与其他有关单据核对，做到单证一致、单单一致。

四、单证审核中比较常见的问题

单证审核中比较常见的问题如下。

(1)　对于信用证溢短装条款的误解，造成单证金额、数量错误。

(2)　汇票的受票人名称、地址有差错。

(3)　发票中受益人名称、地址等与信用证描述相矛盾。

(4)　汇票、发票、保险单等之间币种名称不一致或不符合信用证的规定。

(5)　发票上的货物描述与信用证描述的不完全一致。

(6)　要求认证或证实单据的类型、出单人等不符合信用证要求。

(7)　单单之间商品名称、数量、计量单位、唛头描述、毛净重等不一致。

(8)　正本单据没有按规定表示，或提交份数不足。

(9)　提单、保险单缺少有关签字或印章，不按要求背书。

(10) 提单中的卸货港、目的地签发错误以及存在不良批注等。

(11) 逾期装运。

(12) 逾期交单。

第三节　单证的交付

单证的交付，简称交单，是指出口商(信用证项下为信用证受益人)在规定时间向银行提交与信用证或合同规定的全套单据，这些单据经银行审核，根据信用证或合同条款的规定，由银行办理结汇。

一、交单应注意的问题

交单应该注意的问题.mp4

1. 单据齐备

所谓单据齐备，有两个含义：一是信用证或合同规定的单据内容全都齐备；二是每种单据的正本、副本份数都符合信用证或合同要求。

2. 单据内容正确

单据内容正确，即做到单证相符、单单相符、单同相符、单货相符，并符合国内外法规和惯例。

3. 提交及时

交单的时间也必须符合信用证或合同的要求。《UCP600》第六条 d 款规定：信用证必须规定提示单据的有效期限。规定的用于兑付或者议付的有效期限将被认为是提示单据的有效期限。第十四条 c 款规定：单据中若包含一份或多份按照本惯例第十九、二十、二十一、二十二、二十三、二十四或二十五条出具的正本运输单据，则必须由受益人或其代表按照相关条款在不迟于装运日后的二十一个公历日内提交，但无论如何不得迟于信用证的到期日。

二、交单的两种情况

(一)汇付方式单证的交付

出口商在货物出运之后，将进口商所需的各种单据直接递交或寄给进口商，以便进口商报关提货和办理付款等手续。由于这些单据是交货的凭证，寄单时应做好档案留底和邮寄记录工作。

(二)信用证和托收方式单证的交付

信用证和托收方式单证的交付较复杂，在国际贸易结算中，一般都是先交单再付款。在信用证方式下，出口商在规定时间内通过国内银行向保兑行(如有)或开证行提交正本信用证(有修改书的，需附修改书正本)和全套单据；在托收方式下，出口商装运货物后向托收行提交全套单据，然后银行按要求向代收行寄单，由代收行向进口商提示索汇。

1. 信用证项下交单

1) 正常单据的交单

综上所述，交单的要求有三条规定。第一，单据的种类和份数与信用证的规定相符。第二，正确，包括所用文字与信用证一致。第三，交单时间必须在信用证规定的交单期和有效期之内。如无此三条规定，银行将不接受装运日次日起21天后提交的单据。但在任何情况下，单据的提交都不得迟于信用证的到期日。

需要注意的是，有的信用证规定在进口国或开证行到期。这些信用证项下的交单要提前，要留有充足的时间，让出口地银行尽快寄单，保证在信用证到期日前保兑行(如有)或开证行能收到单据。如无法做到，则应要求修改信用证到期地点为受益人国内。

2) 有不符点单据的交单

除信用证项下正常交单外，还存在含有不符点单据的交单。单据出现不符点后，保兑行(如有)及开证行就免除了必须付款的责任，只制作和寄交拒付通知书即可。受益人被拒付后，应及时做出反应，并采取适当措施尽可能挽回损失。

(1) 受益人应确认拒付通知的有效性。

有效的拒付通知必须符合以下所有条件，否则开证行或保兑行仍须付款。

① 单据不符点明确具体。

② 须以开证行自身名义提出拒付。

③ 拒付"通知必须以电信方式，如不可能，则以其他快捷方式，在不迟于自交单之翌日起第五个银行工作日结束前发出"。

④ 开证行须一次性提出所有不符点。

⑤ "该通知必须声明……银行拒绝承付或议付"，即须有"拒付"字样。

(2) 受益人若确认不符点不成立，应立即通过交单行进行反拒付。

(3) 若不符点成立，受益人应尽快在信用证有效期内换单。

(4) 若无法换单，应尽快联络进口人，敦促其接受不符点赎单提货。

(5) 若进口商未能或拒绝赎单，受益人应立即查询货物下落，及时妥善处理善后。

2. 托收项下交单

选择 D/P 或 D/A 的结算方式时，出口商装运货物后，应及时将有关托收单据交出口地银行办理托收，该银行被称为托收行。托收交单较灵活，单据种类、单据内容、交单时间由出口商根据合同和进口商的要求决定。

交单时，出口商还应向银行提供明确的托收指示书，有的银行有固定格式供出口商填写。托收指示书的主要内容如下。

(1) 托收方式。

(2) 交单条件。

(3) 付款人的详细地址。

(4) 代收行(如无，则由托收行代为选择)的具体名称及地址。

(5) 在拒付情况下，是否要做成拒付证书。

(6) 托收项下的费用由谁承担。

(7) 其他特殊条件。

银行必须核实所收到的单据表面上与托收指示书所列一致，如发现任何单据有遗漏，应立即通知交单的出口商。

三、交单的两种方式

1. 两次交单或称预审交单

在运输单据签发前，先将其他已备妥的单据交银行预审，发现问题后及时更正，待货物装运后收到运输单据，可以当天或及早到银行交单议付并对外寄单。

2. 一次交单

一次交单，即在全套单据收齐后一次性送交银行，此时货已发运。银行审单后若发现不符点需要退单修改，耗费时日，容易造成逾期而影响收汇安全。因而，出口企业宜与银行密切配合，采用两次交单方式，以保障安全，加速收汇。

同 步 测 试

一、多项选择题

1. 在信用证支付方式下，可作为制单依据的文件有(　　)。

  A. 信用证   B. 合同

  C. 商品的有关资料   D. 国际惯例

2. 一般而言，所有出口单据中最早制作的是(　　)。

  A. 汇票   B. 出口货物托运单   C. 运输单据   D. 商业发票

3. 跟单托收各有关当事人应遵循的国际惯例是(　　)。

A. 《UCP600》 B. 《URR525》　　　　C. 《ISP98》　　 D. 《URC522》

4. 信用证项下正常交单的基本要求是( )。

A. 单据齐备　　 B. 内容正确　　　　　C. 表面清洁　　 D. 提交及时

5. 一般而言,制单的顺序是( )。

A. 先缮制汇票,然后按汇票内容分别缮制其他单证

B. 先缮制发票,然后按发票内容分别缮制其他单证

C. 先缮制装箱单,然后按装箱单内容分别缮制其他单证

D. 先缮制提单,然后按提单内容分别缮制其他单证

6. 出口商在托收指示书上填写的主要指示有( )。

A. 托收方式　　　　　　　　　　　B. 付款人详细地址

C. 代收行应付款的时间　　　　　　D. 交单条件

7. 信用证依据合同开立,出口商要保障安全收汇,所制作的单据必须做到( )。

A. 与合同的规定相符

B. 与信用证的条款相符

C. 与实际发运的货物相符

D. 信用证与合同不一致时,以合同的规定为主,适当参照信用证的有关条款

8. 在信用证结算方式下,出口单证从业人员制单时应做到( )。

A. 与合同的规定相符

B. 与信用证的条款相符

C. 与实际发运的货物相符

D. 信用证与合同不一致时,以信用证的规定为主,并适当参照合同的有关条款

二、判断题

1. 在信用证支付方式下,如果国外开来的信用证与买卖合同相互矛盾,制单审单时应以信用证为准。

( )

2. 制单是单证工作的基础,是指按照信用证、合同和其他文件的要求,根据货物实际情况缮制有关单据。　　　　　　　　　　　　　　　　　　　　　　　　　　( )

3. 在托收方式下,出口商通过银行将全套单据直接转交给进口商,这种做法可以保障单据在传递过程中的安全收汇。　　　　　　　　　　　　　　　　　　　　　( )

4. 采用汇付方式,单证的交付是指出口商在货物出运之后,将进口商所需的各种单据提交出口地银行,通过出口地银行寄给进口商,以便进口商收货付款。　　　　　( )

5. 采用托收方式,单证的交付是指出口商在货物出运之后,将进口商所需的各种单据提交出口地银行,通过出口地银行向国外银行寄单、索汇。　　　　　　　　　　( )

三、简答题

1. 简述出口单证的制单步骤。

2. 如何审核全套出口单据?审核时需要注意什么?

3. 简述"CLEAN ON BOARD BILL OF LADING"的含义。

4. 简述在信用证支付方式下，货物数量可以在5%的范围内增减的三个条件。

四、案例分析

1. 我某公司与外商按CIF条件签订一笔大宗商品出口合同，合同规定装运期为8月，但未规定具体的开证日期。外商拖延开证，我方见装运期快到，便从7月底，连续多次电催外商开证。8月5日，收到开证行的简电通知，我方因怕耽误装运期，即按简电办理装运。8月28日，我方收到信用证正本，该证对有关单据作了与合同不符的规定，经办人审证时未注意，交银行议付时，银行也未发现，寄交开证行，开证行即以单证不符为理由，拒付货款。请问你认为，我方应从中吸取哪些教训？

2. 我方某公司与法国某公司订立一份出口300公吨冻品的合同，规定某年4～9月每月平均交货50公吨，即期信用证支付，来证规定货物装运前由出口口岸商品检验局出具船边测温证书作为议付不可缺少的单据之一。4～6月交货正常，并顺利结汇，7月因船期延误，拖延到8月5日才实际装运出口，海运提单倒签为7月31日，但送银行议付的商检证中填写船边测温日期为8月5日。8月7日出口方又在同一船上装运50公吨，开证行收到单据后来电表示拒付货款。请问：我方有何失误？开证行拒付的依据是什么？

知识拓展

附录一　跟单信用证统一惯例(2007年修订本)、附录二　托收统一规则《URC522》、附录三　单证常用英语缩写词汇、附录四　世界主要港口，内容见下面二维码。

附录.doc

参 考 文 献

[1] 全国国际商务单证培训认证考试办公室. 国际商务单证理论与实务[M]. 北京：中国商务出版社，2007.

[2] 全国国际商务单证培训认证考试办公室. 国际商务单证实训教程[M]. 北京：中国商务出版社，2007.

[3] 全国国际商务单证培训认证考试办公室. 国际商务单证培训认证考试大纲及复习指南(2007 年版)[M]. 北京：中国商务出版社，2007.

[4] 于强. UCP600 与信用证操作实务大全[M]. 北京：经济日报出版社，2007.

[5] 袁永友，柏望生. 进出口单证实务案例评析[M]. 北京：中国海关出版社，2006.

[6] 张晓明，刘文广. 国际贸易实训[M]. 北京：高等教育出版社，2009.

[7] 童宏祥. 外贸单证实务[M]. 3 版. 上海：上海财经大学出版社，2016.

[8] 何源. 跟单信用证一本通[M]. 2 版. 北京：中国海关出版社，2018.

[9] 祝卫，程洁，谈英. 出口贸易模拟操作教程(第 4 版)[M]. 上海：上海人民出版社，2019.

[10] 吴百福，徐小薇，聂青. 进出口贸易实务教程[M]. 8 版. 上海：格致出版社，上海人民出版社，2020.

[11] 陈岩. 国际贸易理论与实务[M]. 5 版. 北京：清华大学出版社，2021.

[12] 高祥. 国际贸易术语解释通则 2020：全面解读与法律指引[M]. 北京：中国海关出版社，2021.

[13] 于强. 国际贸易术语解释通则 Incoterms 2020 深度解读与案例分析[M]. 北京：团结出版社，2021.

[14] 李贺. 外贸单证实务：应用.技能.案例.实训[M]. 4 版. 上海：上海财经大学出版社，2023.

[15] 吴国新. 国际结算(适用于双语教学)[M]. 北京：清华大学出版社，2023.